Konrad Hilpert / Jochen Sautermeister (Hrsg.)
Kirchliche Sexualmoral vor dem Abgrund?

KATHOLIZISMUS IM UMBRUCH

Herausgegeben von
Stephan Goertz und Magnus Striet

Band 16
Kirchliche Sexualmoral vor dem Abgrund?

Kirchliche Sexualmoral vor dem Abgrund?

Theologische Perspektiven
zum Synodalen Weg

Herausgegeben von
Konrad Hilpert und Jochen Sautermeister

FREIBURG · BASEL · WIEN

© Verlag Herder GmbH, Freiburg im Breisgau 2023
Alle Rechte vorbehalten
www.herder.de
Umschlaggestaltung: Verlag Herder
Satz: Barbara Herrmann, Freiburg im Breisgau
Herstellung: CPI books GmbH, Leck
Printed in Germany
ISBN Print 978-3-451-39547-5
ISBN E-Book (PDF) 978-3-451-82978-9

Inhalt

Einleitung: Irritationen um das Positionspapier des
Synodalen Wegs 9

Konfliktlinien

Eine Vorgeschichte: Reforminitiativen zur kirchlichen
Sexualmoral 15
Konrad Hilpert

Berufung auf die kirchliche Lehre: Fallstricke und
theologische Unangemessenheiten 41
Konrad Hilpert

Geschlechtlichkeit und Gottesebenbildlichkeit.
Biblische Orientierung jenseits des Biblizismus 60
Thomas Söding

Argumentieren mit persönlichen Erfahrungen 75
Jochen Sautermeister

Verengungen humanwissenschaftlicher Erkenntnisse?
Gefahren auf dem Synodalen Weg 88
Andreas Lob-Hüdepohl

Sittliche Erkenntnis im Horizont des Glaubens.
Zum Status der Vernunft in Fragen einer
christlichen Moral 100
Thomas Laubach

Inhalt

Vertiefende Analysen und Weiterführungen

‚Am toten Punkt …' und wie wir dorthin gekommen sind.
Welche theologische und ekklesiologische Bedeutung hat
das Nicht-Erreichen des Quorums? 123
Johanna Rahner

Korrekturbedarf gegenüber der Tradition.
Zur notwendigen Weiterentwicklung der lehramtlichen
Sexual- und Beziehungsethik 135
Stephan Ernst

Der Missbrauch als unumgänglicher Anstoß für eine
Erneuerung katholischer Sexualethik 157
Jochen Sautermeister

Zwischen „männlich" und „weiblich" –
eine Spurensuche im sexualmedizinischen Befund
zur sexuellen Identität 171
Andreas Lob-Hüdepohl

Welche Natur?
Anmerkungen zu einer missverstandenen Tradition 183
Christof Breitsameter

Aufgaben

„Wo ist das Leuchten?"
Zur Bedeutung der Rezeption der Moraltheologie
durch das Lehramt 205
Kerstin Schlögl-Flierl und Tim Zeelen

Redlichkeit in der Wahrnehmung der Probleme.
Den konkreten Menschen in den Blick nehmen 221
Wunibald Müller

„Sich selbst immer noch als sich selbst zu sehen" –
Sichtbarkeit als gemeinsame Aufgabe 231
Martina Kreidler-Kos

Verzeichnis der Autorinnen und Autoren 242

Einleitung: Irritationen um das Positionspapier des Synodalen Wegs

Die Forderung nach grundlegenden Veränderungen in der offiziellen kirchlichen Sexualmoral ist eines der zentralen Anliegen des Reformprojekts „Synodaler Weg". Dieses wurde als Antwort auf das Bekanntwerden der Missbrauchsfälle in der Kirche und deren wissenschaftlicher Erforschung von der Deutschen Bischofskonferenz und der Laienorganisation Zentralkomitee der deutschen Katholiken vereinbart. Eine Konsequenz aus der im Jahr 2018 veröffentlichten MHG-Studie zur sexualisierten Gewalt an Kindern und Jugendlichen durch Kleriker der katholischen Kirche ist die Einsicht in die Notwendigkeit, sich auch mit den systemischen Ursachen von sexuellem Missbrauch zu befassen. Als normativer Hintergrund wurde dabei eben auch der kirchliche Sexuallehre besondere Aufmerksamkeit geschenkt.

In eindrucksvoller Weise hat jüngst der Vorsitzende der Deutschen Bischofskonferenz, Bischof Dr. Georg Bätzing, diesen Zusammenhang im Rahmen des Ad-limina-Besuchs der deutschen Bischöfe gegenüber Skeptikern und Zweiflern ins Bewusstsein gerückt und dabei auch die Rede vom „Missbrauch des Missbrauchs", mit der manche das Reformanliegen diskreditieren möchten, klar zurückgewiesen.

Auf der vierten Vollversammlung Anfang September 2022 hat der Grundtext zur Sexualmoral „Leben in gelingenden Beziehungen – Grundlinien einer erneuerten Sexualethik" zwar die große Mehrheit der Delegiertenstimmen erhalten; die von der Satzung her notwendige Zweidrittelmehrheit der Bischöfe wurde aber – wenngleich knapp – verfehlt. Enttäuschung und Wut waren entsprechend groß. Von einem Eklat, von der Krise der Synodalität, von einem drohenden Scherbenhaufen und von Gesprächsverweigerung war nicht nur in der Presse zu lesen. Für einen Moment schien es, als ob das gesamte Reformprojekt gescheitert sein könnte.

Die Formulierung des Publikationstitels „Kirchliche Sexualmoral vor dem Abgrund? Theologische Perspektiven zum Synodalen Weg" ist der Dramatik dieser Abstimmungssituation geschuldet. Es geht dem vorliegenden Band tatsächlich um eine Rettung. Allerdings weder um die Rettung des komplexen Gebildes, das gemeinhin mit katholischer Sexualmoral chiffriert wird, übrigens auch in der MHG-Studie, noch um die Rettung des Grundlagentextes, der seinen Weg in Öffentlichkeit und Kirche trotzdem gehen wird. Eher geht es um eine Rettung des Auftrags, aus der Perspektive des Glaubens und aus dem Raum gelebten Glaubens Rat und Hilfe anzubieten, damit menschliche Existenz in ihrer Ganzheitlichkeit, in ihrer Sehnsucht nach Freiheit und in ihrer Einbettung in Beziehungen der Nähe besser gelingen kann – im vollen Wissen um die Verletzbarkeit von Menschen und im Willen zum Respekt vor dem Partner bzw. der Partnerin, womit jede Art von Gewalt, und sei sie noch so sublim, unvereinbar ist.

Das alles ist aber nur möglich, wenn die Herausforderungen auch gesehen und in der Bereitschaft dazuzulernen in Angriff genommen werden.

Die Beiträge dieses Bandes von Theologinnen und Theologen – aus theologisch-ethischen, systematischen, praktischen und biblisch-exegetischen Fächern – sind eine Vergewisserung und zugleich ein Angebot an die Kritiker des Grundlagentextes und der in ihm vertretenen Reformanstöße, angesichts der entstandenen Ratlosigkeit wieder sprachfähig zu werden. In nüchternem Abstand zu den geführten Debatten wird detailliert auf zentrale Konfliktlinien eingegangen, werden bestehende Gemeinsamkeiten über reformbedürftige Punkte und neu zu berücksichtigende wissenschaftliche Erkenntnisse in den Blick genommen und Vergewisserungen über die unumgänglichen Aufgaben gesucht.

In dieser Debatte geht es nicht nur um die Neubestimmung einzelner konkreter Positionen, sondern auch um die Neuausrichtung der Sexualethik als ganzer. Manche sprechen deshalb auch von einem Paradigmenwechsel der Sexualethik im Horizont einer theologischen Beziehungsethik. Zugleich rühren die Debatten viele grundlegende Fragen des kirchlichen Selbstverständnisses auf, insbesondere die nach dem angemessenen Verhältnis von Wahrung der Tradition und der Notwendigkeit von Reformen, von allgemeinem Priestertum aller Gläubigen und dem besonderen Amt, von gewohnter Aufmerksamkeit für das eigene kirchliche Binnengeschehen und der missionarischen Ausrichtung auf die außerkatholischen Kontexte, von Kultivierung der Spiritualität und Schaffung bzw. Verbesserung von Strukturen der Kommunikation.

Eine Folge des Bezugs zum aktuellen Prozess des Synodalen Wegs in Deutschland ist es, dass die Herausgeber des vorliegenden Bandes den Beiträgerinnen und Beiträgern nur wenig Zeit einräumen konnten. Umso dankbarer sind sie den Autorinnen und Autoren, dass sie sich im Interesse der Sache entschlossen haben, sich dieser straffen Zeitdisziplin zu unterwerfen. Ein besonderer Dank gilt auch den Herausgebern der Reihe „Katholizismus im Umbruch", den Kollegen Stephan Goertz und Magnus Striet, weil sie innerhalb von nur wenigen Stunden ihre Bereitschaft bekundet haben, das vorliegende Projekt in diese Reihe aufzunehmen, sowie Dr. Stephan Weber vom Herder-Verlag für die umsichtige und geduldige Betreuung der Publikation.

Schließlich sei auch den Wissenschaftlichen Mitarbeiterinnen und Hilfskräften am Lehrstuhl für Moraltheologie der Universität Bonn, namentlich Theresa van Krüchten, Louise Lentfort, Daniela Proske, Nicole P. Simon und Lena Vignold Lob und Anerkennung dafür gezollt, dass sie die Manuskripte innerhalb kürzester Zeit für den Druck vorbereitet haben. Diese Hintergrundarbeit geschieht am Bildschirm und im Stillen, ist aber ein ganz entscheidendes Verbindungsglied zwischen dem Schreiben eines Textes und dem fertigen Buch. Autoren, Herausgeber und Lektoren müssen sich auf solche Zuarbeit verlassen können.

München und Bonn im November 2022
Konrad Hilpert und Jochen Sautermeister

Konfliktlinien

Eine Vorgeschichte: Reforminitiativen zur kirchlichen Sexualmoral

von Konrad Hilpert

1. Kritische Akzente und unumgängliche Korrekturen nach dem Grundlagentext „Leben in gelingenden Beziehungen – Grundlinien einer erneuerten Sexualethik"

„Synodaler Weg" bezeichnet das Gesprächsformat, das 2018 als Reaktion auf die Veröffentlichung der umfangreichen MHG-Studie über den „Sexuellen Missbrauch an Minderjährigen durch katholische Priester, Diakone und männliche Ordensangehörige im Bereich der Deutschen Bischofskonferenz"[1] von der Deutschen Bischofskonferenz beschlossen und gemeinsam mit dem Zentralkomitee der Deutschen Katholiken eingerichtet wurde. Eines der Aufgabenfelder, das von der Studie selbst empfohlen worden war, ist „die katholische Sexualmoral"[2]. Damit ist die kirchliche Sexuallehre mit den konkreten Normierungen gemeint, wie sie etwa in den entsprechenden Artikeln des „Katechismus der Katholischen Kirche" festgehalten sind[3].

Die diesbezügliche augenblickliche Lage wird im Grundtext des mit dieser Aufgabe befassten Forums IV u. a. charakterisiert mit „Diskrepanz zur Lebenswelt der Gläubigen", Reduktion der Sexualität auf die genitale Sexualität, einer „Vorrangstellung bio-

---

[1] Zusammenfassung und Endbericht der MHG-Studie online verfügbar unter dbk.de/fileadmin/redaktion/diverse_downloads/dossiers_2018/MHG-Studie-Endbericht-Zusammenfassung.pdf (zuletzt abgerufen am 24.11.2022).
[2] Ebd., 17.
[3] Im Einzelnen aufgezählt in der Fußnote 4 des Grundlagentextes, (s. Anm. 4), 4.

logischer Fruchtbarkeit", einem Defizit an Nachvollziehbarkeit durch Fundierung aus Erkenntnissen der Human- und Sozialwissenschaften. Und schließlich auch noch durch die gewichtige und machthaltige Rolle, die der Einhaltung der offiziellen sexualmoralischen Standards bei der Beurteilung der Loyalität von Mitarbeitern zur Kirche zugeschrieben wird.[4] Die Folge von dem allem sei, dass „die Moralverkündigung [...] der überwiegenden Mehrheit der Getauften keine Orientierung" gebe.[5]

Zur Behebung oder wenigstens Verbesserung dieser prekären Situation regt der Grundtext einerseits „wesentliche Neuakzentuierungen der kirchlichen Sexuallehre" an[6]. Dazu gehört an vorderster Stelle die grundsätzliche Perspektive vom Recht auf sexuelle Selbstbestimmung.[7] Was das bedeutet, wird in mehrfacher Weise umschrieben: insbesondere als Unabdingbarkeit der Einvernehmlichkeit der Partner im gesamten Bereich der Sexualität und Partnerschaft sowie als Verantwortung für die Folgen, auch die emotionalen; als Anspruch auf „freie Zustimmung zu allen personalen Gestaltungsformen sexueller Beziehungen" einschließlich der Wahl des Partners und des Rechts „Nein zu erzwungenen oder aufgenötigten sexuellen Handlungen zu sagen"; und als Ablehnung aller „Praktiken der sexualisierten Gewalt, des Missbrauchs und des Ausnutzens von Abhängigkeiten und Machtasymmetrien".[8] Dass letzteres auch und zwar „ausnahmslos" für sexuelle Handlungen „vor, mit

---

[4] Synodalforum IV, Vorlage für den Grundtext „Leben in gelingenden Beziehungen – Grundlinien einer erneuerten Sexualethik, A.2.1–5, S. 3ff. Online verfügbar unter https://www.synodalerweg.de/fileadmin/Synodalerweg/Dokumente-Reden-Beitraege/SV-IV/SV-IV_Synodalforum_IV-Grundtext-Lesung2.pdf (zuletzt abgerufen am 24.11.2022).
[5] Beschreibung Synodalforum IV. Online verfügbar unter https://www.synodalerweg.de/struktur-und-organisation/synodalforum.
[6] Synodalforum IV, Grundtext, Präambel, S. 2f.
[7] Ebd., A.4.2. und Grundlinie 1, S. 8. 12.
[8] Ebd., A.4.2, S. 8.

und an Kindern" gilt, wird ausdrücklich festgestellt und gegen Versuche, sie mit dem Prädikat „freiwillig geschenkter Liebe" zu adeln, als Übergriffigkeit bloßgestellt.[9]

Eine weitere wichtige Neuakzentuierung betrifft „die Achtung der sexuellen Identität", unabhängig vom Lebensalter und der jeweiligen sexuellen Orientierung.[10] Zur Lebensaufgabe, eine reife Persönlichkeit auszubilden, „die in ihrer Einmaligkeit eine innere Einheit und Konsistenz für ihre Lebensgestaltung und Lebensgeschichte zu erkennen gibt"[11], gehört nämlich auch, Selbstgewissheit über die eigene sexuelle Identität zu gewinnen. Das Grundlagenpapier betont nicht nur die Komplexität dieses biopsychosozialen Prozesses, sondern erwähnt auch die heute vieldiskutierten Zwischenformen, die sich der Zuordnung zum üblichen binären Schema Mann oder Frau entziehen.[12] Deren Selbstbestimmung sei zu respektieren wie diejenige aller anderen Menschen auch; das erfordere besondere Achtsamkeit und Anstrengung in Gesellschaft wie in Kirche, weil diese Gruppe von Menschen bislang kaum wahrgenommen worden sei. Erwähnt wird in diesem Zusammenhang auch das Spektrum an sexuellen Orientierungen, die für die Lebensführung und die erotische Ausrichtung von prägendem Einfluss seien, aber nach Auskunft der zuständigen Wissenschaften der betreffenden Person nicht einfach zur frei verfügbaren Disposition stünden.[13]

Ein dritter für notwendig gehaltener neuer Akzent besteht im Verstehen der Realitäten, die ethisch normiert werden sollen, damit sie besser gelingen können, also Sexualität, sexuelles Verhalten und sich mit deren Hilfe ausdrückende Beziehungen.

---

[9] Ebd., A.5.2, S. 8f.
[10] Ebd., Grundlinie 1, S. 12, dazu B.2, S. 12ff.
[11] Ebd., B.2.1, S. 12.
[12] Vgl. ebd., B.2.2, S. 12f. und B.2.4, S. 13f.
[13] Vgl. ebd., B.2.3, S. 13 u. B.2.5., S. 14.

Dafür sei es von grundlegender Bedeutung, die Mehrdimensionalität der Sexualität als anthropologisches Datum anzuerkennen[14] und die Beziehungen, die sich in und mit sexuellen Gesten ausdrücken, jenseits des momentanen Vollzugs als etwas Kohärentes und Dynamisches zu begreifen, also als etwas, was mit Wachstum, Entwicklung und Veränderung zu tun hat[15], aber auch mit dem Risiko von Erschöpfung und Scheitern behaftet ist[16]. Diese andere Sicht von Beziehung hat auch Konsequenzen für den Sinngehalt ethischer Normierung: Die Normen können sich nicht in strikten Verboten erschöpfen und die subjektiv-förmliche Übernahme einer Institution nicht als Linie angesehen werden, ab der alles erlaubt, die Partner vor jeglichem Angriff geschützt und das Glücken der Beziehung auch ohne besonderen Einsatz gesichert ist. Konsequenterweise sei vor Idealisierungen, die sich ja mit Normen und institutionellen Vorgaben gern verknüpfen, zu warnen: Sie können nämlich auch Enttäuschung und Überforderung erzeugen.[17]

Zusammen mit den Neuakzentuierungen, die der Grundtext anregen möchte, wird auch „die Überwindung einiger Engführungen in Fragen der Sexualität" „für dringend erforderlich [ge]halten"[18]. Sie ergibt sich zum Teil aus den oben genannten Neuakzentuierungen, hat aber stärker existierende Formulierungen bzw. Auffassungen, die diesen zugrunde liegen oder sie stützen, im Visier. Konkret geht es bei den zu überwindenden Engführungen zum einen um die Behauptung, dass Sexualität von ihrer inneren Zielsetzung her auf Fortpflanzung ausgerichtet sei. Um eine Engführung handelt es sich hierbei gleich mehrfach, erstens weil hier die Bedeutung von Sexualität auf

---

[14] Vgl. ebd., B.3.1.–B.3.5., S. 14ff.
[15] Vgl. ebd., B.8.2.–B.8.3., S. 25 u. B.10.4., S. 31.
[16] Vgl. ebd., B.8.4.–B.8.8., S. 25ff.
[17] Vgl. ebd, B.10.2., S. 30.
[18] Ebd., Präambel, S. 2.

genitale Sexualität eingeschränkt wird[19], zweitens weil sexuelle Handlungen von Menschen Ausdrucksformen ganz unterschiedlicher Sinngebungen sein können[20], und drittens weil der Wille zur Fortpflanzung ebenso wie die sexuellen Handlungen, die dazu führen, auch von ganz fragwürdigen Motiven angetrieben sein können: Es gibt eben auch sexualisierte Gewalt, den Willen zum Kind als Besitz oder Prestigeobjekt der Eltern, die Vergewaltigung als Methode der Unterwerfung und zerstörerische Beziehungen.[21]

Eine andere für notwendig gehaltene Überwindung einer Engführung zielt auf die Öffnung des erst seit der Enzyklika *Humanae vitae* (1968) so vertretenen, aber „zu keinem Zeitpunkt – weder in ihrer Entstehung, noch in ihrer Rezeption – unumstrittenen"[22] Prinzips von der Untrennbarkeit der Sinngehalte liebende Vereinigung und Fortpflanzung bei jedem einzelnen Geschlechtsakt hin auf das Ganze einer gelebten ehelichen Partnerschaft.[23] In diesem Zusammenhang wird der Blick auch auf die negativem Folgen der Versuche, die Anerkennung dieses Prinzips institutionell durchzusetzen, gerichtet: Disziplinierungsversuche und tiefgreifende Konflikte, Abwertung der „Geschlechtsakte, die aus sich heraus keine Kinder zeugen können" und „Verkennung der humanen Bedeutsamkeit menschlicher Sexualität für jeden Menschen".[24]

Am brisantesten ist das gleichwohl sehr zurückhaltend und auf der Linie der bisher vorliegenden offiziellen Erklärungen formulierte Plädoyer für die Überwindung der Vorbehalte und Verdikte gegenüber den sexuellen Ausdrucksformen homosexu-

---

[19] Vgl. ebd., Grundlinie 3, S. 16f. u. B.3.1, S. 14f.
[20] Vgl. ebd., B.3.2, S. 15.
[21] Vgl. ebd., B.3.2, S. 15.
[22] Vgl. ebd., B.4.5, S. 19f.
[23] Vgl. ebd., B.4.3.–B.4.5, S. 17ff.
[24] Ebd., B.4.5, S. 19.

eller Liebe[25] und damit für deren volle Anerkennung. Die vorgeschlagene Korrektur zielt insbesondere auf die Anerkennung der gleichgeschlechtlichen Orientierung als einer gleichwertigen Variante menschlicher Sexualität[26], auf den Verzicht auf die Bewertung homosexueller Handlungen und Liebesbeziehungen als „objektiv ungeordnet"[27], auf das Unterlassen von Therapien, die darauf abzielen, Homosexualität zu „heilen"[28], auf die Gewährung einer seelsorglichen Begleitung, die die Integration solcher Orientierung in die Person anstelle ihrer Verdrängung intendiert[29] sowie auf den Verzicht auf Homosexualität als Ausschlusskriterium für den Zugang zu Weiheämtern[30].

Schließlich wird unter Berufung auf die feierliche Gewissenspassage in der *Pastoralkonstitution* des II. Vatikanums (GS 16) und die sog. *Königsteiner Erklärung* der deutschen Bischöfe von 1968 ein Bekenntnis zur Bindung der Lebensführung ans Gewissen auch bei der Gestaltung der Sexualität abgelegt.[31] Jede Person habe gleichzeitig die Pflicht, „sich immer wieder neu mit guten Gründen an der Sache zu rechtfertigen"[32]. Begleitet und unterstützt werden soll die Bildung des Gewissensurteils durch die Gemeinschaft der Glaubenden, das Lehramt und die Lehrtradition der Kirche.[33]

---

[25] Vgl. ebd., B.5.1.–B.5.5, S. 20ff.
[26] Vgl. ebd., B.5.2.–B.5.3, S. 20f.
[27] Vgl. ebd., B.5.2, S. 20f.
[28] Vgl. ebd., B.5.5, S. 21f.
[29] Vgl. ebd., B.5.5, S. 21f.
[30] Vgl. ebd., Grundlinie 5, S. 22.
[31] Vgl. ebd., B.9., S. 28f.
[32] Ebd., B.9.3, S. 28.
[33] Vgl. ebd. Grundlinie 9, S. 29.

2. Initiativen zur Reform der katholischen Kirche seit dem 2. Vatikanischen Konzil

Der „Synodale Weg" war 2018 als offizielles und strukturiertes Debattenformat innerhalb der katholischen Kirche in Deutschland von der Deutschen Bischofskonferenz beschlossen worden und ist seit 2019 in gemeinsamer Trägerschaft mit dem Zentralkomitee der deutschen Katholiken im Gang. Sein Anlass war und seine Aufgabe ist es nach wie vor, die durch die MHG-Studie über den sexuellen Missbrauch in der Kirche aufgeworfenen Fragen zu bearbeiten. Die Vergewisserung über und die Überprüfung der kirchlichen offiziellen Sexualmoral ist eines der Themenfelder neben denen von Macht und Gewaltenteilung, priesterlicher Existenz heute und Frauen in Diensten und Ämtern in der Kirche.[34]

Der Synodale Weg ist zwar die aktuellste Reforminitiative der katholischen Kirche in Deutschland, aber keineswegs die erste und einzige. Vielmehr ist er „nur" das jüngste Glied in einer ganzen Reihe von sehr aufwändigen und außerordentlich verschiedenartigen Bemühungen zur Reform der katholischen Kirche, die in den sechs Jahrzehnten seit dem 2. Vatikanischen Konzil hierzulande stattgefunden haben.[35]

---

[34] Vgl. Deutsche Bischofskonferenz, Themen. Der synodale Weg. https://www.dbk.de/themen/der-synodale-weg (zuletzt abgerufen am 28.11.2022).

[35] Dass hier das 2. Vatikanische Konzil als entscheidende Zäsur für die Reforminitiativen angenommen wird, besagt nicht, dass es vor diesem Konzil keine Rufe nach einer Reform der kirchlichen Sexualmoral gegeben hätte. Solche Rufe und parallel dazu entsprechende Konflikte hat es vielmehr schon seit den 1930er Jahren gegeben. Aber es waren damals die Stimmen von Einzelnen. Zu erwähnen sind in diesem Zusammenhang besonders die Namen von Autoren wie Dietrich von Hildebrand, Ernst Michel, Herbert Doms, Anton Krempel und später Leonhard M. Weber, Joseph M. Reuß, von den Nicht-Theologen Theodor Bovet und Albert Görres sowie vieler anderer, die sich für eine positive Sicht von Sexualität und deren Würdigung als Bestandteil der Ebenbildlichkeit

Diese Reihe beginnt mit der sog. **Würzburger Synode** (offiziell: Gemeinsame Synode der Bistümer in der Bundesrepublik Deutschland) 1971–1975, deren Aufgabe es war, die Impulse und Beschlüsse des II. Vatikanums für die Verhältnisse der Kirche in Deutschland zu fördern und umzusetzen. Auch damals bereits spielte der Themenkreis Sexualität, Ehe und Familie eine wichtige und von kontroversen Diskussionen begleitete Rolle. Die Erarbeitungen, Debatten und Bemühungen um gemeinsame Positionen dazu auf der Synode selbst fanden ihren Niederschlag in zwei umfangreichen Dokumenten: dem nur knapp mit der erforderlichen Zwei-Drittel-Mehrheit verabschiedeten Beschluss „Christlich gelebte Ehe und Familie"[36] und dem lediglich von der zuständigen Sachkommission verabschiedeten, aber dem Plenum nicht mehr vorgelegten Arbeitspapier „Sinn und Gestaltung menschlicher Sexualität"[37].

---

des Menschen sowie für die Einheit in der Liebe als Sinndimension der Sexualität stark gemacht haben.

Das II. Vatikanum machte sich in der *Pastoralkonstitution* (GS 48–52) viele ihrer Anliegen zu eigen, indem es sich dezidiert zu einem personalen Eheverständnis bekannte und eine Abkehr von der traditionellen Ehezweck-Lehre vollzog. Der Entzug der Debatte über die moralische Zulässigkeit der neu aufgekommenen empfängnisverhütenden Mittel durch den neuen Papst Paul VI, und das spätere Verbot von deren Benutzung in seiner Enzyklika *Humanae vitae* führte erstmals zu einer breiten und außerordentlich engagierten Beteiligung des Kirchenvolks an der Debatte und auch zu lauter Kritik an der vom Papst vertretenen Position. Die Bischöfe schufen ihr durch den Hinweis auf die Möglichkeit eines legitimen abweichenden Urteils des individuellen Gewissens in der sog. *Königsteiner Erklärung* ein gewisses Ventil. Seither ist der Konflikt um die Sexualmoral aber nicht mehr zur Ruhe gekommen. Zum Ganzen s. *F. X. Bischof*, Fünfzig Jahre nach dem Sturm. Ein historischer Rückblick auf die Enzyklika Humanae vitae, in: Münchener Theologische Zeitschrift 68 (2017), 336–354, sowie die Beiträge in: *K. Hilpert/S. Müller* (Hrsg.), Humanae vitae – die anstößige Enzyklika. Eine kritische Würdigung, Freiburg i. Br. 2018.

[36] Text in: Gemeinsame Synode der Bistümer in der Bundesrepublik Deutschland. Offizielle Gesamtausgabe I, Freiburg i. Br. 1976, 423–457.

[37] Text in: Gemeinsame Synode der Bistümer in der Bundesrepublik Deutsch-

Eine Vorgeschichte: Reforminitiativen zur kirchlichen Sexualmoral

Anders als bei der Würzburger Synode, in die die gesamte Hierarchie und viele prominente Repräsentanten des deutschen Katholizismus eingebunden waren, war die nächste Reforminitiative, die **Kölner Erklärung** vom Dreikönigstag 1989[38], ausschließlich von Professoren und Professorinnen der Theologie an Hochschulen getragen; unter den Initiatoren und Erstunterzeichnern befanden sich auffallend viele prominente Moraltheologen wie Bernhard Häring, Johannes Gründel und Dietmar Mieth. In Gestalt einer öffentlichen Unterschriftenaktion machte sich innerhalb kurzer Zeit ein erheblicher Teil der deutschen Theologieprofessoren das im Untertitel der Erklärung ebenso markant wie plakativ hervorgehobene Doppel-Anliegen „Wider die Entmündigung – für eine offene Katholizität" zu eigen. Neben dem Protest gegen die damalige Praxis bei Bischofsernennungen außerhalb der vorgesehenen und vertraglich abgesicherten Verfahrenswege und gegen die auffallend häufige Verweigerung des Nihil obstat bestand ein dritter zentraler Punkt der Kritik in der Überdehnung der päpstlichen Lehrkompetenz. Konkret im Blick war hierbei die Verknüpfung der Lehre von *Humanae vitae* über die Geburtenregelung mit fundamentalen Glaubenswahrheiten wie der Heiligkeit Gottes und der Erlösung durch Jesus Christus in einigen päpstlichen Äußerungen kurz vorher. Kritisiert wurde auch die Fixierung der päpstlichen Verkündigung und Amtsausübung auf den Problembereich Geburtenregelung. In einem offenen Brief an den Vorsitzenden der Deutschen Bischofskonferenz sprach der Tübinger Dogmatiker Peter Hünermann von einer „Notbremsung" vor einer sich ab-

---

land. Ergänzungsband: Arbeitspapiere der Sachkommissionen. Offizielle Gesamtausgabe II, Freiburg i. Br. 1977, 162–183.

[38] Wider die Entmündigung – für eine offene Katholizität. Kölner Erklärung katholischer Theologieprofessorinnen und Theologieprofessoren vom Dreikönigsfest (6.1.1989). Text online verfügbar unter: https://www.wir-sind-kirche.de/files/90_k%c3%b6lnerkl.pdf (zuletzt abgerufen am 24.11.2022).

zeichnenden dritten Modernismuskrise und erläuterte die kritisierte Fokussierung des kirchlichen Sprechens auf das Problem der Empfängnisverhütung eingehend und detailliert.[39]

Auch das **Kirchenvolks-Begehren** von 1995 erfolgte in Form einer großangelegten Unterschriftenaktion. Allerdings waren in diesem Fall alle katholischen Kirchenmitglieder in Deutschland eingeladen, durch ihre Unterschrift dem Anliegen der Erneuerung der römisch-katholischen Kirche Ausdruck und Nachdruck zu verleihen. Das Vorbild der Aktion kam aus Österreich, dessen Öffentlichkeit zu dieser Zeit durch den Vorwurf des sexuellen Missbrauchs von Jugendlichen gegen den Wiener Erzbischof und Kardinal Groer erschüttert wurde. Konkreter Reformbedarf angemahnt wurde bezüglich der Mitsprache von Gläubigen und Ortskirchen, der Gleichberechtigung der Frauen in der Kirche, der Wahlmöglichkeit zwischen zölibatärer und nichtzölibatärer Lebensform, aber eben auch bezüglich der „positiven Bewertung der Sexualität als wichtige[m] Teil des von Gott geschaffenen und bejahten Menschen".[40] Unter demselben Punkt „4." wurden u. a. die Anerkennung der verantworteten Gewissensentscheidung in Fragen der Sexualmoral, die Nichtgleichsetzung von Empfängnisregelung und Abtreibung, der Verzicht auf pauschale Verurteilungen gefordert, in einem weiteren Punkt „mehr Verständnis und Versöhnungsbereitschaft im Umgang mit Menschen in schwierigen Situationen".

Im inhaltlichen und personellen Umfeld des Kirchenvolks-Begehrens fand ein Jahr später auch die offizielle Gründung der Reformbewegung „**Wir sind Kirche**" statt.[41] Diese verfolgte ganz

---

[39] P. *Hünermann*, Droht eine dritte Modernismuskrise?, in: Herder Korrespondenz 43 (1989), 130–135.
[40] Informationen unter https://de.wikipedia.org./wiki/Kirchenvolks-Begehren (zuletzt abgerufen am 28.11.2022).
[41] Informationen unter https://wir-sind-kirche.de (zuletzt abgerufen am 28.11.2022).

ähnliche Ziele wie die Aktion Kirchenvolks-Bewegung, wollte diese aber auch im kanonischen Recht gesichert sehen. „Wir sind Kirche" hat sich deshalb als nationaler Verein mit regionalen und lokalen Gruppen organisiert. Zugleich ist er international präsent und vernetzt. Zu seinen Mitgliedern gehören zahlreiche prominente Katholiken, sowohl Priester als auch Ordensleute und Laien. Wie schon der Name nahelegt, wird der Volk-Gottes-Gedanke betont und die daraus abgeleitete Möglichkeit der Beteiligung aller Gläubigen an den Entscheidungsprozessen innerhalb der Kirche. Der Verein hat sich in der Vergangenheit immer wieder mit Stellungnahmen zu kirchlichen Vorgängen verschiedenster Art zu Wort gemeldet. Speziell in Angelegenheiten der Sexualmoral hat er sich 2011 im Zusammenhang mit der Entlassung des Theologen David Berger mit der Homosexualität auseinandergesetzt und sich 2017 ausdrücklich für die Segnung gleichgeschlechtlicher Paare eingesetzt.

Aufgeschreckt durch den Missbrauchsskandal, der Anfang 2010 durch die Vorkommnisse im Canisius-Kolleg Berlin auch in der Kirche in Deutschland erreichte, luden die deutschen Bischöfe die Gemeinden noch im selben Jahr unter der offiziellen Bezeichnung „**Dialogprozess in der Kirche in Deutschland**" zu einem umfassenden Gesprächsprozess über die Zukunft der Kirche ein, der sich über fünf Jahre erstrecken sollte. Bündelungs- und Impulsplattformen dieses organisierten Gesprächsprozesses waren jährlich stattfindende Versammlungen der Bischöfe und entsandter Vertreter des kirchlichen Lebens, die nach dem System runder Tische miteinander über die dringlichen Themen gesprochen haben.[42] Beschlüsse wurden nicht gefasst. Aber aus der Rückschau wurde dieser Dialogprozess

---

[42] Informationen unter https://www.katholisch.de/thema/572-gespraechsprozess (zuletzt abgerufen am 28.11.2022).

vielfach als Einübung und Erfahrung einer neuen kirchlichen Gesprächskultur und als themenbezogene Vorstufe des Synodalen Wegs gedeutet und gewertet. Entsprechend versteht sich dieser als Fortführung des begonnenen Dialogs, aber zusätzlich versehen mit einer strafferen Struktur und Maßnahmen zur Verbindlichmachung von Gesprächsergebnissen.

Eine weitere Reaktion auf das Bekanntwerden der Missbrauchsfälle am Canisius-Kolleg Berlin und der dadurch ausgelösten Welle von Kirchenaustritten war das „**Memorandum Kirche 2011: Ein notwendiger Aufbruch**".[43] Auch diese Initiative war getragen von Theologieprofessoren und erfolgte als Unterschriftenaktion, begleitet von theologischen Darlegungen zu den darin genannten Themen. Unter den Handlungsfeldern, über die ein offener Dialog gefordert wurde, wurde unter Punkt 4 konkret aufgeführt: „Respekt vor dem individuellen Gewissen, besonders im Bereich der persönlichen Lebensentscheidungen und individuellen Lebensformen (wiederverheiratete Geschiedene, gleichgeschlechtliche Partnerschaft)".

Die von Papst Franziskus einberufene, auf zwei Sitzungsperioden 2014 und 2015 verteilte **Bischofssynode** über „Die Berufung der Familie in Kirche und Welt von heute" war zwar keine Initiative der Kirche in Deutschland oder auf sie begrenzt, doch bot sie auch hier zahlreiche Gelegenheiten und war Anstoß, Probleme zu thematisieren, Debatten zu begleiten und Forderungen nach Reformen zu äußern. Entsprechende Aktivitäten setzten bereits mit der Versendung des Fragebogens zur Erhebung der Situation im Herbst 2013 ein und erstreckten sich dann bis in die noch in Ausläufern anhaltenden Auseinandersetzungen über die richtige Interpretation des Nachsynodalen Schreibens *Amoris laetitia* von 2016.

---

[43] Text unter http://www.memorandum-freiheit.de (zuletzt abgerufen am 28.11.2022).

Eine Vorgeschichte: Reforminitiativen zur kirchlichen Sexualmoral

Soweit man die im Zuge dieses Meinungsbildungsprozesses entstandenen reichhaltigen Texte im deutschsprachigen Raum übersehen kann, lassen sich in etwa folgende gemeinsame Ergebnisse der Anhörungen und der Bemühungen um das sehr weite Problemfeld skizzieren:

– eine (so vorher allenfalls vereinzelt vorhandene) Bereitschaft, die Situation – und zwar sowohl die der gelebten sozialen Realität als auch die der verloren gegangenen Glaubwürdigkeit der offiziellen Sexualmoral – ungeschminkt wahrzunehmen;[44]
– das öffentliche Vortragen und Zur-Kenntnis-Nehmen von Wünschen zu umgreifenden Reformen der Positionen zu vor- und nichtehelicher Sexualität, zu Empfängnisregelung und assistierter Zeugung, zu gleichgeschlechtlicher Sexualität, zu Scheidung und Wiederverheiratung;
– der entschiedene Verzicht auf Verbote und Verurteilungen und das ernste Bemühen um Verständnis und Hilfe;
– die Verschiebung des Zielhorizonts hin zu einer Pastoral des Integrierens und des Helfens anstelle neuer oder bekräftigender doktrinärer Festlegungen;
– die ausdrücklich selbstkritische Abkehr von der Position des Schon-immer-Wissens.[45]

---

[44] Ein entschlossener und mutiger Schritt war hier schon die Veröffentlichung der Zusammenfassung der Antworten aus den Diözesen auf die Fragen durch die Deutsche Bischofskonferenz vom Februar 2014 (Text in: Die pastoralen Herausforderungen der Familie im Kontext der Evangelisierung. Texte zur Bischofssynode 2014. Arbeitshilfen 273, Bonn 2014, 7–41.
[45] S. dazu *K. Hilpert*, Beziehungsethik als Erfordernis der Stunde. Zum Verhältnis von moraltheologischer Reflexion, kirchlicher Doktrin und pastoraler Praxis in Amoris laetitia, in: *S. Goertz/C. Witting* (Hrsg.), Amoris laetitia – Wendepunkt für die Moraltheologie?, Freiburg 2016, 251–278; ders., Verschiebung der Koordinatenachsen. Eine Zwischenbilanz des synodalen Wegs, in: *M. Durst/B. Jeggle-Merz* (Hrsg.), Familie im Brennpunkt, Freiburg/Schweiz 2017, 56–74; ders., Die römische Familiensynode, in: Christophorus 61 (2016/4), 128–136.

Bezeichnung	Zeitraum	Anlass	Träger	Methode
Würzburger Synode	1972-75	Adaption Konzilsbeschlüsse in Deutschland	Deutsche Bischofskonferenz	Nationale Synode mit Kommissionen, Beschlüsse u. Arbeitspapiere
Kölner Erklärung	1989	Protest gegen Überdehnung der päpstl. Lehrkompetenz	Deutsche Theologieprofessoren	Unterschriftenaktion
Kirchenvolksbegehren	1995	Groer-Skandal	Laienbewegung	Unterschriftenaktion
Wir sind Kirche	1996 - lfd.	fehlende Partizipation	Laienbewegung	eingetragener Verein
Dialogprozess in der Kirche in Deutschland	2010-15	Missbrauchs-Skandal	Deutsche Bischofskonferenz	Gespräche jährliche Treffen
Memorandum Kirche 2011: Ein notwendiger Aufbruch	2011	Missbrauch, Austritte, Pastorale Zukunftsentwicklung	Theologieprofessoren und -professorinnen	Unterschriftenaktion
Bischofssynode zur Familienpastoral	2014-16	Kluft zwischen offizieller Verkündigung u. nicht idealer Wirklichkeit	Vatikan	Befragung Kommentierung Eingaben
Synodaler Weg	2019 - lfd.	Missbrauch, Macht, Priester, Frauen, Sexualmoral	Deutsche Bischofskonferenz mit Zentralkomitee der deutschen Katholiken	Texte, in 4 Foren erarbeitet, zur Beschlussvorlage

Schematische Übersicht über die Reforminitiativen im deutschen Katholizismus seit dem 2. Vatikanischen Konzil

Sicherlich handelt es sich bei den hier vorgestellten Reforminitiativen nur um eine Auswahl der bedeutenderen und in der breiteren Öffentlichkeit wahrgenommenen. Ihr gemeinsames Anliegen war es, den Erfahrungen von möglichst vielen Gläubigen und eben auch der Laien eine hörbare Stimme zu geben, so dass sie bei den Überlegungen zum weiteren Weg der Kirche mitberücksichtigt werden können. Der zur Abstimmung vorgelegte Grundlagentext des Synodalforums IV beruft sich in der Präambel ausdrücklich auf die ortskirchliche „Mitverantwortung aller Getauften und Gefirmten für das Wohl der einen Kirche Christi"[46]. Die Verfasser der Kölner Erklärung beriefen sich auf ihre „Pflicht" als Lehrer der Theologie, „öffentlich Kritik zu üben, wenn das kirchliche Amt seine Macht falsch gebraucht, so dass es in Widerspruch zu seinen Zielen gerät, die Schritte zur Ökumene gefährdet und die Öffnung des Konzils zurücknimmt"[47]. In den Auseinandersetzungen mit kritischen Stimmen taucht als Rechtfertigung auch die Berufung auf can. 121 § 3 CIC auf (Verbürgung des Grundrechts und der -pflicht der Gläubigen, „ihre Meinung in dem, was das Wohl der Kirche angeht, mitzuteilen"); ferner auf das allgemeine Priestertum aller Gläubigen. Hingewiesen wurde auch darauf, dass das Selbstverständnis von Kirche als communio nicht mit „spannungsfreier, harmonischer Einheit" gleichgesetzt werden darf. Erinnert wird auch an den in Gal 2,11 erwähnten Widerspruch des Paulus gegenüber Petrus.

3. Sich durchhaltende Postulate zur kirchlichen Sexualmoral

Auch wenn die Bemühungen und Texte der genannten Reforminitiativen jeweils ihre eigenen Veranlassungen, Akzente und Zielsetzungen haben, fällt auf, dass sie alle in ausführlicher oder auch in eher plakativer Weise die kirchliche Sexualmoral für einen Gegenstand dringlicher Reformbedürftigkeit halten. Die Formulierungen, in denen das zum Ausdruck gebracht ist, sind in Ausführlichkeit und Tonlage, in denen sie jeweils appellieren, postulieren oder protestieren, sehr verschieden. Gleich-

---

[46] Synodalforum IV, Grundtext, Präambel, S. 2.
[47] Wider die Entmündigung – für eine offene Katholizität (wie Anm. 38).

wohl gibt es auch in den einzelnen inhaltlichen Punkten, die thematisiert werden, überraschend viele Übereinstimmungen in der Sache. Sie fallen auf, gerade weil die Texte und Kontexte so verschiedenartig sind und sich über einen Zeitraum von immerhin fünfzig Jahren erstrecken.

Diese Art von sachlicher Übereinstimmung gilt schon für die Beschreibung der Gesamtsituation der Sexualmoral. Obschon die deutlichen Begriffe „Bruch", „nicht mehr zu überbrückender Abstand" und „Diskrepanz", die im zur Abstimmung vorgelegten Grundlagenpapier des Synodalen Wegs verwendet werden, hier nicht auftauchen, lautet die Diagnose, mit der das Arbeitspapier „Sinn und Gestaltung menschlicher Sexualität" von 1975 startete, schon damals Unsicherheit; und die wurde ausdrücklich „auch auf die Verbindlichkeit und Glaubwürdigkeit lehr- und hirtenamtlicher Äußerungen der Kirche zu diesen Fragen in der Vergangenheit und in der Gegenwart" bezogen.[48] Auf den Binnenraum von Kirche blickend wurde konstatiert, dass heute vielfach die Frage gestellt werde, „inwieweit lehr- und hirtenamtliche Äußerungen der Kirche zu den Fragen der Sexualität, der Ehe und der Familie [...] als verbindlich angesehen werden müssen oder inwieweit sie einer Veränderung bedürfen, wenn sie auf falschen oder mangelhaften wissenschaftlichen Voraussetzungen beruhen. Das gilt insbesondere für die Aussagen des kirchlichen Lehramtes, über die es bisher keine theologischen Meinungsverschiedenheiten gegeben hat und die deswegen von manchen als beständige und stets gleichbleibende Lehre der Kirche angesehen werden"[49]. Interessant ist ferner, dass im selben Dokument das Bewusstsein für die vielfache Bedingtheit normativer Vorschriften für das Sexualverhalten und

---

[48] Arbeitspapier 1.1.
[49] Arbeitspapier 1.4.

deren Unterschiedlichkeit und Synchronizität mit Wandlungsprozessen in der Gesellschaft explizit dokumentiert wird.[50]

Natürlich wird man auch die Leucht- und Programm-Begriffe wie „Recht auf sexuelle Selbstbestimmung", „Einvernehmlichkeit der Partner" oder „Nein heißt nein", die im geplanten Grundlagenpapier des Synodalen Wegs aufgenommen und bejaht werden, in einem Text von vor fünfzig Jahren vergebens suchen. Aber von der Sache war dort gleichwohl schon deutlich die Rede, wenn etwa festgestellt wurde, dass bei der Bewertung der menschlichen Sexualität „in der Vergangenheit deren sozialer Aspekt im Vordergrund" gestanden habe.[51] „Heute hingegen [würden] die Bedeutung der Sexualität für den Einzelnen, seine Selbstverwirklichung und die ihr innewohnenden Möglichkeiten der Lust und der Beglückung mehr und mehr als weitere Sinngehalte erkannt."[52] Im Text wird schon zuvor die Notwendigkeit von Beziehungsordnung und sozialen Übereinkünften durch den Hinweis begründet, dass „das Sexualverhalten eines Menschen die Rechte und Belange der Mitmenschen berührt und in sie eingreift".[53]

Auch die theoretische Figur der Identität war vor einem halben Jahrhundert noch nicht so allgemein rezipiert und in den verschiedenen Humanwissenschaften präsent, dass man sie als selbstverständliche zentrale Bezugsgröße im Papier einer Kommission, die die grundlegenden Aussagen über menschliche Sexualität für die (später in den Beschlusstext „Ehe und Familie" eingegangenen) Überlegungen liefern sollte, erwarten darf. Aber auch diesbezüglich war bereits ausführlich und emphatisch von der Notwendigkeit der „Ermöglichung eines un-

---

[50] Ebd., 2.2.3.
[51] Ebd., 2.2.7.
[52] Ebd.
[53] Ebd., 2.2.1.

befangenen und unverkrampften Verhältnisses zum eigenen Leib und zum eigenen Geschlecht"[54] und von der „Einübung in die Haltung der Liebe und die Entwicklung der Partnerfähigkeit"[55] die Rede – ohne nochmalige Nennung der zuvor ausführlich dargelegten Möglichkeit von Erscheinungsformen der Homosexualität, „bei denen von einer realen Hinordnung auf Partner des gleichen Geschlechts, von einem Grundverhalten der Persönlichkeit gesprochen werden muss"[56], aber mit der ausdrücklichen Aufforderung verbunden, in der Begleitung Jugendlicher darauf zu achten, dass keine unbegründeten Sündenängste entstehen[57].

In Aufrufen der verschiedenen Reforminitiativen immer wieder ein ausdrückliches oder auch nur indirekt angesprochenes Thema ist auch die Mehrdimensionalität (heute: „Polyvalenz") der menschlichen Sexualität. Einzeln oder gruppiert nach individueller und sozialer Bedeutsamkeit sind Bestätigung und Rollengewinnung (heute: „Identitätsfunktion"), Lusterleben, Beziehungsverstärkung sowie Zeugung und Erziehung eines Kindes als die sinnbestimmenden Faktoren deutlich vorhanden.[58] Früh schon wurde auch darauf hingewiesen, dass die verschiedenen Sinngehalte „natürlich nicht immer gleichzeitig zur Geltung kommen"[59], aber wohl „im Laufe des Lebens" verwirklicht werden können[60]. Bemerkenswert ist auch der Hinweis auf die „Kosten" idealisierter Moralnormen, die völlig abgekoppelt sind von den faktisch geltenden sozialen Normen oder ihnen sogar widersprechen. Der Preis dafür sei nämlich

---

[54] Ebd., 5.1.1.
[55] Arbeitspapier 5.1.4.
[56] Ebd., 4.4.2.
[57] Ebd., 5.4.2.
[58] Z. B. ebd. 3.1.1.–3.1.6.
[59] Ebd., 3.1.5.
[60] Ebd., 3.1.3.–3.1.5.

nichts anderes als die Ausbildung und Begünstigung einer Doppelmoral.[61]

Auch bei der für notwendig gehaltenen Überwindung von Engführungen in einigen „Aussagen des kirchlichen Lehramtes, über die es [früher] keine theologischen Meinungsverschiedenheiten gegeben hat und die deswegen von manchen als beständige und stets gleichbleibende Lehre der Kirche angesehen wurden"[62], verblüfft nun umgekehrt die Beständigkeit und die Übereinstimmung, mit der gerade diesbezüglich in den verschiedenen Reforminitiativen Korrekturbedarf angemeldet wird. Die wichtigsten dieser zu öffnenden Engführungen betreffen:
– die Dominanz der Zeugungsfunktion beim Verständnis des Sinns menschlicher Sexualität. Sie veranschlagte den Wert gelebter Sexualität für die Stärkung der partnerschaftlichen Beziehung zu niedrig.[63]
– die (wenigstens kirchenrechtlich damals noch bestehende) Diskriminierung nichtehelicher Kinder. Sie solle beseitigt werden.[64] Und bezüglich nichtehelicher Mutterschaft solle klargestellt werden, dass die Annahme des Kindes „eine positive sittliche Entscheidung [ist], die Achtung und Hilfe verdient"[65].
– die Aufnahme voller sexueller Beziehungen durch Unverheiratete, „sofern sie dadurch niemanden schädigen, ihre Verbindung auf der Basis gegenseitiger Achtung gestalten und partnerschaftlich miteinander umgehen"[66]. Eine „undifferenzierte, pauschale Verurteilung" werde den betreffenden Menschen in ihrem Verhalten jedenfalls nicht gerecht. „Es ist of-

---

[61] Z. B. ebd., 2.2.6.
[62] So die Formulierung in Arbeitspapier 1.4.
[63] Vgl. Arbeitspapier 2.2.8.
[64] Beschluss Ehe und Familie 4.1.3.
[65] Arbeitspapier 4.2.6.
[66] Ebd., 4.3.2.

fensichtlich, dass der wahllose Geschlechtsverkehr mit beliebigen Partnern anders zu bewerten ist, als intime Beziehungen im Rahmen eines Liebesverhältnisses oder intime Beziehungen zwischen Partnern, die einander lieben und zu einer Dauerbindung entschlossen sind, sich aber aus als schwerwiegend empfundenen Gründen an der Eheschließung noch gehindert sehen."[67] Es wurde auch die Frage erwogen, „ob es sich bei einer solchen Verbindung [...] nicht um eine moderne Form der geheimen (klandestinen) Ehe handelt"[68].

– die Beurteilung homosexueller Neigung und homosexuellen Verhaltens. Es wurde davon ausgegangen, dass bei der Entwicklung der gleichgeschlechtlichen Orientierung in den so Empfindenden eine bestimmte Konstitution am Wirken ist, die weder der Möglichkeit des Wählens noch der des Behobenwerden-Könnens unterliegt und infolgedessen eine moralische Verurteilung der betroffenen Menschen nicht erlaubt sei.[69] Inzwischen sind natürlich wesentlich umfangreichere und gefestigtere Kenntnisse verfügbar, so dass die vor fünfzig Jahren noch sehr vorsichtigen und bedingten Formulierungen durch uneingeschränkten Respekt vor den Menschen mit einer real vorkommenden, wenn auch minderheitlichen sexuellen Orientierung, wie er im nicht verabschiedeten Grundlagenpapier des Synodalen Wegs zu umschreiben versucht wurde, ersetzt werden müssen. Gleichwohl waren die skizzierten Überlegungen der Beginn einer differenzierten moralischen Bewertung.

– Krisen und Scheitern von Beziehungen und sogar von sakramental geschlossenen Ehen. Beides seien nicht automatisch

---

[67] Arbeitspapier 4.2.4. Vgl. Beschluss Ehe und Familie 3.1.3.4. Im Beschluss ist auch von einer „Stufenleiter der Zärtlichkeiten" „im Vorraum der vollen sexuellen Gemeinschaft" die Rede (3.1.3.3).
[68] Arbeitspapier 4.3.2.
[69] Ebd., 4.4.4. u. 4.4.5.1.

Angriff oder gar Zerstörung von etwas gut Begonnenem und zu verurteilendes Versagen[70], sondern Entwicklungsmöglichkeiten, zu denen vielerlei Faktoren, die nicht gewählt sind und nicht immer und zur Gänze der Steuerbarkeit durch die betroffenen Partner unterliegen, im Spiel sein können. Deshalb verdienten die Beteiligten Enthaltung von Verurteilung, Verständnis und Solidarität.[71]

Seit dem Bekenntnis zur Verbindlichkeit des individuellen Gewissensspruchs in *Gaudium et spes* (nr. 16) und vor allem der bischöflichen Versicherung im Konflikt mit der Weisung von *Humane vitae*, dass eine individuelle Abweichung des gewissenshaften Urteils gegenüber der amtlichen Vorgabe moralisch legitim sein könne (sog. *Königsteiner Erklärung*[72]), blieb die Berufung auf die Verbindlichkeit des individuellen Gewissensspruchs ein wichtiger Punkt aller Reforminitiativen[73], und nicht nur von ihnen. Zu einer betonten Forderung wurde ihre Anerkennung im „Memorandum Kirche 2011", weil sie hier ausdrücklich auf den gesamten Bereich der persönlichen Lebensentscheidungen und individuellen Lebensformen bezogen wurde.[74] *Amoris laetitia* hat – wie im Grundlagenpapier zutreffend referiert wird[75] – diesen Anspruch noch dadurch unterstrichen, dass dieses Schreiben selbstkritisch gegenüber der gesamten bisherigen Moralverkündigung, aber auch kontrapunktisch zu Aussagen der Moralenzy-

---

[70] Beschluss Ehe und Familie 3.4.1.3.
[71] Ebd., 3.4.
[72] Diese wird im Beschluss Ehe und Familie komplett zitiert.
[73] Meist wird er in Verbindung und im Bezug auf die Familienplanung genannt: s. Beschluss Ehe und Familie 2.2.2.1.–2.2.2.4; Kölner Erklärung, Punkt 3., sowie Kirchenvolks-Begehren, Punkt 4. Im Bezug auf voreheliche Sexualität wird auf das Gewissen abgehoben im Beschluss Ehe und Familie 3.1.3.4., im Bezug auf den Umgang mit wiederverheirateten Geschiedenen ebd. 3.5.3.1.
[74] Memorandum Kirche 2011 Punkt 4.
[75] Synodalforum IV, Grundtext, B.9.1–9.4, S. 28f.

klika *Veritatis splendor* (nr. 64) eingestand, dass sich die Kirche schwer tue, „dem Gewissen der Gläubigen Raum zu geben, die oftmals inmitten ihrer Begrenzungen, so gut es ihnen möglich ist, dem Evangelium entsprechen und ihr persönliches Unterscheidungsvermögen angesichts von Situationen entwickeln, in denen alle Schemata auseinanderbrechen"[76], und erklärte: „Wir sind berufen, die Gewissen zu bilden, nicht aber dazu, den Anspruch zu erheben, sie zu ersetzen."[77]

4. Reaktionen und Wirkungen

Die Reaktionen auf die einzelnen Reforminitiativen fielen durchaus gemischt aus. Neben Zustimmung und Unterstützung gab es auch Widerspruch und Ablehnung. Das Echo in der innerkirchlichen Öffentlichkeit war anfangs noch sehr ausgeprägt, wie besonders das große Interesse am Verlauf der Würzburger Synode mit u. a. einer halben Million ausgeschickter Exemplare der vom Synodensekretariat herausgegebenen „Arbeitspapiere" und einer breiten Berichterstattung in den Medien oder das Kirchenvolks-Begehren, das innerhalb weniger Wochen anderthalb Millionen Unterschriften sammeln konnte, zeigen. Aber auch schon damals konnte das Arbeitspapier zur Sexualität eben nur als Arbeitspapier durchgehen und konnte nicht einmal zur Vorlage für einen Beschluss werden und durfte nur zusammen mit einer vorangestellten Erklärung der Bischofskonferenz, in der von „erheblichen Bedenken" und „Irrtümern" die Rede ist, veröffentlicht werden.

Bei den weiteren Aktionen reicht das Spektrum der Reaktionen von bischöflicher Seite von Signalen des Verständnisses

---

[76] *Papst Franziskus,* Nachsynodales Apostolisches Schreiben *Amoris laetitia,* Nr. 37.
[77] Ebd.

für die Kritik und Gesprächsbereitschaft über Skepsis und den Vorwurf, die Aktionen fokussierten auf Strukturfragen und verdeckten das eigentliche Problem – die Glaubens- und Gotteskrise – bis hin zu offener Ablehnung und Vorwürfen der Heterodoxie und der Spaltung. Auch förmliche Konflikte und Disziplinierungen fanden statt, insbesondere im Zusammenhang mit der Kölner Erklärung und der Aktion „Wir sind Kirche". Dass inzwischen die Konflikte aber längst nicht mehr nur entlang der Linien offizielles Vorgehen vs. „zivilkirchliche"[78] Initiativen und Klerus vs. Laien verlaufen, sondern auch die Leitungsebene betreffen, zeigt der in Gestalt von „Dubia" öffentlich vorgetragene Widerspruch einiger Kardinäle gegen bestimmte Positionen, die Papst Franziskus in *Amoris laetitia* mit großer Vorsicht eingenommen hat. Auch der aktuelle Synodale Weg verläuft nicht ohne schwere Dissonanzen in Debatten und Abstimmungen, aber auch in begleitenden Kommentierungen und Interventionen aus dem Umfeld.

Fragt man nun nach den unmittelbaren, das heißt: verändernden Wirkungen, die die genannten Reforminitiativen gehabt haben, so wird man aus heutiger Sicht eingestehen müssen, dass sie bescheiden und für die Initianden ziemlich enttäuschend waren. Rainer Bucher stellte zum vierzigjährigen Jahrestag des Abschlusses der Würzburger Synode dem Beschluss Ehe und Familie das Zeugnis aus „ziemlich irrelevant – spätestens heute"[79]; und Rupert M. Scheule bewertete bei derselben Gelegenheit das Arbeitspapier als „Neustart ohne Folgen"[80]. Was die kirchenoffi-

---

[78] Ich gebrauche diesen Begriff in Analogie zu „zivilgesellschaftlich", um die (von der Kirche in ihrer Sozialverkündigung durchaus geschätzte) „freie", also nicht von der Institution oder vom hierarchischen Amt erzeugte soziale Bildung dieser Initiativen zu charakterisieren.
[79] So der Titel seines Beitrags in: *R. Feiter/R. Hartmann/J. Schmiedl* (Hrsg.), Die Würzburger Synode. Die Texte neu gelesen, Freiburg i. Br. 2013, 164–188.
[80] So der Titel seines Beitrags in: ebd., 360–373.

zielle Rezeption betrifft, so erhielt von den nach Rom weitergeleiteten Voten der Würzburger Synode (16) nur ein einziges eine Antwort.[81] Gleichwohl dürfte für sie alle auch zutreffen, was Karl Lehmann 1977 bezüglich der Arbeitspapiere schrieb: Sie hätten „in einem hohen Maß bewusstseinsbildend gewirkt, Mentalitätswandlungen initiiert, Gewissenserforschungen angeregt, Publikationen hervorgerufen, vertiefende Forschungen angeregt, wissenschaftliche Auseinandersetzungen provoziert"[82]. Hinzu zählen müsse man die Verwendungen in der Erwachsenenbildung, in akademischen Seminaren und in anderen Bildungseinrichtungen sowie geistig-geistliche Orientierung bei einzelnen Lesern.[83] Viele ehemaligen Teilnehmer und Beobachter heben auch als indirekten und nachhaltigen Effekt die Tatsache einer bisher so nie stattgefundenen Kommunikation und die Einübung eines neuen offenen Austauschs über unterschiedliche Sichtweisen und Erfahrungen zwischen Bischöfen, Priestern und Laien hervor, bei denen man sich wirklich Gehör geschenkt habe.

Derlei indirekte und atmosphärische Folgen, wie sie auch im Nachgang zu den anderen Reforminitiativen berichtet wurden, entziehen sich allerdings der Messung und strengen Nachprüfbarkeit. Ihre Nennung verbleibt deshalb weitgehend im Bereich der Intuition und der Vermutungen. Dies gilt auch für die weniger positiven indirekten Folgen, für die es ebenfalls unbestreitbare Anzeichen gibt, wie Enttäuschung über die Wirkungslosigkeit ihres Einsatzes, Frustration über die Zähigkeit struktureller Hindernisse (sie werden aktuell mit dem Stichwort „Macht" chiffriert), Erschöpfung angesichts des Verbrauchs an Engagement und Interesse, Schwund an Glaubwürdigkeit in-

---

[81] So die Herausgeber des eben zitierten Bandes in ihrem Vorwort, 9f., hier: 9.
[82] *K. Lehmann*, Allgemeine Einleitung, in: Offizielle Gesamtausgabe II, Freiburg i. Br. 1977, 7–27, hier: 26f.
[83] Ebd., 27.

folge des wiederholten Verhallens von Reformappellen. Das alles sind eigentlich kostbare Ressourcen für die Vitalität von Kirche, die nicht beschädigt werden dürften. Auch beim akademischen Nachwuchs und in der Produktion wissenschaftlicher Arbeiten der Disziplin Moraltheologie waren die Folgen des Risikopotentials sexualethischer Themen jahrelang zu spüren in Gestalt einer großen Zurückhaltung.

Deshalb ist in einer Welt und Zeit, die sich so rasch entwickeln und die Lebensbedingungen verändern, die Bereitschaft zu lernen von alternativloser Wichtigkeit für die Zukunft. Lernen ist aber eine zeitlich sich erstreckende Haltung oder Tugend, nicht eine einmalige oder nur punktuelle intellektuelle Zustimmung. Der Verweis auf Evangelisierung und geistliche Erneuerung als zentrale Aufgaben der Kirche heute steht weder im Gegensatz zu den Bemühungen um strukturelle Reformen noch taugt er als Rechtfertigung dafür, übersehene Orientierungsnotwendigkeiten, menschenverletzende Blindheiten und Engführungen in der kirchlichen Sexualmoral zu belassen und als unveränderbar auf Dauer zu stellen.

Ein diachronischer Durchgang durch die Texte und Postulate der verschiedenen Reforminitiativen legt überdies noch einen weiteren „Kosten"faktor des andauernden Ringen-Müssens um Reformen offen: Im Maße, wie dieser Streit geführt werden muss und enorme Kräfte bindet, geht die Außenwirkung als Perspektive und die Funktion der Kirche als relevante Kraft der Mitgestaltung von Gesellschaft verloren. Das Arbeitspapier der Würzburger Synode wurde noch mit der damals glaubhaften Intention erarbeitet, damit auch zur kritischen Distanzierung von gesellschaftlichen Trends, die als fragwürdig angesehen wurden, beizutragen.[84]

---

[84] So etwa „neue Sexualtheorien und Sexualideologien", „die Ehe und Familie als überlebte und den heutigen Verhältnissen nicht mehr angemessene Formen

In dieser Veränderung der Perspektive bildet sich ein Relevanz-Verzicht ab, der dem Relevanz-Verlust in der Öffentlichkeit parallel geht: Beides geschieht leise und meist unbemerkt, wenn die beschriebene Kluft zwischen kirchenoffiziellen Normierungen und praktizierten Überzeugungen der Gläubigen (und die sind wohl zu unterscheiden vom „Zeitgeist") nicht mehr als beunruhigend empfunden und als Stimulus zum Lernen genommen wird.

---

des Zusammenlebens ablehnen und durch neue Formen des Zusammenlebens ersetzen wollen" (1.1.); die Verabsolutierung des Lustprinzips und die Betrachtung von Sexualität ausschließlich als Konsumgut (1.1.); die Meinung, die bloße Information über biologische und soziologische Fakten reiche aus, während ethische Normen entbehrlich seien (3.1.1, 3.3.2.–3.3.3); die Ansicht, „das Sexualverhalten [könne] sich ausschließlich an den eigenen Erlebnismöglichkeiten und am Streben nach Lustgewinn orientier[en], während die sozialen Funktionen und Verpflichtungen nicht beachtet oder sogar vorsätzlich negiert werden" (2.2.7.).

Berufung auf die kirchliche Lehre: Fallstricke und theologische Unangemessenheiten

von Konrad Hilpert

Von Bischöfen, die bei der Abstimmung über die Annahme des zuvor verbesserten Grundlagenpapiers zur kirchlichen Sexualmoral mit „nein" gestimmt und so zur Nicht-Erreichung des Zwei-Drittel-Quorums beigetragen haben, wurde – teils vor, teils im Nachgang – als Begründung genannt, dass sie sich der gültigen Lehre der Kirche verpflichtet fühlten; und dass die in der Abstimmungsvorlage zugrunde gelegte Anthropologie nicht anschlussfähig an das tradierte Menschenbild sei und dass die Positionen des Papiers einen „Bruch" mit der Lehre der Kirche darstellten. Manche beriefen sich auch auf ihren Treueid, den sie auf die Lehre der Kirche abgelegt haben.

Das sind schwerwiegende Einwände und zugleich Vorwürfe an die Adresse der Verfasser des zur Abstimmung vorgelegten Textes und auch jener Synodenteilnehmer, die dem Text zugestimmt haben. Sie werfen allerdings auch gewichtige Fragen auf, deren Antworten keineswegs so evident sind, wie es der selbstbewusste Gebrauch dieser Einwände erwarten lassen könnte. Denn klärungsbedürftig ist bereits, was denn mit „Lehre" theologisch genau gemeint ist. Sodann ist die Frage zu stellen, inwiefern der singularische Gebrauch mit bestimmtem Artikel berechtigt ist. Ferner setzt die Behauptung eines „Bruchs" die keineswegs selbstverständliche Annahme voraus, dass die Lehre eine durch die Zeiten beständige Größe sei. Und schließlich bedarf es auch einer eigenen Erwägung darüber, was Geschlechteranthropologie und Sexualmoral mit kirchlicher Lehre zu tun haben können.

Konrad Hilpert

1. Die Beziehungsdimension von „Lehre"

Die Bedeutung von „Lehre" ist recht weit: Charakterisiert wird mit diesem Begriff eine Tätigkeit der Vermittlung von Wissen und Lebenspraxis an Unerfahrene, insbesondere an die Angehörigen einer neuen Generation, und dann auch die Gesamtheit der Inhalte, die weitergegeben werden. Abgeleitet hiervon wird „Lehre" auch für das konsolidierte, das heißt: von der community der Wissenden nicht in Frage gestellte Wissen in einem bestimmten Bereich verwendet (z. B. Volkswirtschafts- und Betriebwirtschafts"lehre"), und auch für die Zeitspanne, in der man sich dieses von anderen aneignet. „Lehre" kann schließlich auch für die Konsequenzen stehen, die ein Individuum oder ganze Gruppen oder Generationen aus einem einschneidenden Negativ-Erlebnis ziehen und im Gedächtnis behalten.

Das Gesagte gilt auch hinsichtlich der Vermittlung des Glaubens. Eine traditionelle Bezeichnung der Theologie als Wissenschaft und der Gesamtheit des entsprechenden Wissens als „Lehre" (sacra doctrina) stellte nicht nur die Übernahme der zeitgenössischen Bezeichnung des Unterrichts und des Verfügens über theoretische Kenntnisse von anderen Gebieten des Wissens dar, sondern verstand sich auch als reflektierte Fortführung und Ausgestaltung des Sendungsauftrags von Mt 28,19 und des von den Evangelisten in die Tradition der Propheten gestellten Sprechgestus Jesu. Das Verständnis der missionarischen Unterweisung über den Glauben und damit auch der Überzeugung, dass Sprechen und Hören, Bezeugen und Einsehen sowie auch intellektuelle Zustimmung bei der Weitergabe des Glaubens eine wichtige Rolle spielen, gehört schon seit den Anfängen zum besonderen Profil des Christentums im Vergleich zu anderen antiken Religionen.

„Lehren" bzw. „Lehre" ist also auch eine theologische Grundkategorie, ganz zweifellos. Aber „lehren" verlangt nicht nur grammatikalisch, sondern auch von diesen theologischen Ursprüngen her die Bezogenheit auf eine oder mehrere Personen, der bzw. denen etwas erschlossen werden soll, und kann sich nicht nur auf Inhalte beziehen.

Diese innere Relationalität zu Personen stellt infolgedessen jede Berufung auf die kirchliche Lehre in Frage, die sich ausschließlich auf inhaltliche Sätze bezieht, diese wie unmittelbar anwendbare Rechtsnormen behandelt und in Debatten die Lehre wie ein Nachschlagewerk oder noch besser wie eine Auskunftei der auf Gott selbst zurückgeführten Willenskundgaben für alles und jedes bemüht. Es lohnt sich, in diesem Zusammenhang daran zu erinnern, dass auch Papst Franziskus mit seinem Schreiben *Amoris laetitia* zwar dem Dialog und der pastoralen Praxis „Orientierung" geben „und zugleich den Familien [...] Ermutigung und Anregung" bieten wollte[1], aber nicht wie früher üblich doktrinelle und moralische Diskussionen „durch ein lehramtliches Eingreifen" entscheiden oder die Suche nach „besser inkulturierten Lösungen", „welche die örtlichen Traditionen und Herausforderungen berücksichtigen", vereinheitlichen wollte[2]. Ausdrücklich distanzierte er sich davon, dass die kirchliche Lehre über Ehe und Familie „zu einer bloßen Verteidigung einer kalten und leblosen Doktrin" wird und verlangte positiv, dass sie nicht aufhören dürfe, „aus dem Licht der Verkündigung von Liebe und Zärtlichkeit Anregung zu schöpfen und sich dadurch zu verwandeln"[3].

Mit dieser empathisch-pastoralen Selbstaufforderung soll natürlich nicht bestritten oder verdeckt werden, dass es bei der Formulierung und Erinnerung an Lehren immer auch um den

---

[1] *Papst Franziskus*, Nachsynodales Apostolisches Schreiben *Amoris laetitia*, Nr. 4.
[2] Ebd., Nr. 3.
[3] Ebd., Nr. 59; vgl. ebd., Nr. 60.

Charakter der Offizialität geht. Unbestritten gibt es Grundsätze, Sichtweisen, Normen für das Handeln und rechtliche Verfahrensregeln, die satzhaft formuliert sind und von der Institution Kirche als verbindlich ausgegeben werden. „Offiziell" heißt aber nicht auch, dass sie absolut seien; vielmehr unterliegen sie der pastoralen Perspektivität; das heißt, dass sie als Hilfen erfahren werden sollen, damit das Leben der Menschen als Einzelner und im Miteinander besser gelingt, dass sie in ihrer Verletzlichkeit Annahme und Schutz erfahren und dass sie in allen Bedrohungen einen tragenden Sinn für ihr Mühen erkennen können. Der Offizialität kommt hierbei die Funktion zu, Bewährtes vor dem Vergessen-Werden zu schützen und bei Konflikten Einheit zu ermöglichen. Dass mit den einmal formulierten Lehren schon alles ausreichend gesagt ist und dass ab da keine Veränderung mehr stattfinden darf und dass das Insistieren auf Vorhandenem nicht auch zu neuem Dissens oder gar zu Spaltung führen könnte, ist damit aber keineswegs verbürgt. Das alles gilt es vielmehr jeweils von neuem zu prüfen.

2. Eine gewachsene Gemengelage, weder systematische Einheit noch planvoll konstruiertes Gebäude

Die gängige singularische Redeweise von „der" Lehre der Kirche stellt eine Vereinfachung dar: Sie fasst eine große Menge von Äußerungen zusammen und macht sie durch einen einzigen Begriff leichter handhabbar. Dieses Vorgehen hat freilich auch Tücken, weil es Assoziationen hervorruft, die das Verständnis von Lehre in problematischer Weise verengen. Eine solche Verengung wird schon von der Assoziation induziert, dass die kirchliche Lehre eine in sich einheitliche und konsistente Größe sei. Eine weitere Vermutung besteht darin, dass die Lehre durch die Zeiten und Epochen hindurch beständig i. S. von unverändert geblieben sei. Eine dritte naheliegende Vermutung könnte beinhalten, dass allem, was irgendwann als Lehre verlautbart wurde, dieselbe Verbindlichkeit zukommt.

Alle drei Vermutungen sind verständlich; doch hält keine der genaueren Überprüfung stand.

Denn erstens sind alle Lehrformulierungen und Dokumente, in die diese jeweils eingebettet sind, Resultate oder Zwischenresultate längerer Prozesse des Suchens, Forschens und Ringens von Theologen und Fachleuten, die mit bestimmten Fragen und Problemstellungen konfrontiert worden sind. Die Antworten sind in Vorstellungs- und Denk-Kontexten formuliert worden (also nicht gleichsam „vom Himmel gefallen"). Und die, die sie formuliert haben, haben nicht ausschließlich aus sich selbst und ihrer Amtseinsicht geschöpft, sondern bewegten sich in ihrem eigenen und in dem ihrer Umgebung vertrauten theologischen Horizont; bestenfalls haben sie auch noch Expertise von außen in Gestalt von Fachwissen und Rat kompetenter Personen eingeholt. Doch auch die waren zeit- und lebensweltgebunden.

Zweitens gibt es trotz aller Bemühungen um größtmögliche Beständigkeit und Kontinuierlichkeit in der Geschichte der katholischen Kirche auch eine Reihe von Themen, bei denen es zu auffallenden Korrekturen der offiziellen Sicht gekommen ist oder wenigstens zu Nichtwiederholungen von Sätzen, die früher als verbindliche Lehre ausgegeben worden waren. Es sind signifikanterweise vor allem ethische Themen, bei denen solche faktische Revisionen stattgefunden haben, wie u. a. die Anerkennung der Religionsfreiheit, die Menschenrechte, der Sinn und die Mittel des Strafens, das Verhältnis zum Judentum, in jüngerer Zeit auch die Ehezwecklehre und die Organtransplantation.[4] Die Gründe für derartige Revisionen lagen zum Teil in

---

[4] Vgl. dazu K. *Hilpert*, Beständigkeit der kirchlichen Lehre, Anspruch und

der Wahrnehmung der unmoralischen Folgen einer früher vertretenen Position, zum Teil aber wie etwa bei der Aufgabe der traditionellen Ehezwecklehre in fortgeschrittener Erkenntnis.

Da solche Korrekturen außerhalb der Fachtheologie nicht immer die verdiente Beachtung erhalten, weil die Aufmerksamkeit ausschließlich der aktuellen Position gilt, wird häufig die letzte bzw. vorletzte prominente und leicht greifbare Formulierung der Lehre zur endgültigen und vollständigen Repräsentation. Das sind dann im Fall der Sexualmoral die Formulierungen im Katechismus von 1993 oder aber die theologiegeschichtlich doch sehr speziellen Normierungen von Paul VI. in *Humanae vitae* und Johannes Paul II. in *Familiaris consortio* und *Theologie des Leibes* für „die" Lehre der Kirche gehalten oder dazu stilisiert.[5]

Schließlich entspricht es drittens nicht dem theologischen state of the art, die vielen Lehre so zu behandeln und in Debatten zu verwenden, als seien sie alle gleich sicher und gleich wichtig. Schon das II. Vatikanum hat im Ökumenismusdekret[6] betont, dass man beim Vergleich der einzelnen Lehren nicht vergessen solle, „dass es eine Rangordnung oder ‚Hierarchie' der Wahrheiten innerhalb der katholischen Lehre gibt, je nach der verschiedenen Art ihres Zusammenhangs mit dem Fundament des christlichen Glaubens". Außerdem hat man in den Handbüchern der Dogmatik seit dem 19. Jahrhundert genau

---

Problematik eines amtlichen Topos am Beispiel moraltheologischer Positionen, in: *K. Krips/S. Mokry/K. Unterburger* (Hrsg.), Aufbruch in der Zeit. Kirchenreform und europäischer Katholizismus, Stuttgart 2020, 447–464.

[5] Vgl. dazu beispielhaft *K. Hilpert*, Wider den suggestiven Gebrauch der Formel von der beständigen Lehre der Kirche, in: Münsteraner Forum für Theologie und Kirche, online verfügbar unter http://www.theologie-und-kirche.de/hilpert-bestaendige-lehre.pdf (zuletzt abgerufen am 29.11.2022).

[6] 2. Vatikanisches Konzil, Dekret Unitatis redintegratio. Über den Ökumenismus, Nr. 11.

zwischen verschiedenen Gewissheitsgraden („Zensuren") unterschieden.[7] Besonders in anthropologischen und medizinischen Fragen tut man zudem gut daran, die Grenzen theologischer Erkenntnismöglichkeiten zu beachten, gerade wenn es um so komplexe Themen wie die Polyvalenz der menschlichen Sexualität oder menschliche Geschlechtsidentität geht. Zumindest lassen sich theologische Argumente nicht gegen humanwissenschaftliche Erkenntnisse in Stellung bringen. Die beschwörende Warnung von Kardinal Suenens 1965 in der Konzilsaula vor einem neuen Fall Galilei ist bleibend aktuell.

Es ist übrigens in jüngerer Zeit tatsächlich vorgekommen, dass eine umstrittene ethische Position im Katechismus offiziell korrigiert wurde. Dabei ging es um die Stellung zur Todesstrafe. Die ursprüngliche Fassung des Katechismus von 1993 behandelte die Todesstrafe in Übereinstimmung mit der Tradition seit dem Hochmittelalter als Form der Notwehr der Gesellschaft gegen den Kapitalverbrecher, der die Grundlagen des Zusammenlebens angegriffen hat.[8] In einer ersten Revision dieses Textes im Jahr 1997 hat Papst Johanes Paul II. mit Verweis auf seine inzwischen (1995) erschienene Enzyklika *Evangelium vitae* diese Formulierung so ergänzt, dass die grundsätzliche Ablehnung dieser Strafe noch deutlicher und durch striktere Minimierung der denkbaren Ausnahmefälle von Anwendung zwingender gemacht wurde.[9] Im Jahr 2017 kam es dann zu einer weiteren, tiefer eingreifenden Revision durch Papst Franziskus, der ebenfalls entsprechende Äußerungen vorangingen. Der Abschnitt über die Todesstrafe wurde nun komplett neugefasst mit der uneingeschränkten Aussage, dass die Kirche diese Strafe, „die die

---

[7] Näheres dazu s. *W. Kern/F.-J. Niemann*, Theologische Erkenntnislehre, Düsseldorf 1981, 170–172.
[8] Katechismus der Katholischen Kirche (1993), Nr. 2266f.
[9] Katechismus der Katholischen Kirche (1997), Nr. 2266f.

Würde des Menschen schwer verletzt", ablehnt und deshalb „im Lichte des Evangeliums" lehrt, „dass die Todesstrafe unzulässig ist, weil sie gegen die Unantastbarkeit und Würde der Person verstößt"[10].

Dazu gibt es ein Begleitschreiben an die Bischöfe, in dem der Präfekt der Glaubenskongregation, Kardinal Ladaria, die Änderung folgendermaßen erläuterte:[11] Die neue Formulierung „läge auf der Linie des vorausgehenden Lehramts und sei eine konsequente Entwicklung der katholischen Lehre". Ausdrücklich wird auch gesagt, sie stünde „nicht im Widerspruch zu früheren Aussagen des Lehramts" zu dieser Sache. Die frühere Position sei von anderen sozialen Umständen ausgegangen. Das „Licht des Evangeliums" trüge zu einem „besseren Verständnis der geschaffenen Ordnung" bei.[12]

---

[10] Katechismus der Katholischen Kirche (neu), Nr. 2267. Der Text der neugefassten Nummer 2267 wurde in einem ausführlichen Reskript an die Bischöfe mitgeteilt und in einem Schreiben der Kongregation für die Glaubenslehre ausführlich erläutert. Beide Text in deutscher Übersetzung in: Osservatore Romano. Deutsche Ausgabe Nr. 32/33 vom 10.08.2018, 8f.

[11] Ebd., 8.

[12] In einer kurz danach gehaltenen Ansprache zum 25. Jahrestag der Veröffentlichung des Katechismus bestätigte Papst Franziskus diese Aussagen mit eindringlichen Worten. So sagte er u. a.: Es genüge „nicht, eine neue Sprache zu finden, um den ewig gültigen Glauben zu formulieren. Es [sei] vielmehr dringend notwendig, angesichts der neuen Herausforderungen und Aussichten, vor denen die Menschheit steht, dass die Kirche die noch neu zu entdeckenden Wahrheiten des Evangeliums erschließt, [...] die [...] noch nicht ans Licht gekommen sind." „Wir stehen hier vor keinerlei Widerspruch zu früheren Lehraussagen [...]. Die harmonische Entwicklung der kirchlichen Lehre gebietet es, Positionen zu vermeiden, die an Argumenten festhalten, die längst eindeutig einem neuen Verständnis der christlichen Wahrheit widersprechen. [...]" Und: „Die Tradition ist eine lebendige Realität, und nur eine begrenzte Sicht kann sich das ‚depositum fidei', das Glaubensgut, als etwas Statisches, Unbewegliches vorstellen. Man kann das Wort Gottes nicht einmotten, als wäre es eine alte Wolldecke, die man vor Schädlingen bewahren müsste. [...]" (Alle Stellen zitiert nach: Tradition ist eine lebendige Angelegenheit. Ansprache von

Das zentrale Rechtfertigungselement, das hier von Vertretern des Lehramts selbst beigebracht wird, ist die Figur „Entwicklung der Lehre". Das bedeutet nichts anderes (und das vom Lehramt ausdrücklich bestätigt), als dass die Tatsache, dass eine bestimmte ethische Position in der Tradition einmal vertreten wurde, nicht ausreicht, um sie als begründet, gültig und schlechthin unveränderbar zu behaupten. Infolgedessen müssen Positionen, auch wenn sie in der Vergangenheit lange und sogar unangefochten vertreten wurden, korrigiert werden, wenn sich herausstellt, dass gute Gründe gegen sie sprechen, wie es beispielsweise seit einigen Jahren bezüglich der traditionellen Verurteilung der Homosexualität der Fall ist.

Dass etwas „Lehre" der Kirche sei, ist also weder ein Ersatz für eine gründliche theologische Erörterung noch ein triftiges Argument dafür, dass eine theologische Überprüfung unterbleiben kann. Doktrinen stammen nicht aus höheren Erkenntnisquellen, sondern sind selbst verknappte und formell festgehaltene Antworten auf strittige Fragen und Probleme. Sie wollen prägnant zusammenfassen, erinnern oder kürzelhaft eine Problematik, die einmal viele Gläubige bewegt oder beunruhigt hat, aufrufbar machen. Ihr Sinn ist nicht Zugang zu einer geheimen Erkenntnisquelle, die anderen verschlossen ist, noch primär Argumentationshilfe oder Reflexionsanstoß, sondern Markierung einer vorläufigen Gemeinsamkeit sowie soziale Identifikation und Mobilisierung.

Nicht einmal die Ablegung eines Treueids auf die Lehre der Kirche ist ein ausreichender Grund, sich der Aufgabe, die Tradition lebendig zu erhalten, zu versagen, wenn Positionen aufgrund von zerstörerischen Auswirkungen und neuen Erkenntnissen überprüft und korrigiert werden müssen.

Papst Franziskus am 11. Oktober 2018, in deutscher Übersetzung in: Osservatore Romano. Deutsche Ausgabe Nr. 42 vom 20.10.2018, 7).

3. Lehrhaftes Sprechen und moralisches Handeln

Wer sich bei sexualethischen Themen auf „die" Lehre der katholischen Kirche beruft, mit der Hoffnung auf glasklare Eindeutigkeit und indiskutable Klarheit, sieht sich rasch mit Gegenfragen konfrontiert, die nicht leicht zu beantworten sind. Das beginnt schon mit der Frage, ob das Lehren eigentlich der ursprüngliche und stets geeignete Gestus ethischen Sprechens sei. Und führt weiter zu der auch in der philosophischen Tradition immer mal wieder gestellten Frage, ob sich moralisches Handeln und Mühen überhaupt in lehrhaften Sätzen fassen lässt. Schließlich meldet sich auch noch die Frage, die heute gerade bezüglich der Sexualmoral immer lauter gestellt wird, nämlich ob die seit Jahrhunderten geübte Praxis eines amtlich reservierten und institutionell geregelten Lehrens überhaupt noch geeignet und zu rechtfertigen ist, modernen Menschen, die ihr Dasein vor allem als Chance zur freien und verantwortlichen Gestaltung ihrer Lebenswelt und ihrer intimen und sozialen Beziehungen verstehen, dafür Orientierungsvorgaben und autoritative Normen zu geben. Oder ist diese Praxis und der damit verbundene Anspruch vielleicht nur das Relikt eines überholten paternalistischen Moraltypus?

Um auf die erste Frage einzugehen, darf daran erinnert werden, dass die Theologie- und Frömmigkeitsgeschichte auch ganz andere, nicht-lehrmäßige Arten ethischen Sprechens kennt. Am häufigsten finden sich bis in die biblischen Schriften und die Legenden hinein Formen der Narration und der weisheitlichen Sentenz, die jeweils auf eine typische Alltagssituation gemünzt sind. Beide, Erzählungen wie weisheitliche Merksätze, sind unmittelbar, also ohne den anspruchsvollen Zusammenhang einer Theorie verstehbar und eignen sich vornehmlich zum Gebrauch im Alltag und in der Erziehung. Sie zu sammeln und sie weiterzuerzählen konnten im Lauf der Überlieferung selbst zu Praxen werden, die theoretische Impulse stimulierten. Die Phänomenologie des ethisch-normativen Sprechens ist damit aber noch keineswegs erschöpft. Auch das autobiographische Zeugnis, der Dialog (sei er spontan oder literarisch inszeniert), Briefe (echte und fingierte), Aphorismen und Quaestionen mit ihrem Pro und Contra gehören zu den nicht-doktrinellen Sprachformen des Ethischen. Die uns heute im akademischen Bereich am meisten vertrauten Formen der theoretischen Abhandlung und des Lehrbuchs wie auch die im theologischen Unterricht und der Sakramentenkatechese herkömmlich verbreiteten Kataloge von typisierten Fällen gerieten erst im Lauf der Neuzeit in den Vordergrund. Sie setzen stabile und harmonische Verhältnisse, die Fähigkeit und Geübtheit von Selbstreflexion sowie die Durchsetzungsmacht institutioneller Disziplin voraus, die heute weithin so nicht mehr gegeben sind.

Was die an zweiter Stelle genannte Nachfrage betrifft, so ist an den einfachen, aber gleichwohl zentralen Umstand zu erinnern, dass sich die moralische Qualität auf verantwortliche Handlungen und erworbene Haltungen freier Subjekte bezieht, und nicht, jedenfalls nicht primär, auf die geäußerte oder innere Zustimmung zu bestimmten Sätzen mit normativem Inhalt. Solche Sätze haben zweifellos auch eine Berechtigung, wenn es etwa darum geht, dass das gesamte Handeln einer Person möglichst frei von Widersprüchen (konsistent) und in der Abfolge der Zeit trotz aller Ereignisse, die eintreten, und Umstände, die sich verändern können, als durch dieses eine Subjekt in seiner Verantwortlichkeit geprägt und als ihm zurechenbar gelten soll (kohärent). Aber sprachliche Fassung und Qualifizierung als Doktrin einer Gemeinschaft oder Institution sind nicht schon der moralische Akt selbst, sondern sind und bleiben als sprachlich formuliertes Ideal stets Hilfsmittel und Vermittlungsgestalten für die moralische Praxis. Ethische Begriffe, normative Sätze und auch bekräftigende und appellierende Ideale sind deshalb auch nie davor geschützt, leer zu laufen, also konsequenzlos zu bleiben, oder als eine bloß dekorative Attrappe benutzt zu werden. Ernst und Eindeutigkeit gewinnen sie erst, wenn sie auch den Charakter von existentiellen Überzeugungen bekommen, die das Handeln ihres Urhebers in die Pflicht nehmen. Dies geht in Konflikten, auch in solchen, die vom Lehramt oder seinen Trägern aus vermeintlicher Verantwortung für die Lehre „bedient" werden, häufig unter. Ethische Positionen werden dann wie etwas behandelt, was verwaltet werden kann.

Schließlich und drittens setzt der bischöfliche Hinweis auf die Lehre der Kirche zur Sexualmoral unausgesprochen voraus, dass die Katholikinnen und Katholiken, wenigstens zu einem erheblichen Teil, vom kirchlichen Amt eine Orientierung für die Gestaltung ihrer intimen Beziehungen erwarten oder sie wenigstens entgegenzunehmen bereit sind und sie dann auch umsetzen wollen. Diese Annahme trifft aber allenfalls noch für eine kleine Minderheit zu. Wie die Mehrheit sieht und empfindet, beschreibt u. a. die von der Deutschen Bischofskonferenz im Jahr 2014 veröffentlichte „Zusammenfassung der Antworten aus den deutschen [Erz-]Diözesen auf die Fragen im Vorbereitungsdokument für die Dritte Außerordentliche Vollversammlung der Bischofssynode 2014" folgendermaßen: „Grundsätzlich gilt für gesamtkirchliche Verlautbarungen [sc.: zu Ehe und Familie], dass ihr sprachlicher Duktus und ihr autoritativer Ansatz nicht dazu angetan sind, das Verständnis und die Akzeptanz der Gläubigen zu wecken und zu finden. Deshalb ist die Bereitschaft zur Auseinandersetzung gering."[13] Und: „außerhalb der Kirche wird die kirchliche Sexualmoral als reine ‚Verbotsmoral' wahrgenommen und

---

[13] In: *Sekretariat der Deutschen Bischofskonferenz* (Hrsg.), Die pastoralen Herausforderungen der Familie im Kontext der Evangelisierung. Texte zur Bischofssynode 2014 und Dokumente der Deutschen Bischofskonferenz (Arbeitshilfen 273) Bonn 2014, 7–41, hier: 8f.

in Argumentationsduktus und Sprache als unverständlich und lebensfern wahrgenomen."[14] Das bedeutet doch, dass nicht nur kirchliche Aussagen zu einzelnen sexualethischen Themen wie Empfängnisverhütung, Homosexualität oder Wiederverheiratung nach Scheidung abgelehnt werden, sondern darüber hinaus auch der Anspruch, für so persönliche Dinge wie Sexualität, Familienplanung, Elternschaft, Zusammenleben, Umgang mit einer gescheiterten Beziehung verbindliche Vorgaben zu machen, zurückgewiesen oder sogar als anmaßend empfunden wird. Die von der Kirche ausgesprochenen generellen Missbilligungen und (wie im Fall einer Wiederverheiratung nach Scheidung) angedrohten Maßnahmen werden weithin weder eingesehen noch innerlich bejaht, sondern im Gegenteil als in dieser Situation noch zusätzlich verhängte Ausgrenzungen und Diskriminierungen empfunden[15]. „Mit einer Institution, die sie [in diesen schwierigen Situationen] als ablehnend erfahren, möchten viele nichts mehr zu tun haben. Immer wieder führt diese Distanzierung von der Kirche auch zu einer Distanzierung vom christlichen Glauben [...]"[16].

Häufig wird diese oder ähnlich formulierte Kritik von kirchlichen Kreisen als Verlangen nach Verzicht auf jede ethische Normierung und als Forderung nach Befreiung von Verantwortung in diesem ganzen Bereich der Sexualität wahrgenommen. Genauer hingeschaut trifft das aber so nicht zu. Woran viele Menschen mit ihrer Kritik Anstoß nehmen, sind vielmehr autoritative Anweisungen und Verbote, die ohne Rücksicht auf ihre Lebenssituation ausgesprochen werden. Was

---

[14] Ebd., 11. Zur Kritik an der Verbotsethik vgl. auch ebd., 39.
[15] Im Bezug auf homosexuelle Lebensgemeinschaften: ebd., 11; im Bezug auf den Gebrauch „künstlicher" Verhütungsmethoden: ebd., 34f.; im Bezug auf das Leben in kirchenrechtlich „irregulären" Situationen: ebd., 24f. u. 26.
[16] Ebd., 25. Dieser Gedanke findet sich ganz ähnlich auch in *Amoris laetitia* Nr. 49.

sie für sich wünschen, ist in Wirklichkeit „die stärkere Beachtung des einzelnen Menschen als Person und Subjekt in seiner eigenen Verantwortung"[17]. Das verträgt sich aber durchaus mit einem ethischen Angebot, das auf Rat und Beratung setzt[18] sowie positive Ziele vorgibt, die häufig mit „Liebe" umschrieben und ausgefaltet werden.[19] Wer sich auf die kirchliche Lehre beruft und diese hinsichtlich dieser beiden Anliegen transparent machen kann, hat also durchaus Chancen, auf offene Ohren zu stoßen. Dies scheint mir im Übrigen auch einer der entscheidenden Gesichtspunkte zu sein, wenn im Zusammenhang der Debatten über das Grundlagenpapier von der Notwendigkeit eines Paradigmenwechsels in der Sexualmoral gesprochen wird.

4. Nichtberücksichtigte Erfahrungen in der kirchlichen Lehre

Einer der häufigsten Einwände, der in Bezug auf die kirchliche Lehre zu Ehe, Familie und Sexualität vorgetragen wird, lautet, sie sei zu idealistisch. In diesem Urteil schwingt vieles mit: etwa, dass die Anforderungen an das Verhalten speziell in diesem Bereich zu hoch sind, um vom durchschnittlichen Menschen realisiert werden zu können; oder auch, dass die Lehre von Voraussetzungen ausgeht, die nicht der anthropologischen Wirklichkeit entsprechen; dass in den Adressaten Vorstellungen

---

[17] Ebd., 39.
[18] Ebd., 39.
[19] Vgl. beispielsweise Franz-Josef Bormann, der den Gegentypus zur Verbotsmoral im Anschluss an Erich Fromm als Liebeskunst charakterisiert und entfaltet (Von der ‚Verbotsmoral' zur christlichen ‚Liebeskunst', in: *K. Hilpert* (Hrsg.), Zukunftshorizonte katholischer Sexualethik, Freiburg i. Br. 2011, 454–472). Ähnlich betitelt auch Eberhard Schockenhoff seine Sexualethik mit „Die Kunst zu lieben" (Untertitel: Unterwegs zu einer neuen Sexualethik, Freiburg i. Br. 2021).

eingepflanzt würden, die sie notorisch überfordern und zwangsläufig Enttäuschungen, Schuldgefühle und möglicherweise sogar Gewalttätigkeit erzeugten. Die Argumentationsfiguren, an denen solche Idealisierungs-Vorwürfe festgemacht werden, sind mit Vorzug die in der kirchlichen Lehre gern verwandte Begründung mit einer für alle gleichen, zweckgerichtet verfassten „Natur" sowie die auch in biblischen Texten gängige Redeweise von „dem" Menschen unter Absehung von allen kulturellen, materiellen, sozialen und geschlechtlichen Merkmalen und individuellen Besonderheiten. Jedes Handeln und damit auch die Gestaltung von Lebenswelt, Beziehungen, sexueller Kommunikation und Elternschaft ist jedoch notorisch kontextuell und situationsbezogen. Diese ganz konkrete Seite der Realität des Handelns steht in einer theoretisierten Lehre, die auf die Allgemeingültigkeit der ethischen Verbindlichkeiten bedacht ist, im Schatten der Aufmerksamkeit – ganz im Gegensatz zum Handeln in der realen Lebenswelt.

Dass der Vorwurf der Idealisierung und der Lebensferne gerade im Blick auf die Sexualmoral erhoben wird, die von der Kirche offiziell eingefordert wird, hat noch einen weiteren Grund, der mit den historischen Entstehungsbedingungen dieser Lehre(n) zusammenhängt: Sie ist in einer Lebenswelt von Theologen, Denkern, nach mönchischen Idealen Lebenden und Trägern geistlicher Ämter entstanden, die ausschließlich aus Männern und Klerikern bestand. Auch wenn man die Möglichkeiten von advokatorischer Wahrnehmung, von Empathie und Eigenerfahrung als Kind nicht ganz ausschließen kann und mag, war die große Mehrheit der Gläubigen – vor allem die Frauen, die Verheirateten, die Menschen mit Behinderung, Knechte und Mägde und andere Abhängige – mit ihren je spezifischen Erfahrungen an der Definition und Entwicklung dieser Lehren nicht beteiligt. Noch immer haben heute viele den Eindruck, dass sie mit ihren konkreten Lebenssituationen, etwa mit den Schwierigkeiten ihres Suchens nach dem Partner, der zu ihnen passt und bereit wäre, mit ihnen sein Leben zu teilen, oder mit der als ungemein strapaziös und konflikthaltig erlebten Phase der Kindererziehung in der Lehre und in Hinweisen auf sie überhaupt nicht vorkommen.

Ein weitere „blinder" Fleck in der kirchlichen Lehre sind auch die anderen Sichtweisen auf den gesamten Komplex Sexualität und Beziehung, auf die alternativen Lebensformen und Differenzen in den Wertakzenten, auf die heute die Menschen in offenen Gesellschaften ohne es zu wollen treffen. Ein Pluralismus der Lebensstile und die Konkurrenz ethischer Positionen sind heute eine Realität. Kirchliche Lehre mag darin *eine* Stimme sein, für manche vielleicht sogar eine biographisch vertraute oder sogar besonders vertrauenswürdige, aber sie kann nicht einfach kraft Autorität als maßgeblich, wahr und einzig gültig behauptet werden. Deshalb unterliegt auch das, was die Institution Kirche als ihre offiziellen Positionen ausgibt, bei jedem einzelnen Glaubenden einem Test der Bewährung und der Plausibilität durch Vernunft, Praktikabilität und eigene oder gemeinsame Erfahrung.

5. Unverzichtbar: die kritische Funktion der Theologie

Kirchliche Lehre und Theologie sind zwei Denk- und Sprechweisen, die sich voneinander unterscheiden, aber auch miteinander zusammenhängen und aufeinander einwirken. Charakteristisch für Lehre ist der behauptende Sprachstil und die Fassung der Themen in Sätzen (propositional). Im Gegensatz dazu ist Theologie (und dann auch Moraltheologie) reflexiv und diskursiv. Das will besagen, dass sie darauf aus sind, ihre Behauptungen als begründet zu erweisen und sich mit den Argumenten, die dafür und dagegen sprechen, auseinanderzusetzen. Gute Theologie sagt nicht einfach, „wie die Welt ist bzw. zu sein hat" und wie Gott, Mensch und die Welt als Ganzes zusammenhängen, sondern reflektiert Erfahrungen und Beobachtungen und was von diesen im Licht von Bibel und Tradition besser verstanden werden kann. Sie fragt, was in Begriffen, Gedanken, Interpretationen und systematischen Überlegungen getroffen ist und wie es unter heutigen Bedingungen angemessen in Sprache gebracht werden kann. Ausdrückliches oder auch still vorausgesetztes Ziel ist die Zustimmbarkeit von allen Kompetenten auf der Basis vernünftiger Einsicht. Ziel der Lehre hingegen ist die Anerkennung durch möglichst viele als wahr, also m.a.W. öffentliche Geltung. Deshalb sind Lehren in aller Regel um Exaktheit bemüht und nach dem Vorbild gesetzlicher Bestimmungen formuliert. Sie wollen Erkenntnisse sichern, nicht sie erörtern oder erklären. Deshalb laden sie auch nicht ein, Fragen zu stellen, und bestehen vorzugsweise aus Negationen (in der Moraltheologie: aus Verboten). Hingegen kann Theologie auch einen Zweifel zum Ausgangspunkt nehmen. Ihre Gedankenführung ist meist auch komplexer, als es bei Lehren der Fall ist.

Weil Lehre behauptend und propositional ist, bedarf sie beständiger Begleitung durch die Theologie. Solches Begleiten heißt im Klartext: Sie hat erstens die historischen Bedingtheiten der Lehren sichtbar zu machen. Sie hat zweitens nach deren Grundlagen in Schrift und Tradition zu fragen und darauf zu achten, dass sie Lehren in der Spur der Entfaltung dieser Grundlagen bleiben. Dazu gehört dann auch, dass Fehlinterpretationen aufgedeckt, Widersprüche genannt und leidverursachende Wirkungen korrigiert werden. (Zu diesen leidverursachenden Wirkungen gehört aktuell zweifellos auch die Realität des sexuellen Missbrauchs und des Umgangs damit.) Drittens hat die Theologie auch die Aufgabe, sich um das angemessene Verstehen der Gegenwart und ihrer Anliegen („Zeichen der Zeit") zu kümmern und in diesem Kontext den für die Menschen zentralen Fragen nach einem tragenden Sinn, nach gelingendem Menschsein und verlässlicher Gemeinschaft, nach Scheitern und Schuld, nach gerechtem Miteinander, nach Frieden trotz Verschiedenheiten und nach menschenwürdiger Zukunft nachzugehen. Wegen der Verletzbarkeit bei Hingabe und Nähe, der Möglichkeit von Verantwortung und Liebe und der Sehnsucht nach Selbstbestimmtheit und Respekt durch die Anderen bleibt die Gestaltung von Sexualität und Beziehung ein zentraler Bereich dieses Bemühens.

6. Spirituelles Postskriptum

Im Matthäus-Evangelium findet sich das allbekannte Gleichnis über die Talente (25,14–30), die vom Herrn für die Dauer einer Reise den Dienern anvertraut werden. Herausgestellt werden darin zwei Typen, mit den anvertrauten wertvollen Leihgaben umzugehen. Der eine Typ besteht darin, mit dem Geld zu arbeiten, um es zu vermehren; es wird sogar in einem Vers erwähnt, wie man das machen kann, nämlich indem man es zur Bank bringt, um dafür Zinsen zu bekommen. Der andere Typ besteht darin, das Geld in der Erde zu vergraben, um es dann, wenn es zurückverlangt wird, wieder unversehrt auszugraben. Diesen Weg wählt der dritte Diener im Gleichnis und wird dafür von seinem zurückgekehrten Herrn gescholten und bestraft. „Du bist ein schlechter und fauler Diener!" muss er sich anhören, nachdem er zuvor das entscheidende Motiv für sein Handeln als Entschuldigung genannt hatte: „Weil ich Angst hatte, habe ich dein Geld in der Erde versteckt."

Könnte es nicht sein, dass dieses Gleichnis auch auf den Umgang mit der kirchlichen Lehre bezogen werden kann? Dann wäre der entscheidende Punkt des richtigen Umgangs mit der Lehre nicht das Unversehrt-Bleiben der überlieferten

Sätze, sondern das Nutzen der Zeit, um das Vermögen weiter zu entwickeln und zu vermehren. Ist das ganze Gleichnis nicht getragen von der Ansage des übergroßen Vertrauens seitens des Herrn – ohne jedes kleinliche Nachmessen mit dem Zentimetermaß von Paragraphen und Insistieren auf der exakten Gleichheit des Wortlauts?

Geschlechtlichkeit und Gottesebenbildlichkeit
Biblische Orientierung jenseits des Biblizismus

von Thomas Söding

1. Fragestellung

In den Debatten über Körpergeschlecht, Geschlechtsidentität und sexuelle Orientierung[1] spielt die Bibel[2] überall dort eine große, aber schwierige Rolle, wo Religion ins Spiel kommt – für die meisten Menschen auf der Welt sehr wichtig. Den einen gilt die Bibel als Dokument eines vormodernen Patriarchalismus, der ebenso längst hätte untergegangen sein sollen wie die Vorstellungen vom Alter, von der Größe und der Struktur des Kosmos.[3] Den anderen gilt die Heilige Schrift als Bollwerk gegen die Stürme des Zeitgeistes, der die natürliche Ordnung der Geschlechter durcheinanderbringe, die Leiblichkeit des Menschen in einem neo-gnostischen Konstruktivismus auflöse und den Gemeinsinn dem Individualismus opfere.[4]

Beide kontroversen Optionen sind aporetisch. Sie verabsolutieren entweder einen aktuellen oder einen traditionellen Standpunkt, um die Bibel an ihm zu messen. Sie verweigern

---

[1] Vgl. *B. Kortendiek/B. Riegraf/K. Sabisch* (Hrsg.), Handbuch Interdisziplinäre Geschlechterforschung, Wiesbaden 2018.
[2] Vgl. *J. M. O'Brien* (Hrsg.), The Oxford Encyclopedia of the Bible and Gender Studies I–II, Oxford 2014; *B. H. Dunning* (Hrsg.), The Oxford Handbook of New Testament, Gender, and Sexuality, Oxford 2019.
[3] Vgl. *J. Butler,* Gender Trouble: Feminism and the Subversion of Identity, New York u. a. 1990.
[4] Vgl. *J. Cahana,* Dismantling Gender. Between Ancient Gnostic Ritual and Modern Queer BDSM, in: Theology & Sexuality 18 (2012) 60–75.

sich einem Dialog, der jedoch eine doppelte Chance bietet: Einerseits kann die Bibel helfen, mit ihrem Menschenbild, ihrer prophetischen Zeitkritik und ihrer Befreiungsbotschaft hergebrachte oder herrschende Plausibilitäten in Frage zu stellen und Alternativen herauszuarbeiten, die jüdisch-christlich geprägt sind, also den Erfahrungsschatz zweier Weltreligionen freisetzen; andererseits kann durch die Beteiligung am Diskurs der Geschlechterforschung der Blick auf die Bibel verändert werden, so dass traditionelle Deutungen nicht zu dominieren brauchen und neue Aspekte erkannt werden können.

Die Kernfrage lautet: Wie lassen sich Altes und Neues Testament als Urkunde des Glaubens auch dort mit Herz und Verstand lesen, wo im Gespräch, das mit der Medizin, mit den Sozial-, Kultur- und Humanwissenschaften über die menschlichen Geschlechter geführt wird, die Gottesfrage aufgeworfen wird?[5] Die Päpstliche Bibelkommission hat diese Aufgabe im Blick auf Homosexualität übernommen.[6] Für die Anthropologie, Ekklesiologie und Ethik der Geschlechter fehlt bislang eine vergleichbare Studie.[7]

---

[5] Vgl. *G. Schreiber* (Hrsg.), Transsexualität in Theologie und Neurowissenschaften. Ergebnisse, Kontroversen, Perspektiven, Berlin/Boston 2016; ders. (Hrsg.), Das Geschlecht in mir. Neurowissenschaftliche, alltagsweltliche und theologische Beiträge zu Transsexualität, Berlin/Boston 2019.
[6] *Pontificia Commissione Biblica*, «Che cosa è l'uomo?» (Sal 8,5). Un itinerario di antropologia biblica 185–195. Online verfügbar unter https://www.vatican.va/roman_curia/congregations/cfaith/pcb_documents/rc_con_cfaith_doc_20190930_cosa-e-luomo_it.html (zuletzt abgerufen am 24.10.2022).
[7] Einen wissenschaftlichen Ansatz markiert *A. Wucherpfennig*, Sexualität bei Paulus. Freiburg im Breisgau 2020, 39–65. Allerdings ist für ihn bei Paulus der Platonismus bestimmend; eine Differenzierung wäre aber angezeigt.

2. Biblische Orientierung: Weder Historismus noch Fundamentalismus

Es wäre ein Anachronismus, moderne Fragestellungen bereits in der „Heiligen Schrift" affirmieren[8] oder mit Verweis auf die Bibel falsifizieren[9] zu wollen. Die Bibel ist auch für diejenigen, die sie als Gottes Wort entdecken, zu hundert Prozent Menschenwort. Sie trägt auf jeder Seite die Spuren ihrer Entstehungszeit an sich: vom Weltbild bis zu den Geschlechterrollen. Sie ist allerdings innerhalb dieses Horizontes von einer Gottesbotschaft bewegt, die nicht an den Buchstaben gefesselt ist, sondern dem Geist Gottes Raum gibt. Unter den Bedingungen ihrer kulturellen Kontexte[10] markiert die Heilige Schrift Schnittstellen der Gottesnähe, die nicht an die damaligen Konstellationen gebunden sind, sondern jederzeit „heute" gefunden werden können (Lk 4,21) – durch Übersetzungen, Applikationen und Analogiebildungen, wie sie immer schon zu einer ebenso lebendigen wie relevanten Exegese gehört haben: in Wissenschaft und Predigt, in Katechese und Lehre.

Wenn diese Erschließungen gelingen, bewährt sich die Bibel auch in den Debatten über Geschlechtlichkeit als „Kanon": nicht als Mauer, vor die man läuft, wenn der Weg ins Reich der Freiheit gesucht wird, sondern als Richtschnur, die Orientierung gibt, wenn die Ursprungsimpulse der Tora, der Weisheit

---

[8] Die Intention wird zum hermeneutischen Problem, wenn der Eigensinn der Texte verschliffen wird, so im Projekt von *D. Guest u. a.* (Hrsg.), The Queer Bible Commentary, London 2006.

[9] Durch einen Kurzschluss mit naturrechtlichen Postulaten geschieht dies bei *M. Hauke*, »Als Mann und Frau schuf er sie« (Gen 1,27): Ein philosophischer und theologischer Zugang zur Komplementarität der Geschlechter, in: Forum katholische Theologie 32 (2016) 161–181.

[10] Vgl. *T. Penner /C. Vander Stichele* (Hrsg.), Mapping gender in ancient religious discourses (BIS 84), Leiden 2007.

und der Prophetie, die Jesus verdichtet und der jungen Kirche mit auf den Weg gegeben hat, zum Aufbau personaler und sozialer Lebensentwürfe beitragen sollen.

Der Grundtext *Leben in gelingenden Beziehungen – Grundlinien einer erneuerten Sexualethik*[11], der in der Synodalversammlung auf dem Synodalen Weg der katholischen Kirche in Deutschland im September 2022 knapp die notwendige Zweidrittelmehrheit der Bischöfe verfehlt hat, geht in die Richtung einer hermeneutisch aufgeschlossenen Schriftlektüre, die den Dialog mit den heutigen Realitäten und Mentalitäten, mit den Wissenschaften und Beratungsexpertisen, mit den Betroffenen und ihren Angehörigen nicht unterbindet, sondern anstößt, ohne die theologische Dimension zu verstellen. Zum Kriterium wird die Liebe, die Agape, die Gott den Menschen so schenkt, dass sie ihrerseits zu lieben fähig und willig werden, einschließlich der personalen und sozialen Integration des Eros.[12] Im theologischen Kern steht die Geschlechtlichkeit des Menschen in ihren biologischen Erscheinungen, ihren sozialen Dimensionen und ihrer anthropologischen Bedeutung.[13]

---

[11] Synodalforum IV, Vorlage für den Grundtext „Leben in gelingenden Beziehungen – Grundlinien einer erneuerten Sexualethik", online verfügbar unter https://www.synodalerweg.de/fileadmin/Synodalerweg/Dokumente_Reden_Beitraege/SV-IV/SV-IV_Synodalforum-IV-Grundtext-Lesung2.pdf. (zuletzt abgerufen am 24.10.2022).

[12] Vgl. *H. Langendörfer* (Hrsg.), Theologie der Liebe. Zur aktuellen Debatte um Ehe und Familie, Freiburg im Breisgau 2015.

[13] In erster Lesung mit sehr großer Mehrheit auf dem Synodalen Weg angenommen wurde ein „Handlungstext" zum *Umgang mit geschlechtlicher Vielfalt*. Online verfügbar unter https://www.synodalerweg.de/fileadmin/Synodalerweg/Dokumente_Reden_Beitraege/SV-IV/SV_IV_-_Synodalforum_IV_-_Handlungstext.UmgangMitGeschlechtlicherVielfalt_-_Lesung1.pdf. (zuletzt abgerufen am 24.10.2022).

3. „Männlich" und „weiblich": Schöpfung und Erlösung (Gen 1 – Gal 3)

Nach der ersten Schöpfungsgeschichte hat Gott den Menschen „männlich und weiblich" erschaffen (Gen 1,27).[14] Kein anderes Merkmal – Herkunft, Nation, Konstitution, Status, Religion, Intelligenz, Moralität – hat diese elementare Bedeutung. Gegenüber modernen Theorien, die Menschsein ans Bewusstsein binden[15], bleibt die biblische Schöpfungstheologie widerständig; kein Rassismus lässt sich mit ihr vereinbaren, kein Nationalismus, der Bürger zweiter Klasse definieren will, kein Kult der Stärke, aber auch keine religiöse Verbrämung von Sentimentalität und Ressentiment.

Die Gottesebenbildlichkeit des Menschen hängt nicht vom Geschlecht ab, weil Gott selbst nicht durch ein Geschlecht definiert wird. Er ist kein Geschöpf; er ist auch kein Postulat oder Prinzip. Er ist ein Ich; er offenbart seinen Namen, damit er für Menschen zu einem Du werden kann, indem er seine Langmut und Treue erweist (Ex 3,13; 34,4f.).[16] Die Konsequenz ist nicht, dass die Geschlechtlichkeit des Menschen ein Adiaphoron wäre, wie es die Gnosis sieht[17]; dann würde das Bilderverbot (Ex 20,4; Dtn 5,8) missachtet, das den qualitativen Unterschied zwischen Schöpfer und Geschöpf festschreibt. Die Konsequenz ist vielmehr, dass jeder Mensch ohne Abstrich Gottes Ebenbild ist, un-

---

[14] Vgl. G. *Fischer,* Genesis 1–11 (HThKAT), Freiburg i. Br. 2018, 153–156.
[15] Vgl. P. *Singer,* Ethics in the real world: 82 brief essays on things that matter, Princeton [u. a.] 2016.
[16] Vgl. C. *Dohmen,* Exodus 19–40 (HThKAT), Freiburg im Breisgau 2004, 354–360.
[17] Attraktiv bis heute; vgl. P. *Sloterdijk/ T. Macho* (Hrsg.), Weltrevolution der Seele. Ein Lese- und Arbeitsbuch der Gnosis von der Spätantike bis zur Gegenwart I–II, München/Zürich 1991.

abhängig vom Geschlecht und ohne auf eine komplementäre Ergänzung durch ein anderes Geschlecht angewiesen zu sein.

In der Theologie der Taufe (Gal 3,26–28) bleibt die elementare Geschlechtlichkeit des „Männlich" und „Weiblich" aus der Genesis gewahrt. Sie wird nicht negiert, sondern transformiert.[18] Die Pointe des geschlechtlichen Gegenübers ist die Konkretisierung des universalen Heilswillens Gottes, ebenso wie bei dem religiösen Gegenüber „Jude ... Heide" und dem sozialen „Frei ... Versklavt". Gefeiert wird, dass die Diskriminierung aufgrund des Geschlechts, unter der jenseits von Eden vor allem Frauen zu leiden haben (Gen 3,15), „in Christus" aufgehoben wird und deshalb auch in der Kirche keine Rolle spielen darf. Alle sind aufgerufen, das volle Menschsein zu verwirklichen, das durch Jesus Christus vorgeprägt wird (Kol 1,28; 3,10; Eph 4,13.24). Dass die Realität in mehr oder weniger großer Spannung zu diesem Anspruch steht, lässt sich von Anfang an nicht übersehen. Die Impulse aber bleiben stark, weder soteriologisch noch anthropologisch und weder ekklesiologisch noch ethisch durch die Hintertür wieder genau das einzuführen, was beim Eintritt ins Haus des Glaubens ausgeschlossen worden ist: Diskriminierung aufgrund des Geschlechtes.

4. Hermeneutische Problematisierung: Positivität vs. Exklusivität

Die tiefe Übereinstimmung zwischen den beiden Testamenten in der Anthropologie der Gottesebenbildlichkeit hat eine doppelte Konsequenz. *Zum einen* werden Geschlecht und Sexualität

---

[18] Anders *J. Kügler*, Gal 3,26–28 und die vielen Geschlechter der Glaubenden. Impuls für eine christliche Geschlechtsrollenpastoral jenseits von „Sex and Gender", in: *ders.*, Exegese zwischen Religionsgeschichte und Pastoral (SBAB 64), Stuttgart 2017, 347–370: Soteriologisch seien Männer und Frauen in einem positiven Sinn männlich, ekklesiologisch hingegen geschlechtslos.

in der Bibel positiv bestimmt. Die Verbindung der Gottesebenbildlichkeit mit der Verheißung der Fruchtbarkeit und dem Auftrag der Lebenskultivierung (Gen 1,27f.) spiegelt sich im zweiten Schöpfungstext (Gen 2,24) und wird, nach der synoptischen Tradition, von Jesus bekräftigt (Mk 10,6–8 parr.). Die Genesis begründet in der jüdischen[19] wie in der christlichen Tradition[20] die Hochschätzung der Ehe von Mann und Frau, einschließlich ihrer Kinder.

Zum anderen darf das, was die Bibel sowohl über männliches und weibliches Menschsein als auch über den Zusammenhang von Ehe, Sexualität und Kinder positiv schreibt, nicht exklusiv gedeutet werden. Anderenfalls würde jede Form von Menschsein, die nicht durch eindeutige Männlichkeit und Weiblichkeit geprägt wäre, als schöpfungswidrig beurteilt werden müssen. Ebenso müsste jede Form von Sexualität, die nicht in einer Ehe der Fortpflanzung dient, als Unzucht gelten. Aber im zweiten Fall sieht selbst die Enzyklika *Humanae Vitae*, die mit der unterkomplexen Differenzierung zwischen „künstlicher" und „natürlicher" Empfängnisverhütung wesentlich zum enormen Ansehensverlust des päpstlichen Lehramtes beigetragen hat[21], keine zwangsläufige Verbindung. Eine biblische Begründung dafür, dass Geschlechtsverkehr ausschließlich in einer Ehe erlaubt ist und exklusiv der Fortpflanzung dient, gibt es nicht, so wichtig die Ehe als Lebensform des Glaubens und die Bejahung von Kindern in der Familie wie in der Kirche sind (vgl. 1 Kor 7).

---

[19] Vgl. *E. Levine*, Marital Relations in Ancient Judaism (BZAR 10), Wiesbaden 2009.
[20] Vgl. *G. Häfner*, Zwischen Vorbehalt und Wertschätzung. Ehe und Familie im Neuen Testament, in: Lebendige Seelsorge 66 (2015) 321–325.
[21] Zur Einordnung vgl. *B. Aschmann/W. Damberg* (Hrsg.,) Liebe und tu, was du willst? Die „Pillenenzyklika" Humanae vitae von 1968 und ihre Folgen (VKZ 3), Paderborn 2021.

Im ersten Fall fehlt es schlicht an einer Weiterentwicklung der katholischen Anthropologie.[22] Die Kritik an einer vermeintlichen oder tatsächlichen Ideologisierung des Gender-Begriffs, die von der vatikanischen Bildungskongregation vorgetragen wird, zielt auf die Trennung zwischen Leib und Wille[23]; abgelehnt wird, dass nach einzelnen Gesetzesvorhaben in verschiedenen Ländern die Selbstbestimmung dadurch garantiert werden soll, dass der Nachweis medizinischer Diagnosen zurückgestellt, die persönliche Erklärung der Geschlechtsidentität – m/w/d – hingegen als ausreichend angesehen wird. Der Streit über die angemessene politisch-juristische Regelung ist nicht ausgestanden. Die römische Erklärung diskreditiert aber durch mangelnde Differenzierung all jene Menschen, deren Körper nicht in das Gegensatzpaar des Männlichen oder Weiblichen passen.[24] Die gelegentlichen Hinweise darauf, dass für die Biologie „Männlich" und „Weiblich" feste Größen seien, die mit der binären Grundordnung der Schöpfung konkludieren würden, verfangen nicht, weil sie als basale Ordnungskategorien deduziert sind und Intersektionalität nicht ausschließen, sondern zu bestimmen erlauben.[25]

Es gibt keinen einzigen theologischen Grund, die geschlechtliche Differenzierung „Männlich" und „Weiblich" schöpfungstheologisch, ekklesiologisch oder ethisch zu leugnen.

---

[22] Die Notwendigkeit markiert *M. Eckholt*, Gender studieren. Lernprozess für Theologie und Kirche, Ostfildern 2017.
[23] So in der Studie der *Kongregation für das Bildungswesen*, „Als Mann und Frau schuf er sie". Für einen Weg des Dialoges zur Genderfrage im Bildungswesen, Vatikanstadt 2019, Nr. 20–21.
[24] Zu den medizinisch-psychologischen Aspekten vgl. *U. Rauchfleisch*, Transsexualismus – Genderdysphorie – Geschlechtsinkongruenz – Transidentität: Der schwierige Weg der Entpathologisierung, Göttingen 2019; ders., Sexuelle Orientierungen und Geschlechtsentwicklungen im Kindes- und Jugendalter, Stuttgart 2021.
[25] Vgl. *J. C. Avise*, Hermaphroditism. A primer on the biology, ecology, and evolution of dual sexuality, Columbia 2011.

Es gibt aber jeden theologischen Grund, die Differenzierung nicht zu einer Diskriminierung werden zu lassen. Mehr noch: Die Bibel legt nicht auf ein Schwarz-Weiß-Muster fest, das keine geschlechtliche Diversität zuließe. Es ist vielmehr gerade die Theozentrik der Gottesebenbildlichkeit, die Menschen weder in ihrer körperlichen Konstitution noch in ihrer sozialen Rolle aufgehen lässt; die Gottesebenbildlichkeit eröffnet vielmehr personale Räume der Freiheit, die vor Gott und den Menschen verantwortet sein wollen; die Gottesebenbildlichkeit garantiert, dass kein Mensch aus dem Raum der Liebe Gottes exkludiert wird. Es ist dieselbe Gottesebenbildlichkeit, die Menschen nach der Einheit von Leib, Geist und Seele suchen lässt, unabhängig von der geschlechtlichen Identität.

5. Antike und moderne Konstellationen: Mehr als der binäre Code

Die jüdische und christliche Tradition orientiert sich am „Männlich" und „Weiblich", das auch die Vulgata *(masculum et feminam)* attributiv gebraucht. Intergeschlechtlichkeit wird aber nicht geleugnet. Sie gehört auch ins Bild der Antike – in spezifischen, zeitbedingten Deutungsmustern. Gemeinwissen ist, dass nur Männer Kinder zeugen (vgl. Mt 1,2–16) und nur Frauen Kinder gebären können (vgl. Lk 1,57). Männliche und weibliche Körper werden aber im Altertum weniger über Genitalien als über kulturelle Attribute beschrieben: Groß, stark, hart seien die einen, klein, schwach, weich die anderen – soziale Stereotype, die naturalisiert werden. Ähnlich steht es mit Tugenden: Tapferkeit, Selbstbeherrschung, Freiheit gelten als männlich; Männer können „weibisch" werden, wenn sie diese Tugenden vermissen lassen, Frauen „männlich", wenn sie sie entwickeln – in Ausnahmefällen, die die Regel bestätigen. Im Hellenismus ist der Mythos des Hermaphroditen bekannt, der sich einer eindeutigen Geschlechtszuordnung verweigert (Theophrastes, Characteres 10; Ovid, Metamorphosen 4,274–388 u. ö).[26] Seine Pointe ist jedoch nicht etwa die Vervollkommnung des Menschseins, sondern im Gegenteil die Tragik eines Mannes, der kein „echter Mann" mehr sein kann.[27] Der moderne Diskurs über Inter- und Transgeschlechtlichkeit setzt radikal anders an als der Mythos. Er wurzelt in der biblischen Anthropologie.

In der jüdischen Tradition hat das Körperliche große Bedeutung. Mischnah und Talmud nennen neben Frau und Mann (*ishah* und *ish*) mindestens noch *Androgynos*, Menschen mit männlichen und weiblichen Geschlechtsmerkmalen, und *Tumtum*, Menschen ohne eindeutige Geschlechtsmerkmale, zudem *Ajlonit* und *Saris*: Menschen, die als Mädchen angesehen wurden, aber in der Pubertät männliche, und Menschen, die als Jungen angesehen wurden, aber in der Pubertät weibliche Genitalien ausprägen. Die leitende Frage der Rabbinen ist, wie die Bestimmungen der Tora, die an vielen Stellen anhand von Körpermerkmalen zwischen Männern und Frauen unterscheiden, auf diese Menschen angewendet werden können; Diskri-

---

[26] Vgl. *D. Lateiner*, Transsexuals and Transvestites in Ovid's Metamorphoses, in: *T. Fögen/M. M. Lee* (Hrsg.), Bodies and Boundaries in Graeco Roman Antiquity, Berlin 2009, 125–154.
[27] Ovid bietet in den Metamorphosen zahlreiche Beispiele. Für Tiresias ist die (temporäre) Geschlechtsumwandlung vom Mann zur Frau eine Strafe (3,316–338); für Mestra, die Tochter des verarmten Königs Erysichthon, der sie prostituieren will, bietet die zeitweise Verwandlung durch Neptun in einen Mann Schutz vor einem zudringlichen Freier (8,847–874). Neptun macht Cygna, nachdem er sie vergewaltigt hat, zu Cygnus, dem Wunsch des Opfers entsprechend, nie mehr sexuelle Gewalt erleiden zu müssen (12,168–209), Isis hingegen macht Iphis, ein Mädchen, das seine Mutter als Jungen ausgibt, in der Hochzeitsnacht zum Mann, um Schande zu vermeiden (Ovid, Metamorphosen 9,668–797).

minierungen stehen nicht im Blick, Geschlechtsumwandlungen durch Gott aber durchaus.[28]

Für die Kirchenväter[29] scheint die Notwendigkeit der differenzierten Unterscheidung und Zuordnung körperlicher Merkmale, die nicht ins zweigeschlechtliche Schema passen, weniger groß als für Rabbinen zu sein, weil in der Kirche die einschlägigen Ritualgesetze spirituell gedeutet werden. Es gab bei einigen Kirchenvätern (z. B. Clemens von Alexandrien, Paidagogos I 10,30; Stromata IV 50,1) die platonisierende These, der Mensch sei ursprünglich androgyn (Platon, Symposion 189d–193d); aus diesem Postulat wird nicht selten abgeleitet, Geschlechtlichkeit sei eine Konzession an die vergängliche Welt, was auch aus der Lehre Jesu folge, im Himmel werde nicht geheiratet, sondern die Auferweckten seien wie die Engel (Mk 12,25 parr.). Aus der zweiten Schöpfungsgeschichte wird dann zusätzlich abgeleitet, Männer wären das vollkommene, Frauen aber das unvollkommene Menschengeschöpf (z. B. Clemens von Alexandrien, Stromata VI 100,3). In der Kombination bestärkt die Schöpfungstheologie dann den herrschenden Patriarchalismus.

Beide Thesen widersprechen aber Jesus und Paulus. Die Antwort auf die Sadduzäerfrage nach der Auferstehung (Mk 12,18–27 parr.) markiert die radikale Verwandlung, die dank Gottes Lebendigkeit nach dem Tode eintritt, und relativiert also mitnichten die Geschlechtlichkeit im irdischen Leben (vgl. Mk 10,2–12 parr.). Der Apostel plädiert zum einen entschieden gegen die Ur-Mensch-Hypothese, indem er geltend macht, Gen 1 und Gen 2 handelten von der Erschaffung ein und desselben Menschen, dem mit Christus der zweite Adam gegenüberstehe

---

[28] Abraham und Sara gelten als ursprünglich Tumtum in Yevamoth 64a:9–64b:1.
[29] Vgl. *R. Götz*, Der geschlechtliche Mensch – ein Ebenbild Gottes. Die Auslegung von Gen 1,27 durch die wichtigsten griechischen Kirchenväter (Fuldaer Hochschulschriften 42), Frankfurt am Main 2003.

(1 Kor 15,45–49). Zum anderen hat Paulus zwar in seinem Plädoyer, dass Frauen, wenn sie im Gottesdienst prophetisch reden, als Zeichen ihrer Würde einen Schleier oder eine dezente Frisur tragen sollen, mit einer damals herrschenden Exegese eingesetzt, die auf die Vorordnung des Mannes zielt; aber im weiteren Verlauf hat er diese Hierarchie christologisch dekonstruiert (1 Kor 11,2–16)[30]. Seine Schule ist ihm allerdings nicht gefolgt (1 Tim 2,9–15)[31] – eine Konzession an den damaligen Zeitgeist (vgl. Sir 25,24).[32]

Nach dem apokryphen Thomasevangelium rät Jesus Frauen, männlich zu werden – im Sinne jenes ethischen Verhaltens, das gemäß den antiken Rollenbildern Männern zugeschrieben und hier auf überlegenes religiöses Wissen zurückgeführt wird (EvThom 114).[33] Der Widerspruch zum jesuanischen Kinderevangelium (Mk 9,35–37 parr.; 10,13–16 parr.) ist krass: Dort werden Kinder, unabhängig vom Geschlecht, nicht als unvollkommene Wesen hingestellt, die durch Erziehung erst zu wahren Menschen werden, sondern umgekehrt als Vorbilder, an denen sich alle, die Jesus nachfolgen, orientieren sollen.

---

[30] Vgl. *A. Taschl-Erber,* Genesis-Rezeption in 1Kor 11,2–16, in: *L.-C. Krannich/H. Reuchel* (Hrsg.), Menschenbilder und Gottesbilder. Geschlecht in theologischer Reflexion, Leipzig 2019, 75–110.

[31] Vgl. *M. M. Mitchell,* Corrective Composition, Corrective Exegesis: The Teaching on Prayer in 1Tim 2,1–15, in: *K. Donfried* (Hrsg.), First Timothy Reconsidered (Colloquium Oecumenicum Paulinum 18), Leuven 2008, 41–62.

[32] Problemanzeigen liefern *I. Fischer/C. Heil* (Hrsg.), Geschlechterverhältnisse und Macht. Lebensformen in der Zeit des frühen Christentums, Wien 2010.

[33] Dieses Denken entspricht den Ermutigungen und Belobigungen von Frauen bei den Kirchenvätern, die im Glauben stark und dadurch „männlich" geworden seien (z. B. bei Clemens von Alexandrien, Stromata 6,12).

Thomas Söding

6. Biblische Perspektiven: Würde und Rechte von Menschen

Im Rückblick zeigt sich: Rigide ist nicht die Antike, sondern die Moderne – chirurgisch und dogmatisch.[34] Sie meint, gute Gründe zu haben, wenn sie durch Operationen und Medikamentengabe genitale Eindeutigkeit herstellen will, verkennt aber die physischen, biopsychischen und soziokulturellen Wechselwirkungen. Menschen, die überzeugt sind, „im falschen Körper" zu leben, brauchen jede medizinische, psychologische und soziale Unterstützung auf ihrem schwierigen Weg, Menschen, die sich nicht auf ein Geschlecht festlegen wollen, dürfen nicht gezwungen werden, sich als „Mann" oder als „Frau" zu definieren. Politische Reformen müssen die individuellen Freiheitsrechte, aber auch die Schutzrechte der Betroffenen achten. Biologische, soziale und psychische Dimensionen lassen sich nicht auseinanderreißen; dem Staat kommt aber keine Deutungshoheit über die sexuelle Identität von Menschen zu.

Die Kirchen haben die Aufgabe, die politischen Prozesse zu fördern, die Diskriminierungen abbauen; sie haben auch die pastorale Aufgabe, Menschen, die es wollen, zu begleiten, wenn sie sich in Veränderungsprozesse ihrer Geschlechtlichkeit begeben oder als nicht-binär Anerkennung fordern. Die Kirchen haben nicht zuletzt die Aufgabe, Diskriminierungen abzubauen, die in den eigenen Strukturen herrschen. Die Auflösung normativer Fixierungen eines binären Codes in den Definitionen menschlicher Geschlechtlichkeit, die sich auf das Naturrecht und die Bibel berufen, um Ewigkeitswert zu konstruieren, sind ein wichtiger Schritt.

---

[34] Das ist das Wahrheitsmoment in der radikal konstruktivistischen These von T. *Laqueur*, Making Sex: Body and Gender from the Greeks to Freud, Cambridge, Mass 1990.

Die Diskriminierung queerer Menschen zu überwinden, ist wichtig, heißt aber nicht, den besonderen Schutz aufzugeben, unter dem „Ehe und Familie" z. B. nach dem Grundgesetz der Bundesrepublik Deutschland stehen (Art. 6), nicht zuletzt im Interesse der Kinder. Auch diesen Schutz zu garantieren, gehört zur sozialethischen Verantwortung der Kirche. Differenzierungen ohne Diskriminierungen zu denken und zu organisieren, ist eine Aufgabe, die sowohl politisch als auch kirchlich noch kaum wahrgenommen, geschweige denn gelöst worden ist.

Leib, Geist und Seele bilden, alt- wie neutestamentlich, gesehen, eine komplexe menschliche Einheit.[35] Gerade deshalb sind geschlechtliche Identitäten Lebensformen, die im Glauben angenommen, verändert und erfüllt werden, ohne dass sie auf soziale Rollenmuster festgelegt oder von biologischen Merkmalen determiniert würden. Mannsein und Frausein sind weder ein Makel noch eine Norm, die Alteritäten diskreditierte, sondern in sich vielfältige Formen, Leib, Geist und Seele personal wie sozial und ekklesial zu vereinen. Nicht-binäre Formen gehören dazu. Paulus rühmt die Vielfalt der Körperformen, die in der Schöpfung zuhause sind – als Indiz dafür, dass die Auferstehung eine Verwandlung der Leiber einschließen wird (1 Kor 15,36–44.51).

Für den Apostel ist der „Leib" eines jeden Menschen „Glied Christi" (1 Kor 6,15) und „Tempel des Heiligen Geistes" (1 Kor 6,19); denn der „Leib" ist nicht äußere Hülle, sondern der geschaffene Mensch selbst, wie er leibt und lebt – in jedem Körper. Immer ist ethische Verantwortung gefragt. Mit „Unzucht" verträgt sie sich nicht – wobei Paulus bei diesem Wort an kras-

---

[35] Vgl. *A. Weissenrieder/K. Dolle* (Hrsg.), Körper und Verkörperung. Biblische Anthropologie im Kontext antiker Medizin und Philosophie – ein Quellenbuch für die Septuaginta und das Neue Testament (Fontes et subsidia ad Bibliam pertinentes 8), Berlin 2019.

ses, gewaltbesetztes sexuelles Fehlverhalten denkt: Inzest (1 Kor 5,1), Kindesmissbrauch (1 Kor 6,9) und Prostitution (1 Kor 6,16). Verantwortete sexuelle Praxis gehört zur Leiblichkeit des Menschen – nicht zwangsläufig, sondern in Freiheit, gemäß der Berufung und Gabe Gottes (1 Kor 7).

Transidentität und Intersexualität ist für die Bibel ein Randthema, das vom Zentrum her und zum Zentrum hin behandelt werden muss. Dieses Zentrum ist die Würde des Menschen, die in seiner Gottesebenbildlichkeit wurzelt und das Recht auf Rechte (Hannah Arendt) begründet.

Argumentieren mit persönlichen Erfahrungen

von Jochen Sautermeister

1. Die Anstößigkeit verweigerter Anerkennung

Das Ringen um das Grundlagenpapier des Forums IV „Leben in gelingenden Beziehungen – Grundlinien einer erneuerten Sexualethik" und insbesondere das Scheitern des Quorums der Bischöfe, also die fehlende Zustimmung von zwei Dritteln der anwesenden Bischöfe zum Text, führte auf der vierten Synodalversammlung zu heftigen Reaktionen. Empörung, Fassungslosigkeit, retraumatisierende Verletzung, Enttäuschung, Ärger und Trauer, aber auch Gefühle der Erleichterung bzw. Genugtuung bei manchen brachen sich Bahn.[1]

Bei allen diametralen Gegensätzen dieser expressiven Dynamik wurde deutlich: Bei der Abstimmung des Grundlagenpapiers ging es um erheblich mehr als um irgendeinen abstrakten theologischen Text, der mit der Lebenswirklichkeit von Menschen wenig zu tun hat. Ganz im Gegenteil, die persönlichen Reaktionen brachten zum Ausdruck, welche große Bedeutung dem Dokument für das Leben von Menschen und deren Identität beigemessen wurde. Denn verhandelt wurden nicht einfach nur Fragen der normativen Bewertung von sexuellen Handlungsweisen in unterschiedlichen Partnerschaften und Lebensformen. Vielmehr hat das Dokument theologische und

---

[1] Eine Analyse der Wortmeldungen vor und nach der Abstimmung des Textes sowie die Kommentare und Debattenbeiträge danach zeigen dies klar. Diese sind abrufbar unter: https://www.synodalerweg.de/video?tx_igmediaplayer_player%5B%40widget_0%5D%5BcurrentPage%5D=2 sowie https://www.synodalerweg.de/video/beitrag/Vierte%20Synodalversammlung%20des%20Synodalen%20Weges:%20Teil%20II (zuletzt abgerufen am 27.11.2022).

ethische Weiterentwicklungen angestrebt, die die lehramtliche Sichtweise auf die sexuelle Identität und Geschlechtsidentität und die damit verbundene Lebensführung von Menschen betrifft. Bei den Aussagen des Grundtextes geht es demnach nicht einfach um Bewertungen hinsichtlich der sittlichen Richtigkeit von sexuellen Handlungen und Praktiken, sondern gerade auch um die religiös-sittliche „Richtigkeit" von Personen mit einer nicht-heterosexuellen Geschlechtsidentität. Diese Einschätzung ist von der Bewertung von Verhaltensweisen klar zu unterscheiden, weil in einer ganzheitlich-personalen Sichtweise der ganze Mensch betroffen ist. Mit der Frage nach der „Richtigkeit" von Menschen mit einer bestimmten Geschlechtsidentität verbindet sich – auch jenseits moralischer Bewertungen – die Frage nach der Anerkennung bzw. verwehrter Anerkennung oder Missachtung von Menschen.

Anerkennung bezieht sich aus sozialphilosophischer und theologisch-ethischer Sicht zum einen auf die Gewährung bzw. Verweigerung von Rechten oder sozialer Teilhabe und zum anderen auf Respekt und soziale Wertschätzung, die sowohl strukturell-institutionell und sozial als auch interaktional erfahrbar sein sollen. Wenn dies der Fall ist, stärken die verschiedenen Formen der Anerkennung das Selbstvertrauen, die Selbstachtung und das Selbstwertgefühl von Menschen.[2] Dagegen führt verweigerte Anerkennung zu Erfahrungen von persönlicher Verletzung, Diskriminierung und sogar Missachtung. Bezogen auf Menschen mit einer nicht-heterosexuellen Geschlechtsidentität äußert sich diese Missachtung letztlich darin, dass sie in ihrer Identität und

---

[2] Diese Überlegungen lehnen sich an *A. Honneth*, Kampf um Anerkennung. Zur Grammatik sozialer Gefühle, Frankfurt am Main 1992 an. S. hierzu auch *K. Stojanov*, Bildung und Anerkennung. Soziale Voraussetzungen von Selbst-Entwicklung und Welt-Erschließung. Wiesbaden 2006.

in ihrem Sosein nicht nur als abweichend, sondern als „nicht-
richtig" und damit als falsch (ab)qualifiziert werden.

Vor diesem Hintergrund – und angesichts der Einsicht in
die systemischen Ursachen sexualisierter Gewalt gegen Kinder
und Jugendliche in der Kirche – wird der Grundtext auch von
der theologisch-ethischen Absicht geleitet, verletzende und diskriminierende Potenziale und Inhalte der lehramtlichen Sexualmoral und Geschlechteranthropologie zu korrigieren. Die Autor*innen des Grundlagenpapiers sehen sich dabei durch das
Ernstnehmen einschlägiger humanwissenschaftlicher Erkenntnisse und die Würdigung religiös-sittlicher Erfahrungen betroffener und involvierter Menschen, die im Deutungshorizont des
christlichen Glaubens stehen, dazu theologisch legitimiert.

Angesichts dieser Überlegungen zur Anstößigkeit verweigerter Anerkennung will der Beitrag sich mit der Frage befassen,
welche Bedeutung persönliche Erfahrungen für die theologisch-
ethische Urteilsbildung haben, und aufzeigen, wo eine Verabsolutierung von Erfahrungen problematisch wird und der Kritik
bedarf.

2. Argumentieren mit persönlicher Erfahrung – eine kleine Typologie

Im Rahmen der Diskussion zum Grundlagenpapier des Synodalforums IV vor der Abstimmung und insbesondere nach der
Abstimmung war das persönliche Engagement in den Statements der Synodalen unverkennbar. In den kurzen Stellungnahmen wurde häufig auf Erlebnisse, Ereignisse oder persönliche
Erfahrungen Bezug genommen, um die eigene Sichtweise und
das damit verbundene Anliegen zu illustrieren und zu bekräftigen. Bei aller Unterschiedlichkeit der Wortbeiträge lassen sich
sechs Argumentationstypen rekonstruieren, die auf unter-

schiedliche Weise Bezug auf persönliche Erfahrungen nehmen. Wenngleich diese Argumentationsfiguren nicht immer in Reinform vorkommen, sondern zumeist ineinander verschränkt werden, können sie im Sinne einer kleinen Typologie die diskursive Relevanz erfahrungsbasierter Plausibilisierung sichtbar machen. Sowohl in Stimmen aus dem reformorientierten Lager als auch in solchen aus dem konservativen Lager, das gegen eine Veränderung der lehramtlichen Sexualmoral votiert, finden sich Beiträge, die mit persönlichen Erfahrungen argumentieren.

In den Stellungnahmen, die sich für eine Reform der lehramtlichen Sexualmoral aussprechen, lassen sich drei Argumentationstypen finden: (1) der diskriminierungs- und gewaltkritische Argumentationstyp, (2) der diskrepanzsensible-integritätsbasierte Argumentationstyp sowie (3) der wertschätzend-würdigende Argumentationstyp.

(1) Der *diskriminierungs- und gewaltkritische Argumentationstyp*. Viele der Wortbeiträge beziehen sich auf konkrete Erfahrungen von sozialer Diskriminierung, kirchlichem Machtmissbrauch, Gewalt oder psychischer Gefährdung von Menschen mit nicht-heterosexueller Geschlechtsidentität, die persönlich oder aus Erzählungen bekannt sind. Dabei werden nicht nur verschiedene Formen von Benachteiligung und Abwertung genannt, sondern sogar Gefahren für Leib und Leben durch Gewalt bzw. durch Suizidalität. Insbesondere die Initiative „#OutinChurch – Für eine Kirche ohne Angst" hat auf massive Erfahrungen institutioneller und persönlicher Diskriminierung innerhalb der Kirche und das damit verbundene Leiden der Betroffenen aufmerksam gemacht. Solche persönlichen Erfahrungen stehen im Gegensatz zu den Menschenrechten und dem Verbot von Diskriminierung aufgrund von Geschlecht oder sexueller Orientierung.

(2) Der *diskrepanzsensible-integritätsbasierte Argumentationstyp*. Auf die Diskrepanz zwischen der lehramtlichen Sexual-

moral und der gelebten und normalen Lebenswirklichkeit von Menschen beziehen sich viele Stellungnahmen, die als persönlich belastend empfunden werden, die die Mitarbeitenden in sozialen, pastoralen und kirchlichen Beratungsdiensten in Loyalitäts- und Integritätskonflikte nötigen oder die Ratsuchende, Jugendliche oder Menschen in pastoralen Begegnungsräumen in kaum aufhebbare Spannungen bringen. Diese Diskrepanz strapaziert die persönliche Integrität von Menschen insofern, als ihnen einerseits die Kirche als Glaubensgemeinschaft wichtig ist und andererseits die lehramtliche Sexualmoral zu normativen Aussagen und daraus resultierenden kirchlichen und institutionellen Konsequenzen führt, die von den Betreffenden – ob Vorgesetzte, Mitarbeitende oder selbst Betroffene – als nicht zu verantworten angesehen werden, sei es weil sie den grund- und menschenrechtlichen Standards nicht gerecht werden oder weil sie sozialen Normalitätsvorstellungen nicht mehr entsprechen. Die Folge sind Integritätskonflikte, die religiöse, moralische, soziale, berufliche oder existenzielle Auswirkungen haben können.

(3) Der *wertschätzend-würdigende Argumentationstyp*. Sowohl in persönlichen Zeugnissen als auch in berichteten Erfahrungen von nicht-heterosexuellen Partnerschaften bringen verschiedene Statements die Werthaftigkeit von Liebe, Zuneigung und Verantwortung zur Sprache. Die Wert- und Beziehungsorientierung in solchen Partnerschaften sowie die Erfahrung erfüllter Identität wird mitunter noch ergänzt durch die religiöse Erfahrung, dass das eigene Leben und die gelebte Beziehungswirklichkeit vor Gott gelebt wird und unter seinem Segen steht und dass man sich selbst fruchtbar in das Leben und die Praxis der Kirche einbringen kann und engagiert. In solchen Statements kommt also aufgrund persönlicher Erfahrungen die Wertschätzung für Menschen und ihre Lebensführung unabhängig von sexueller Identität und Geschlechtsorientierung

zum Ausdruck. Die Wertorientierung und das religiös-spirituelle Selbstverständnis werden gewürdigt bzw. würdig gemacht.

Auch in den Wortbeiträgen, die die bestehende kirchliche Sexualmoral unterstützen, lassen sich drei weitere erfahrungsbasierte Argumentationstypen ausmachen: (4) der vermittlungsoptimistische Argumentationstyp, (5) der diskriminierungsaversive Argumentationstyp und (6) der verpflichtet-integritätsbasierte Argumentationstyp.

(4) Der *vermittlungsoptimistische Argumentationstyp*. Wenige Statements verweisen darauf, dass bei erfolgreicher sexualmoralischer Kommunikation die religiös-sittliche Sinnhaftigkeit und Richtigkeit der lehramtlichen Sexualmoral plausibilisiert werden könne. Es werden lebensweltliche Beispiele von Menschen mit gleichgeschlechtlicher Orientierung genannt, die die lehramtliche Sexualmoral für subjektiv bedeutsam erachten und die bemüht sind, gemäß der kirchlichen Lehre zu leben, weil sie darin eine überzeugende Sinndeutung für ihr Selbsterleben und die eigene Identität erkennen. Solche individuellen Lebenszeugnisse werden als Beleg dafür angeführt, dass die kirchliche Sexualmoral durchaus – wenn auch nicht immer einfach – lebbar und existenziell sinnvoll ist. Aufgrund solcher persönlichen Erfahrungen wird die gegenwärtige Krise der lehramtlichen Sexualmoral als Kommunikations- und Vermittlungsproblem eingestuft und nicht als eine normativ-inhaltliche Herausforderung betrachtet.

(5) Der *diskriminierungsaversive Argumentationstyp*. In verschiedenen Wortbeiträgen konservativer Stimmen wird betont, dass man niemanden, gleich welcher Geschlechtsidentität und -orientierung, diskriminieren möchte, wenn man für die Bewahrung der bestehenden kirchlichen Sexualmoral und gegen den Grundtext votiert. Das wird entweder durch die klassische moraltheologische Unterscheidung zwischen Person und Tat zu plausibilisieren versucht oder durch den schlichten Hinweis,

dass eine gültige anthropologische, moralische oder religiöse Aussage objektiv nicht diskriminieren könne. Wenn sich dennoch jemand diskriminiert fühle, dann sei dies ein subjektives Empfinden, das aber nicht intendiert sei. Die persönliche Absicht und das persönliche Überzeugtsein von der eigenen Absicht wird in einer solchen selbstbezüglichen Argumentationsfigur somit zum entscheidenden Maßstab und Beurteilungskriterium für die materielle Berechtigung abweichender Erfahrungen anderer.

(6) Der *verpflichtet-integritätsbasierte Argumentationstyp*. In wenigen Statements wurde auf die Bedeutung der persönlichen Selbstverpflichtung etwa im bischöflichen Treueid hingewiesen. Ein Agieren, das im Widerspruch zu dem steht, was mit dem Treueid versprochen wurde, würde von den Betreffenden als eine persönlich-moralische Integritätsverletzung erlebt und somit als Versehrung der biografisch geprägten Verantwortlichkeit bewertet werden. Selbst auf Druck und Drängen anderer wäre eine solche Diskrepanzerfahrung nicht akzeptabel.

3. Erfahrungen als eine Quelle moralischer Überzeugungen

Alle sechs Argumentationstypen spiegeln die Relevanz persönlicher Erfahrungen für die Auseinandersetzung mit dem Grundtext „Leben in gelingenden Beziehungen" wider. In den Wortbeiträgen werden religiöse und moralische Überzeugungen artikuliert, die auf unterschiedliche Weise erfahrungsbasiert das persönliche Engagement und die persönliche Stellungnahme zu den Aussagen des Grundtexts begründen bzw. bekräftigen. Dieser Erfahrungsbezug macht verständlich, weshalb die Reaktionen nach dem verfehlten Quorum der Bischöfe so heftig ausgefallen sind – und zwar nicht nur, weil insbesondere viele derjenigen, die mit „Nein" votiert haben, sich zuvor nicht hinreichend an den Debatten und Hearings zum Grundtext beteiligt, nicht ihre Bedenken formuliert und somit nicht zu einer synodalen Erfahrung beigetragen haben. Die Heftigkeit der Reaktionen erklärt sich vielmehr auch durch das Abstimmungsergebnis selbst und dessen Auswirkungen auf die dadurch direkt oder indirekt Betroffenen. Bei aller politischen Dimension ging es bei der Abstimmung doch um nichts weniger als um die religiös-sittliche Integrität der Synodalen und um die Glaubwürdigkeit und Identität der von sexualisierter Gewalt gegen Kinder und Jugendliche durch Kleriker gezeichneten Kirche. Anders lässt sich die Intensität und Emotionalität der sich an das Votum anschließenden Debatten nicht erklären.

Erfahrungen bilden die Grundlage unserer basalen Überzeugungen. In moralischen Emotionen drücken sich unsere Werthaltungen und Grundüberzeugungen aus. Als gelebte Überzeugungen stellen sie einen Ausdruck unserer Identität dar und bilden die Bezugsgröße für die ethische Identität und das moralische Selbstverständnis einer Person. An ihnen bestimmt sich die Integrität einer Person im affektiv-kognitiven Prozess der Selbstwahrnehmung, Selbstreflexion und Selbstbewertung. Dabei sind Erfahrungen selbst nicht das unmittelbare Produkt von Widerfahrnissen. Vielmehr resultieren sie aus einem komplexen Zusammenspiel von Wahrnehmung, Erlebnis und Begegnung, die verarbeitet werden müssen, um zu einer stabilen Erfahrung werden zu können.[3]

Wahrnehmungssensibilität, Erlebensfähigkeit sowie Begegnungsoffenheit sind also notwendig, um tiefergehende Erfahrungen machen zu können. Deren Reflexion und Einordnung in ein biografisch gewachsenes Set an bereits erworbenen Erfah-

---

[3] Vgl. *D. Mieth*, Welcher Gott für welche Moral?, in: *A. Biesinger/J. Hänle* (Hrsg.), Gott – mehr als Ethik. Der Streit um LER und Religionsunterricht, Freiburg i. Br. 1997, 48–61, 51–53.

rungen bildet, festigt oder korrigiert die subjektiv bedeutsamen Überzeugungen. Diese Überzeugungen orientieren das existenzielle, moralische und religiöse Urteilen und Handeln eines Menschen und manifestieren sich in personalen Haltungen. Dabei sind die Fähigkeit und die Bereitschaft, sich durch Widerfahrnisse, Erlebnisse und Begegnungen irritieren zu lassen, nötig, um sich nicht im eigenen Erfahrungskorsett vergleichbar einer selbstbestätigenden Filterblase oder Echokammer abzukapseln. Zugleich kann die Rigidität von Überzeugungen zu einer Erfahrungssklerose führen, die neue Erfahrungsimpulse nicht mehr angemessen aufnehmen kann.

Mit Dietmar Mieth lassen sich drei Erfahrungsimpulse ausmachen, die für die Bildung von Grundüberzeugungen und die Erfahrung ganzheitlicher Beanspruchung konstitutiv sind:

> „Es gibt […] drei voneinander unterscheidbare aber zugleich ineinander verschränkte Erfahrungsimpulse, die tiefer reichen und jeweils den Mensch nicht in seine reizbaren Einzelteile zerlegen, sondern ihn als ganzen Menschen ansprechen: die Kontrasterfahrung, die Sinnerfahrung und die Motivationserfahrung."[4]

In der Kontrasterfahrung kommt eine Negativitätserfahrung zum Ausdruck, die betroffen macht und empört. Im emotional-affektiven Erleben einer moralischen Emotion wie Empörung oder Scham drückt sich aus, dass etwas nicht sein soll und nicht sein darf. Kontrasterfahrungen stellen in der Regel ein starkes Resonanzerleben dar, weil etwas ungerecht, verachtend, unfair, grausam, zynisch, inhuman o. Ä. ist. Nach Mieth handelt es sich um

---

[4] D. *Mieth*, Welcher Gott für welche Moral?, 53 (vgl. Anm. 3).

> „Eindrücke, die auf unserer Fähigkeit zu Gefühlen der Teilnahme, der Selbstachtung, des Guten und Rechten beruhen, also eigentlich noch etwas anderes, Positives, voraussetzen, das uns zwar noch im einzelnen unklar ist, uns aber zur Erregung oder Empörung aufruft, wenn etwas ‚so nicht geht'"[5].

Im Unterschied zur Kontrasterfahrung steht die Sinnerfahrung für positive, sinnhafte Erfahrungen. Dabei geht einem etwas auf oder leuchtet einem etwas ein. Für Mieth steht die Möglichkeit und Fähigkeit zur Sinnerfahrung in enger Verbindung mit Kontrasterfahrungen. „Diese positive Erfahrung [sc. die Sinnerfahrung; J.S.] ist zwar oft nicht so scharf und eindeutig wie die negative Kontrasterfahrung, aber ohne sie gäbe es die Kontrasterfahrung immer weniger: wir würden abstumpfen."[6]

Damit Sinnerfahrungen und Kontrasterfahrungen zu persönlichem Engagement führen, müssen sie eine motivationale Kraft entfalten. Diese drückt sich in einer zureichenden Motivationserfahrung aus, „die in die Sprachformel zu fassen ist: ‚es geht mich unausweichlich an'"[7]. Die persönliche Beanspruchung, die mit einer solchen Motivationserfahrung einhergeht, kann dabei durchaus die Qualität einer erlebten Beanspruchung durch das Gewissen haben, und zwar dann, wenn es um die moralische Integrität einer Person geht. Angesichts einer bestimmten existenziellen oder moralischen Herausforderung, die eine persönliche Stellungnahme und Entscheidung erfordert, lässt sich das Gewissen in lebensweltlicher Perspektive nämlich als akut erlebtes Zusammenspiel von Kontrast-, Sinn- und Motivationserfahrung ausdeuten.

---

[5] Ebd., 53f.
[6] Ebd., 54.
[7] Ebd.

4. „Die Wirklichkeit steht über der Idee." (Papst Franziskus)

Die Wortbeiträge auf der vierten Synodalversammlung, in denen auf unterschiedliche Weise mit Bezug auf persönliche Erfahrungen argumentiert wurde, lassen sich mithilfe der begrifflichen Differenzierung von Kontrasterfahrung, Sinnerfahrung und Motivationserfahrung systematisch auslegen. Insbesondere der diskriminierungs- und gewaltsensible Argumentationstyp (1) rekurriert auf Kontrasterfahrungen, die zu einer Veränderung in Lehre und Praxis drängen. In Verbindung mit Sinnerfahrungen, wie sie im wertschätzend-würdigenden Argumentationstyp (3) herausgestellt werden, ergibt sich so ein motivationaler Handlungsdruck, dessen erlebnismäßiger Evidenz man sich nur schwer entziehen kann. Der diskrepanzsensible-integritätsbasierte Argumentationstyp (2) lässt sich dabei als eine Mischform verstehen, die vor allem eine indirekte Betroffenheit zur Sprache bringt.

Der vermittlungsoptimistische Argumentationstyp (4) hebt dagegen Beispiele für Sinnerfahrungen hervor, die zwar nicht die Kontrasterfahrungen entkräften können, aber doch gegen die Unmöglichkeit von Sinnerfahrungen seitens nicht-heterosexueller Personen, die sich um eine Beachtung der kirchlichen Sexualmoral bemühen, in Anschlag gebracht werden. Als Strategie wird daher die Bildung von Sinnerfahrungen durch Kommunikation zur Überwindung von Kontrasterfahrungen empfohlen. In ähnlicher Weise betont der diskriminierungsaversive Argumentationstyp (5) die persönliche Absicht der Sprechenden, niemanden herabsetzen oder verletzen zu wollen. Ohne den Betreffenden ihr Diskriminierungsempfinden absprechen zu wollen, wird dieses doch als subjektives Erleben mit Verweis auf die sachliche Berechtigung der Einschätzung des Sprechenden relativiert. Die damit einhergehende Distanzierung von Kontrasterfahrungen Betroffener wird im verpflichtet-integritätsbasierten Argumentationstyp (6) noch vergrößert. Denn hier wird die persönliche Kontrasterfahrung, die mit einer Abweichung vom Treueid einhergeht, gegen die Kontrasterfahrungen von Menschen, die unter der geltenden lehramtlichen Sexualmoral leiden, in Stellung gebracht. Die Treue zur kirchlichen Lehre wird angesichts des drängenden Anliegens auf Vertiefung und Reform zum Movens, diesem Ansinnen Einhalt zu gebieten.

Die hier knapp skizzierten Analysen machen deutlich, dass auf ganz verschiedene Weise, mit Bezugnahme auf persönliche Erfahrungen, hinsichtlich des Grundtextes „Leben in gelingenden Beziehungen" argumentiert wird. Dabei wird unterschiedlich auf die Erfahrungen direkt oder indirekt Betroffener eingegangen. Auffällig ist, dass die reformkritischen Argumentationstypen den Kontrasterfahrungen derjenigen, die von der geltenden lehramtlichen Sexualmoral direkt betroffen sind, weniger argumentative Kraft zusprechen als die reformorientierten Stimmen. Letztere verweisen dagegen auf das religiös-spirituelle, ethische und existenzielle Potenzial einer christlichen Sexualethik, die stärker prinzipienorientiert ausgerichtet ist und die einschlägigen Erkenntnisse der Humanwissenschaften aufnimmt, die Einsichten biblischer Exegese und theologischer Anthropologie berücksichtigt sowie die lebensweltlichen Erfahrungen pastoraler, karitativer und kirchlicher Beratungsdienste ernst nimmt und daraus lernt.

Lehramtliches Sprechen wie auch kirchenrechtliche Regelungen und Ordnungen, die sich auf die sittliche Richtigkeit sexueller Handlungsweisen oder auf die Bewertung von Geschlechtsidentität und sexueller Orientierung beziehen, sowie eine dementsprechende kirchliche, kanonistische und pastorale Praxis sind rechenschaftspflichtig.[8] Mit persönlichen Er-

---

[8] Zur ethischen Relevanz moralischen Sprechens und dessen Verantwortbarkeit s. *J. Sautermeister*, Moralisierung und Missachtung. Ambiguitätstoleranz

fahrungen zu argumentieren dispensiert nicht von der theologischen und ethischen Aufgabe, Gründe anzuführen, die den diskursiven und rationalen Standards entsprechen. Eine Verabsolutierung oder Konzentration auf persönliche Erfahrungen und persönliche Überzeugungen, die sich nicht kohärent in eine Korrelation von Glaube, Lebenswelt und Wissenschaft einfügen und in Gründe überführen lassen, ist nicht hinreichend – erst recht nicht unter dem Anspruch von Synodalität. Denn die Einsicht von Papst Franziskus bleibt unhintergehbar: „Die Wirklichkeit steht über der Idee."[9]

---

als „Moralismusprophylaxe", in: *K. Hilpert/J. Sautermeister* (Hrsg.), Moralismen. Formen und Strukturen einer neuen Sensibilität (Jahrbuch für Moraltheologie 6), Freiburg i. Br. 2022, 252–267.
[9] *Papst Franziskus*, Apostolisches Schreiben *Evangelii gaudium* über die Verkündigung des Evangeliums in der Welt von heute, 24. November 2013, hrsg. v. Sekretariat der deutschen Bischofskonferenz, Bonn 2013 (Verlautbarungen des Apostolischen Stuhls 194), Nr. 231.

Verengungen humanwissenschaftlicher Erkenntnisse? Gefahren auf dem Synodalen Weg

von Andreas Lob-Hüdepohl

In der Plenumsdebatte wie in den Pausengesprächen der Vollversammlung des Synodalen Weges Anfang September 2022 gab es Hinweise darauf, warum manche Synodale und insbesondere knapp 40% der mitstimmenden Bischöfe ihre Zustimmung zum Grundtext „Leben in gelingenden Beziehungen – Wegmarken einer erneuerten Sexualethik"[1] ihre Zustimmung verweigerten. Der Stein des Anstoßes: die Ausführungen zur Vielfalt geschlechtlicher Identitäten. Atme der Text, so entsprechende Vorbehalte, nicht offensichtlich den Geist einer „Genderideologie", die die Zweigeschlechtlichkeit des Menschen leugne, ja sogar alle geschlechtsspezifischen Unterschiede einebne? Oder die eine Entkopplung des biologischen vom sozialen Geschlecht fordere und zu einem verheerenden Dualismus von Leib und Seele führe? Oder die sogar bis zur Vorstellung reiche, dass Menschen beliebig ihr Geschlecht wählen könnten – heute Cis-Frau, morgen Trans*mann, übermorgen divers?

---

[1] Die auf der 4.Vollversammlung des Synodalen Weges beschlossenen Fassung, in der auch alle dort beratenen und mit den erforderlichen Mehrheiten angenommenen Änderungsanträge eingearbeitet sind, findet sich unter Synodalforum IV, Vorlage für den Grundtext „Leben in gelingenden Beziehungen – Grundlinien einer erneuerten Sexualethik, online abrufbar unter https://www.synodalerweg.de/fileadmin/Synodalerweg/Dokumente-Reden-Beitraege/SV-IV/SV-IV_Synodalforum_IV-Grundtext-Lesung2.pdf (zuletzt abgerufen am 29.11.2022).

1. Gefährliche Verengungen: halbierte Sexualität – Primat biologischer Fruchtbarkeit – integralistische Versuchung

Solche und ähnliche Vorbehalte wurden gelegentlich auch von jenen geäußert, die dem Grundlagentext des Synodalforums IV „Leben in gelingenden Beziehungen – Grundlinien einer erneuerten Sexualethik" zwar zugestimmt haben, weil sie für eine entschiedene Neuakzentuierung der kirchlichen Sexualethik optieren – und genau darin besteht das Hauptaugenmerk des zur Abstimmung gestandenen Grundtextes. Aber manche Reaktionen auf die knapp verfehlte Zwei-Drittel-Mehrheit der Bischöfe, man möge doch die Ausführungen zum Thema „Gender" und zur „geschlechtliche Identität und Vielfalt" einfach streichen und den Text erneut zur Abstimmung stellen, deuten auf ein verbreitetes Unbehagen hin.

Pointierter gab der Bischof von Rottenburg-Stuttgart, *Gebhard Fürst*, kurz vor der entscheidenden Schlussabstimmung seine Vorbehalte öffentlich zu Protokoll: Der *Grundtext* vernebele die biologische Binarität der Geschlechter und leiste damit einer Vorstellung Vorschub, dass die Geschlechtsidentität beliebig gewählt werden könne. Zudem bliebe, wie er nachträglich erläuterte[2], die „Unterscheidung zwischen einem binären Geschlechtermodell aus biologisch-wissenschaftlicher Sicht und der verschiedenen Gender, verstanden als soziales Geschlecht" ungeklärt; eine entsprechende Anfrage sei „leider unbeantwortet" geblieben. Dabei berief er sich auf Aussagen der Tübinger Biologin und Nobelpreisträgerin Nüsslein-Vollrad, die mit der Äußerung zitiert wird: „Bei al-

---

[2] Gebhard Fürst: „Danke für ihr Engagement gegen Diskriminierung". Bischof Fürst nimmt Stellung zum Offenen Brief der Initiative #OUTinChurch vom 22.9.2022.

len Säugetieren gibt es zwei Geschlechter, und der Mensch ist ein Säugetier."[3]

Bereits hier wird die Gefahr verschiedener Verengungen erkennbar, die die Debatte über den Grundtext und damit eine Neuakzentuierung der Sexualethik belasten können – einer Sexualethik nämlich, die sich nicht auf normative Fragen zu sexuellen Orientierungen, Präferenzen und Praktiken beschränken, sondern als Beziehungsethik[4] ganzheitlich die Beziehung zwischen Menschen, die sich in Achtung und Wertschätzung ihrer sexuellen Identität[5] leibhaft und lustvoll erfahren wollen, in den Blick nehmen will. Täte sie dies nicht, so würde sie die personale Identität der betroffenen Menschen faktisch halbieren.

Dabei schien die Gefahr einer bestimmten Verengung, die die bisherige lehramtlich offizielle Sexualdoktrin dominiert, durch den Grundtext überwunden – auch wenn der Synodale Weg von seinem Selbstverständnis heraus gerade mit Blick auf Neuakzentuierungen der kirchlichen Sexualethik lediglich Vorschläge machen kann und will, die letztlich allein weltkirchlich und damit vom „Papst in Gemeinschaft mit dem Bischofskollegium" angenommen oder aber abgelehnt werden müssen[6]. Denn durch den Dreiklang „Lusterfahrung", „Vertiefung zwischenmenschlicher Beziehungen" und „Fortpflanzung" als wesentlicher Dimensionen menschlicher Sexualität versucht der

---

[3] Zitiert in: katholisch.de.
[4] Vgl. etwa K.W. Merks, Von der Sexual- zur Beziehungsethik, In: K. Hilpert (Hrsg.), Zukunftshorizonte katholischer Sexualethik (QD 241), Freiburg i. Br. 2011, 14–35.
[5] Zum begrifflichen Verständnis der „sexuellen Identität" vgl. Synodalforum IV, Grundtext, B.2, 12ff. sowie meinen Beitrag „Zwischen ‚männlich' und ‚weiblich'" in dieser Publikation (171–182).
[6] So der ausdrückliche Verweis auf die Lehrkompetenz des Papstes und die Gemeinschaft der Bischöfe in der Präambel des Grundtextes, die von Kritiker:innen gerne übergangen wird, weil sie deren Behauptung, der Synodale Weg wolle eigenständig die Lehre ändern, Lügen straft.

Grundtext nicht nur, wieder den Anschluss an basale Einsichten der Humanwissenschaften[7] wie der einschlägigen Moraltheologie[8] zu finden. Sondern er bricht auch mit dem Primat der Fortpflanzung als *in jedem Fall* – und das heißt prinzipiell in jedem sexuellen Einzelakt – zu gewährleistenden oder zumindest dafür offenstehenden Ziel menschlicher Sexualität, von dem die moralische Legitimität aller menschlichen Sexualität letztlich abhängt.[9] Damit verbunden ist auch die Überwindung einer genital-orgastischen Engführung von Sexualität, die die Breite der Ausdrucksformen menschlicher Sexualität (stimulierend Sinnliches, Zärtlichkeit, Sensualität und Erotik usw.) entweder gänzlich ausblendet oder zumindest nicht sonderlich ernst nimmt.

Die Gefahr einer Verengung ganz eigener Art ist auf dem Synodalen Weg in einem zumindest ‚verkappten' Integralismus erkennbar. Er besteht in der Versuchung, humanwissenschaftliche Einsichten – hier der Sexualwissenschaften – nur so weit zu rezipieren, wie sie mit der bestehenden Überzeugung und Lehre in Einklang zu bringen, also ohne Widerspruch zu integrieren sind. Kennzeichnend für diesen Reduktionismus ist die Rede, diese oder jene humanwissenschaftliche Einsicht stünde nicht oder gerade doch im Widerspruch zum (herkömmlichen bzw. lehramtsoffiziellen) christlichen Menschenbild mit seinem strikt binären Code entweder ‚männlich' oder ‚weiblich'. Irritierend ist, dass sich humanwissenschaftliche Erkenntnis über anthropologische Sachverhalte vor einem christlichen Menschenbild rechtfertigen müssen. Die Möglichkeit, dass sich ‚das christliche Menschen-

---

[7] Vgl. aus sexualmedizinischer Sicht kurz und bündig *K.M. Beier*, Pädophilie und christliche Ethik, in: Stimmen der Zeit 231 (2013) 747–758.
[8] Vgl. *K. Hilpert* (Hrsg.), Zukunftshorizonte katholischer Sexualethik (QD 241), Freiburg i. Br. 2011.
[9] Vgl. *G. Marschütz*, Eine unlösbare Verknüpfung. *Humanae vitae* und die Theologie des Leibes, in: *K. Hilpert* (Hg.), Zukunftshorizonte katholischer Sexualethik (QD 241), Freiburg. i. Br. 2011, 127–147.

bild' angesichts des Fortschreitens wissenschaftlicher Erkenntnisse vielleicht selbst ändern müsse, kommt offensichtlich nicht in Betracht. Angesichts der auch theologischen Theoriebildung über das Verhältnis von Wissenschaft und Glauben schien ein solcher integralistischer Reduktionismus längst überwunden. Selbst „kirchenoffiziell" ist die Autonomie der weltlichen Sachbereiche und deren wissenschaftlichen Erkenntnisse sowie Implikationen für Glaubensaussagen spätestens mit der Pastoralkonstitution des II. Vatikanums *Gaudium et spes* verbürgt (vgl. GS 36). Aber auch nach dem Konzil scheint – zumindest in Teilbereichen der menschlichen Sexualität (Homosexualität) – lehramtlich die umfassende katholische Wahrheit die Erkenntnisse der Wissenschaft überbieten zu wollen.[10]

2. Gefahr einer biologistischen Verengung: das Ausblenden des sozialen Geschlechts

Die zitierten Vorbehalte des Bischofs von Rottenburg-Stuttgart thematisieren das nach seiner Auffassung ungeklärte Verhältnis zwischen dem „binären Geschlechtermodell aus biologisch-wissenschaftlicher Sicht" und „der verschiedenen Gender, verstanden als soziales Geschlecht". Ist das soziale Geschlecht bloßer Widerhall des biologischen Geschlechts oder umgekehrt vom biologischen Geschlecht entkoppelt?

Die Debatte um das Verhältnis zwischen biologischem und sozialem Geschlecht (*sex* bzw. *gender*) hat in den letzten Jahrzehnten zu einer kaum mehr zu überblickenden Ausdifferenzie-

---

[10] So das Schreiben der Kongregation für die Glaubenslehre an die Bischöfe der katholischen Kirche über die Seelsorge für homosexuelle Personen: *Homosexualitatis problema* (Verlautbarungen des Apostolischen Stuhls 72), Bonn 1986; hier Zif. 2. S.

rung geführt.[11] Nur wenige Schlaglichter seien hier markiert. ‚Gender' bezeichnet zunächst eine deskriptiv-analytische Kategorie. Sie beschreibt den soziokulturellen Prozess, in dem auf der Basis biologischer Geschlechtsmerkmale Frauen, Männern sowie diversen Menschen bestimmte geschlechtsspezifische Typisierungen von Fähigkeiten oder Unfähigkeiten sowie von Rollen- bzw. Verhaltensmustern zugeschrieben und von ihnen angeeignet werden. Diese Zuschreibungs- und Aneignungsprozesse erfolgen in komplexen Sozialisationsprozessen, in denen kulturelle Selbstverständnisse und geschlechtstypische Praktiken überliefert (‚*given gender*') sowie immer neu verlebendigt (‚*doing gender*') und weitergegeben werden.

Kulturelle Selbstverständnisse spiegeln oftmals unterschiedliche Vorstellungen von dem, was ‚typisch weiblich' oder ‚typisch männlich' ist oder auch diesen Ordnungsrahmen sprengt. Sie sind kontinuierlichen Veränderungsprozessen unterworfen. Von daher sind sie nie einfach gegeben, sondern können bewusst gestaltet werden – insbesondere dann, wenn die Verhältnisse zwischen den Geschlechtern unbefriedigend erscheinen. Solche Geschlechterverhältnisse zu „dekonstruieren", heißt als sozialwissenschaftliche Methode, das soziokulturelle Gewordensein von geschlechtsspezifischen Lebensmustern (‚soziale Konstruktion') zu analysieren und in ihrer Wirkweise zu entschlüsseln. Ziel dieser De-Konstruktion ist es, neue Gestaltungsspielräume für Geschlechterarrangements auszuloten und entsprechend zu nutzen.

---

[11] Aus der fast unüberschaubaren Zahl an wissenschaftlichen Publikationen, die die Breite der soziologischen wie nicht zuletzt auch (moral-)theologischen Geschlechterforschung dokumentiert, sei im Rahmen dieser moraltheologischen Sammelpublikation nur auf das Moraltheologische Jahrbuch 1 verwiesen, das aufschlussreiche Überblicke wie instruktive Einblicke in die Debatte vermittelt: *K. Klöcker/T. Laubach/J. Sautermeister* (Hrsg.), Gender – einer Herausforderung für die christliche Ethik, Freiburg i. Br. 2017.

Natürlich können *sex* und *gender* nicht voneinander getrennt werden. Entscheidend ist, wie sich das biologische Geschlecht mit seinen ‚materiellen Ausstattungen' auf das soziale Geschlecht mit seinen Rollenzuschreibungen usw. auswirkt und umgekehrt. Sodann ist aufschlussreich, wie das Verhältnis zwischen den biologisch unterschiedlichen Geschlechtern zur Legitimation bestimmter Verhältnisse zwischen den sozialen Geschlechtern dient. So ist die Gebärfähigkeit ein biologisch bestimmtes Alleinstellungsmerkmal einer Frau[12]. Inwieweit sich daraus für gebärende Frauen bzw. Mütter bestimmte *genderspezifische* Rollen- und Verhaltensmuster etwa für die Sorge und Erziehung der Kinder ergeben, ist allerdings – wie die Geschichte der Menschheit hinreichend belegt – in hohem Maße soziokulturell bedingt sowie alles andere als festgelegt und veränderungsresistent. Umgekehrt können bestimmte soziokulturelle Praktiken in Form epigenetischer Einflüsse sogar auf genetische Dispositionen zurückwirken. Zwar sind solche Wechselwirkungen hoch komplex und bislang nur teilweise rekonstruiert. Hier aber genügt die Einsicht: Das biologische Geschlecht mag zu bestimmten Prädispositionen des sozialen Geschlechts führen. Eine einseitig-lineare Determination des biologischen für das soziale Geschlecht gibt es aber nicht.

‚Gender' wird zudem als eine normativ-kritische Kategorie genutzt. Zwar sind geschlechtsspezifische Beziehungs- und Rollenmuster nicht *per se* problematisch. Sie werden es allerdings immer dann, wenn Geschlechterarrangements einseitig zu Lasten eines Geschlechts gehen und die betroffenen Personen ihnen mehr oder minder zwangsläufig unterworfen sind und bleiben. So tendieren geschlechts*hierarchische* Beziehungs- und

---

[12] Die Besonderheit eines Trans*mannes, der seine inneren Geschlechtsorgane *nicht* den gewöhnlichen männlichen inneren Geschlechtsorganen angepasst hat und so prinzipiell noch über eine Gebärfähigkeit verfügt, klammere ich hier aus.

Rollenmuster zu geschlechtsspezifischen Auf- und Abwertungen oder auch zu geschlechtsspezifischen Über- und Unterordnungen. Beispiele für geschlechtsspezifische Auf- und Abwertungen sind die ungleich verteilte soziale Wertschätzung von Erwerbsarbeit und häuslicher Reproduktionsarbeit oder die ungleich verteilte ökonomische Wertschätzung von sogenannten männertypisch *hard-skill-Jobs* (Technik- und Ingenieurwesen usw.) gegenüber sogenannten frauentypischen *soft-skill-Jobs* (Fürsorgetätigkeiten, Pflege, Erziehung usw.). Beispiele für geschlechtsstereotype Über- und Unterordnungen sind Partner- und Ehemodelle, die bis in die jüngste Zeit sogar von Lehramts wegen das vorgegebene Korsett für die Eheleute bildeten.

Bislang lehramtlich unwiderrufen sind etwa die Aussagen der Enzyklika *Casti connubii*, die die Unterschiede des biologischen Geschlechts zwischen Mann und Frau nutzt, um ihnen eine bestimmte soziale Rolle und Stellung zuzuweisen und die Ehefrau dem Ehemann unterzuordnen: „Diese Ordnung umfasst nämlich sowohl den Vorrang des Mannes gegenüber der Gattin und den Kindern als auch die freiwillige und nicht widerwillige Unterwerfung und Folgsamkeit der Gattin, die der Apostel mit folgenden Worten empfiehlt: ‚Die Frauen seien ihre Männern untertan wie dem Herrn; denn der Mann ist das Haupt der Frau, sowie Christus das Haupt der Kirche ist' *[Eph 5,22f]*." (*Casti connubii* 2; DH 3708) Zweifel an dieser Geschlechterhierarchie verurteilt die Enzyklika als Verstoß gegen das „von Gott festgelegte (…) und bekräftigte (…) Hauptgesetz" christlicher Ehe. (vgl. ebd.; DH 3709)

3. Der Verlust liebgewordener Gewissheiten

Natürlich hat auf dem Synodalen Weg niemand diese Sichtweise auf die angeblich von Gott gewollte Hierarchie der Eheleute verteidigt. Mit Blick auf manche Kritiker:innen des Synodalen

Weges ist das erstaunlich inkonsequent. Immerhin geißeln sie jede Abwendung von bisherigen lehramtlichen Normierungen etwa im Bereich der Sexualität als Bruch mit der kirchlichen Lehrtradition, die zwangsläufig mit einer Preisgabe katholischer Identität, ja faktisch mit einer Verweigerung der Nachfolge Jesu einhergehe.[13] Eher bezieht man sich auf moderate Neuakzentuierungen der kirchlichen Lehre – etwa auf das letzte Konzil, das die „gleiche Würde sowohl der Frau wie des Mannes" betont, die „durch die gegenseitige und bedingungslose Liebe (…) anerkannt wird" (Gaudium et spes 49). Und man wird bei Papst *Franziskus* fündig, wenn man sogar eine vorsichtig affirmative Gendersensibilität im römischen bzw. päpstlichen Lehramt feststellen will: „Doch ist es auch wahr, dass das Männliche und das Weibliche nicht etwas starr Umgrenztes ist. Darum ist

---

[13] So die theologisch doch sehr gewagte Behauptung des Papiers der „Gruppe Oster", die die vorbehaltlose Annahme der kirchlichen Lehre über die Sexualität zum Lackmus-Test für die Nachfolge Jesu hochstilisiert: „Die Anerkennung und Annahme der kirchlichen Lehre zur Sexualität und den menschlichen Beziehungsformen folgt dem Bekenntnis des Einzelnen zu Jesus Christus als dem von Gott gesandten Retter. Nur vor diesem Hintergrund kann die Sexuallehre (in) der Kirche in unserer Zeit authentisch vertreten und verstanden werden. Zur Liebe befreit und durch das Gebot zur Liebe (vgl. Joh 13,35) befähigt, ist die Nachfolge und Nachahmung Jesu zentrale Berufung jedes Christen, jeder Christin." (*Oster* et al, Der Mensch, 2) Die „Gruppe Oster" (genannt nach dem Hauptinitiator und Protagonisten Bischof *Stephan Oster* aus Passau) hatte innerhalb des Synodalforums IV, das für die Erarbeitung der Textvorlagen für den Bereich „Leben in gelingenden Beziehungen" zuständig ist, ein eigenständiges Positionspapier erarbeitet, das aber sowohl im Synodalforum selbst als auch auf der 2.Synodalversammlung im September 2021 kaum Unterstützung fand. Hier wurde der öffentlich zugängliche Text von zwei Bischöfen (Voderholzer und Woelki) durch entsprechende Änderungsanträge zum Grundanliegen als dessen Alternative zur Abstimmung gestellt. (Vgl. Protokoll und https://synodale-beitraege.de/de/synodalforen/synodalforum-iv/der-mensch-in-seiner-liebesfaehigkeit-und-der-glaube-der-kirche-ein-grundlegender-diskussionsbeitrag-fuer-das-synodalforum-leben-in-gelingenden-beziehungen-liebe-leben-in-sexualitaet-und-partnerschaft (zuletzt aufgerufen am 29.11.2022).

es zum Beispiel möglich, dass die männliche Seinsweise des Ehemannes sich flexibel an die Arbeitssituation seiner Frau anpassen kann. Häusliche Aufgaben oder einige Aspekte der Kinder Erziehung zu übernehmen, machen ihn nicht weniger männlich, noch bedeuten sie ein Scheitern, ein zweideutiges Benehmen oder eine Schande. Man muss den Kindern helfen, diese gesunden Formen des ‚Austausches', die der Vaterfigur keinesfalls ihre Würde nehmen, ganz normal zu akzeptieren." (*Amoris Laetitia* 286)

Es ist aber derselbe *Franziskus*, der – in jüngster Zeit verstärkt – heftig gegen jegliche „Gender-Ideologie" angeht. Für ihn bezeichnet ‚Gender' eine Ideologie, die „den Unterschied und die natürliche Aufeinander-Verwiesenheit von Mann und Frau leugnet. Sie stellt eine Gesellschaft ohne Geschlechterdifferenz in Aussicht und höhlt die anthropologische Grundlage der Familie aus. Diese Ideologie fördert Erziehungspläne und eine Ausrichtung der Gesetzgebung, welche eine persönliche Identität und affektive Intimität fördern, die von der biologischen Verschiedenheit zwischen Mann und Frau abgekoppelt sind. Die menschliche Identität wird einer individualistischen Wahlfreiheit ausgeliefert, die sich im Laufe der Zeit auch ändern kann." (*Relatio finalis*, zitiert in *Amoris Laetitia* 46)

Es ist nicht auszuschließen, dass sich in der weitverzweigten gendertheoretischen Debatte auch Zitate finden lassen, die diese Lesart der sogenannten „Gender-Ideologie" stützen. Repräsentativ wären sie aber mitnichten. Vielmehr bedienen solche Pauschalverurteilungen nur jene verzerrenden Narrative, die für die rechtspopulistischen Instrumentalisierungen der Gender-Debatte typisch sind.[14] Möglicherweise sind sie Reflexe jenes Phan-

---

[14] Vgl. dazu sehr erhellend aus der Perspektive der Deutschen Bischöfe die Arbeitshilfe „*Dem Populismus widerstehen.*" Arbeitshilfe zum kirchlichen Umgang mit rechtspopulistischen Tendenzen (Arbeitshilfen 305), Bonn 2019, 52–57.

tomschmerzes, der eine patriarchale (Männer-)Welt nach dem Verlust liebgewordener Gewissheiten über klare Zuordnungen der Geschlechter, richtiger: über sakralisierter Über- und Unterordnungen von Männern und Frauen immer wieder aufstöhnen lassen.

Abgesehen von den Positionierungen zu Fragen der „geschlechtlichen Identität"[15] rezipiert der Grundlagentext die gendertheoretische Debatte nur punktuell. So etwa, wenn er die Erkenntnisse über geschlechtshierarchische Über- oder Unterordnungen auf den zentralen Orientierungspunkt christlicher Sexuallehre zur Anwendung bringt: „Zur Würde jeder menschlichen Person gehört das Recht auf freie Zustimmung zu allen personalen Gestaltungsformen sexueller Beziehungen und nicht zuletzt zur Wahl des*der Partner*in sowie das Recht, Nein zu erzwungenen oder aufgenötigten sexuellen Handlungen zu sagen."[16] Da bleibt kein Raum mehr für die traditionell katholische (wie auch säkular bürgerliche) Auffassung über irgendwelche „ehelichen Pflichten", die einen der beiden Partner:in, richtiger: Frauen zum Verfügungsobjekt des Mannes degradieren.[17] In ähnliche Richtung zielt auch die Forderung nach freier Wahl der Methoden, wie die (Ehe-) Paare eine Empfängnis verhüten. Denn die Lasten, die die herkömmliche Position des Lehramtes in Bezug auf die Empfängnisregelung erzeugt (Verzicht oder sog. *Natürliche Familienplanung*), haben wiederum hauptsächlich die Frauen zu tragen. Auch hier sind die Einsichten normativ-kritisch gewendeter Gendertheorien hilfreich, solche und ähnliche Formen geschlechtshierarchischer Beziehungs- und Rollenmuster zu überwinden. Und mit ihnen wer-

---

[15] Vgl. dazu ausführlich meinen Beitrag „Zwischen ‚männlich' und ‚weiblich'" in dieser Publikation (171–182).
[16] Synodalforum IV, Grundtext, A.4.2, S. 8.
[17] Vgl. S. *Wendel*, Sexualethik und Genderperspektive, in: K. *Hilpert* (Hrsg.), Zukunftshorizonte katholischer Sexualethik (vgl. Anm. 8), 36–56.

den auch jene Verengungen überwunden, die solche soziokulturell gewordenen Geschlechterarrangements (um nichts anderes handelt es auch bei traditionell katholischen Familienmustern) mit Verweis auf biologische Unterschiede zwischen den Geschlechtern naturalisieren.

Sittliche Erkenntnis im Horizont des Glaubens
Zum Status der Vernunft in Fragen einer christlichen Moral

von Thomas Laubach

Wie lässt sich erkennen, was richtig und falsch ist? Was sittlich gut und was sittlich schlecht ist? Diese fundamentalethische Frage beantwortet weder der abgelehnte Grundtext des Synodalforums IV *Leben in gelingenden Beziehungen – Liebe leben in Sexualität und Partnerschaft* unter dem Titel *Leben in gelingenden Beziehungen – Grundlinien einer erneuerten Sexualethik*[1] noch die bereits beschlossenen Handlungstexte *Grundordnung des kirchlichen Dienstes, Lehramtliche Neubewertung von Homosexualität* sowie die diskutierten Handlungstexte *Umgang mit geschlechtlicher Vielfalt, Segensfeiern für Paare, die sich lieben* und *Lehramtliche Aussagen zu ehelicher Liebe.*[2] Die Antworten dieser Texte sind eher praktisch-sittlicher Natur. Sie zielen auf konkrete ethische Probleme, Normen und Situationen und machen vor diesem Hintergrund Handlungsvorschläge.

Die Texte des Synodalforums IV bieten keine Theorie der Erkenntnis sittlichen Urteilens. Vielmehr geben sie Auskunft darüber, was argumentativ als sittlich gut und gerecht ausgewiesen werden kann. Dabei berufen sie sich auf unterschiedliche Quellen:

---

[1] Synodalforum IV, Vorlage für den Grundtext „Leben in gelingenden Beziehungen – Grundlinien einer erneuerten Sexualethik, A.2.1–5, S. 3ff. Online verfügbar unter https://www.synodalerweg.de/fileadmin/Synodalerweg/Dokumente-Reden-Beitraege/SV-IV/SV-IV_Synodalforum_IV-Grundtext-Lesung2.pdf (zuletzt abgerufen am 16.11.2022).
[2] Alle Texte online verfügbar unter https://www.synodalerweg.de/.

Sie nehmen „Kontrasterfahrungen"[3] wahr, urteilen im „Lichte biblischer Verheißung"[4], gehen von der Würde und Ebenbildlichkeit des Menschen und der „Liebe"[5] als sittlichen Prinzipien aus. Vor diesem Hintergrund entfaltet der Grundtext seine Voten. Dabei wird in besonderer Weise auf biblische Texte, lehramtliche Schreiben und humanwissenschaftliche Erkenntnisse Bezug genommen. Doch genau hier entzündet sich der Konflikt: Was sind die Quellen sittlicher Erkenntnis? Worauf also sich beziehen in Fragen normativer Richtigkeit und Gutheit?

Die folgenden Überlegungen werden von einer Grundthese in der Beantwortung dieser Fragen geleitet: Sittliche Erkenntnis ist Vernunfterkenntnis, auch in christlich-theologischen Kontexten. Damit müssen sich biblische Weisungen, lehramtliche Texte und geistes- und humanwissenschaftliche Hypothesen, Thesen und empirische Daten dem Diktum der Vernunft unterwerfen, wenn es um die Frage des sittlich Guten geht. In vier Schritten soll diese These entfaltet und belegt werden. Zunächst werden die kritischen Stimmen zum Grundtext rekonstruiert (1); dem wird eine historisch-fundamentalethische Analyse der Quellen sittlicher Erkenntnis gegenübergestellt (2). In einem dritten Schritt wird die Bedeutung der Vernunft für sittliche Erkenntnis präzisiert (3). Ein kurzes Fazit beschließt den Gang der Überlegung (4).

1. Kritik. „Offenbarungsquellen" und Moral

Viele Kritiker:innen des synodalen Weges und des Grundtextes *Leben in gelingenden Beziehungen – Grundlinien einer erneuerten Sexualethik* bemängeln ein grundsätzliches Defizit synodalen

---

[3] Synodalforum IV, Leben (s. Anm. 1), A.2.
[4] Ebd., A.3.
[5] Ebd., A.4./A.5.

Argumentierens. Hier würden, wie es Rudolf Voderholzer formuliert, die „ersten Bezugsgrößen für die Erschließung des Glaubens – Heilige Schrift und Apostolische Tradition"⁶ zu wenig beachtet. Diese beiden Quellen, so führt der Regensburger Bischof aus,

> „sind nicht zu ersetzen durch die »Zeichen der Zeit« und durch eine »Lebenswirklichkeit«, um Lehrentwicklung beziehungsweise sogar Brüche zu begründen. Es gab selbstverständlich immer Lehrentwicklung. Aber die Kriterien zur Unterscheidung von ursprungstreuer Lehrentwicklung und einer »Korruption der Lehre« müssen auch in unserer Gegenwart angewendet werden."⁷

Auch Kurt Koch, Kardinal und ehemaliger Bischof von Basel, verweist auf den seiner Ansicht nach mangelhaften Umgang mit den Quellen des Glaubens. Er hält fest:

> „Es irritiert mich, dass neben den Offenbarungsquellen von Schrift und Tradition noch neue Quellen angenommen werden; [...]."⁸

---

[6] *R. Einig*, „Es gibt einen ‚Dank-Storm'!" Bischof Rudolf Voderholzer über den Synodalen Weg, in: Die Tagespost (05.10.2022) online verfügbar unter: https://www.die-tagespost.de/kirche/aktuell/es-gibt-einen-dank-storm-art-232772 (zuletzt abgerufen am 16.11.2022).

[7] Ebd. Es ist durchaus überraschend, dass Voderholzer hier seine Überlegungen zu *Dei verbum* ausblendet, in denen er festhält, dass Offenbarung mehr ist als die Inhalte, die in den traditionellen Medien Schrift, Tradition und Lehramt überliefert würden. Siehe dazu die Überlegungen in: *E. Koller*, Die Wissenschaften als Erkenntnisquellen der katholischen Morallehre. Die Päpstliche Akademie der Wissenschaften als Modell der ethischen Integration eines Locus theologicus alienus (Studien der Moraltheologie. NF 13), Münster 2020, 192–193.

[8] *M. Lohmann*, Die Wahrheit macht frei, nicht die Freiheit wahr! Ein Gespräch mit Kurt Kardinal Koch über den Zeitgeist, vermeintliche neue Quellen der Offenbarung und den christlichen Dienst an der Wahrheit (29.09.2022), in: Die Tagespost online verfügbar unter: https://www.die-tagespost.de/kirche/aktuell/

Weiter geht der Bamberger Weihbischof Herwig Gössl, der dem synodalen Weg zudem vorwirft, dass wissenschaftliche Erkenntnis zur einzigen Erkenntnisquelle der Morallehre gemacht würden:

> „Wenn man davon ausgeht, dass die kirchliche Sexualmoral neu geschrieben werden muss auf der Grundlage dessen, was die Humanwissenschaften heute über Sexualität sagen, wird in meinen Augen eine ganz wichtige theologische Basis verlassen: der Blick auf Schrift und Tradition."[9]

Der synodale Weg, so der implizite wie explizite Vorwurf, entfernt sich in seinem Grundtext von diesen Quellen bzw. ergänzt sie illegitimerweise um weitere Quellen. Er steht in der Gefahr einer „Korruption der Lehre"[10] der Kirche. Welche Konsequenzen das für die Abstimmung über den abgelehnten Text hatte, machte Gregor Maria Hanke, Bischof von Eichstätt, in einem Interview deutlich:

> „Eine Zustimmung zum ganzen Text hätte auch die Zustimmung zur Abkehr von der biblischen Lehre der Zweigeschlechtlichkeit bedeutet und die Weihezulassung von Frauen. Die biblische Lehre und die Einheit mit der Weltkirche kann ich nicht aufgeben, mich aber sehr wohl gerne in den kritischen Diskurs einbringen."[11]

---

die-wahrheit-macht-frei-nicht-die-freiheit-wahr-art-232532 (zuletzt abgerufen am 16.11.2022).

[9] *B. Buchner*, „Auch die Minderheit sollte Gehör finden". Heinrichsblatt-Interview mit Weihbischof Gössl zum Synodalen Weg (27.09.2021) online verfügbar unter: https://erzbistum-bamberg.de/nachrichten/auch-die-minderheit-sollte-gehoer-finden/a2d8d948-8ba8-4029-8145-854a88ff388d?mode=detail (zuletzt abgerufen am 16.11.2022).

[10] *R. Einig*, Dank-Storm (s. Anm. 6).

[11] *M. Heberling*, Kommunizieren, ringen, positionieren: Bischof Hanke zum Synodalen Weg, in: Kirchenzeitung für das Bistum Eichstätt 38 (18.09.2022), 12–13.

Auch der Passauer Bischof Stefan Oster bezieht sich in der Frage des Segens „für alle möglichen »Paare, die sich lieben« und die den Segen wünschen"[12], implizit auf die beiden genannten Quellen. Für ihn war eine Zustimmung zu dem Handlungstext nicht möglich, denn

> „dann bleibt meines Erachtens von dem biblischen Aufruf zur Umkehr, zur Integration, zur Teilhabe am neuen Leben auch in diesem Bereich nicht mehr allzu viel übrig."[13]

Neben der positiven Bestimmung von Bibel und Tradition wird zugleich vehement bestritten, dass es weitere Quellen theologischer Erkenntnis gebe. Gerade die Rede von den »Zeichen der Zeit« hat hier Anstoß erregt. So urteilt Kardinal Kurt Koch:

> „Der christliche Glaube muss stets ursprungsgetreu und zeitgemäß zugleich ausgelegt werden. Die Kirche ist deshalb gewiss verpflichtet, die Zeichen der Zeit aufmerksam zur Kenntnis und ernst zu nehmen. Sie sind aber nicht neue Offenbarungsquellen. Im Dreischritt der gläubigen Erkenntnis – Sehen, Urteilen und Handeln – gehören die Zeichen der Zeit zum Sehen und keineswegs zum Urteilen neben den Quellen der Offenbarung."[14]

Allerdings ist auffällig: Weder der Grundtext noch die Handlungstexte des Synodalforums IV greifen argumentativ auf die

---

[12] *S. Oster*, Realpräsenz, Sakramentalität und der synodale Weg in Deutschland, in: IKaZ 51 (2022) 431–450, 447; DOI: 10.14623/com.2022.4.431–450.
[13] Ebd.
[14] *M. Lohmann*, Wahrheit (s. Anm. 8). Siehe auch: *H. Hoping*, Zeichen der Zeit als neue Offenbarungsquelle? Über Versuche, die Architektonik theologischer Erkenntnislehre zu verändern, in: Die Tagespost (02.04.2022) online verfügbar unter: https://www.die-tagespost.de/sonder-texte/beilage/zeichen-der-zeit-als-neue-offenbarungsquelle-art-227036 (zuletzt aufgerufen am 16.11.2022).

Rede von den »Zeichen der Zeit« zurück.[15] Die grundsätzliche Kritik aber zeigt, dass die Frage nach den Quellen sittlicher Erkenntnis ein Grundproblem in der synodalen Debatte darstellt. Dabei können sich die Kritisierenden auf eine lange Traditionsgeschichte der Rede von den beiden Quellen berufen. Sie findet unter anderem in Formulierungen des Konzils von Trient ihren Niederschlag. Dort heißt es im *Dekret über die Annahme der heiligen Bücher und der Überlieferungen*, dass das Evangelium „die Quelle aller heilsamen Wahrheit und Sittenlehre" (DH 1501) sei, wie auch die „Überlieferungen – sowohl die, welche zum Glauben als auch die, welche zu den Sitten gehören – […] in beständiger Folge in der katholischen Kirche bewahrt" (DH 1501). Auch das 2. Vatikanische Konzil wiederholt in der dogmatischen Konstitution *Dei verbum* diese Überzeugung: Das Evangelium als „Quelle aller heilsamen Wahrheit und Sittenlehre" (DV 7; DH 4207) sei allen zu predigen. Das Lehramt der Kirche wiederum diene dazu, dass „das Evangelium in der Kirche stets unversehrt und lebendig bewahrt werde, […]." (DV 7; DH 4207) Allerdings ist festzuhalten, dass in den zitierten Texten beide Konzilien um die Frage nach der „Überlieferung des Glaubens und der Glaubenserkenntnis"[16] ringen. Auf die sittliche Erkenntnis wird hier nicht fokussiert.

---

[15] Der Grundtext kennt die „Zeichen der Zeit" nur in einem Zitat aus *Amoris laetitia* (AL 222), der Handlungstext *Lehramtliche Aussagen zu ehelicher Liebe* zitiert *Gaudium et spes* (GS 4).

[16] H. Waldenfels, Kontextuelle Fundamentaltheologie, Paderborn u. a. 1985, 418. Siehe dazu auch J. Ratzinger, Zur Lehre des Zweiten Vatikanischen Konzils. Formulierung – Vermittlung – Deutung, Gesammelte Schriften 7/2, Freiburg 2012, 715–793.

2. Analyse. Die Quellen theologisch-ethischer Erkenntnis

Glaubenserkenntnis und sittliche Erkenntnis sind im theologisch-ethischen Kontext nicht zu trennen. Sie sind aber dennoch zu unterscheiden.

Die Reflexion auf die Frage, wie sich das Richtige des Glaubens erkennen lässt, begleitet das Christentum wie seine Theologie von Anfang an. Dass der christliche Glaube kommunikativ statt esoterisch, erkenntnisorientiert statt mystifizierend ist, darauf weist der Autor des ersten Petrusbriefes hin, wenn er fordert:

> „Seid stets bereit, jedem Rede und Antwort zu stehen, der von euch Rechenschaft fordert über die Hoffnung, die euch erfüllt." (1 Petr 3,15)

Wie sich aber Glaubenserkenntnis gewinnen lässt, woher diese Rechenschaft kommt, von der der Petrusbrief spricht, das ist umstritten. Dabei ist zu unterscheiden zwischen den fundamentaltheologischen und den theologisch-ethischen Quellen. Ein Unterschied, der häufig missachtet wird. Die Fundamentaltheologie kennt vor allem die klassische Lehre von den *loci theologici*. Sie umfasst nach Melchior Cano *loci proprii* und *loci alieni*: die der Theologie eigentümlichen loci (proprii), die mit der Formel heilige Schrift und Tradition (Überlieferung, Lehramt, Konzilien, Kirchenväter und Theologie) gefasst werden können, und die drei nicht-theologisch spezifischen loci (alieni): natürliche Vernunft, Philosophie und Geschichte.[17] Für Cano gehören diese nicht-spezifischen Erkenntnisquellen auch zu den „Bezeugungsinstanzen christlichen Glaubens [...], [sind] Heimstätten aller theologischen Argumente."[18]

---

[17] Siehe dazu etwa *E. Koller*, Wissenschaften (s. Anm. 7) 182–203.
[18] *P. Hünermann*, Neue ‚Loci Theologici'. Ein Beitrag zur methodischen Er-

Die Existenz und Bedeutung der *loci theologici alieni* in dieser klassischen Erkenntnislehre scheint allerdings in der Kritik an den Texten des Synodalforums IV in den Hintergrund zu treten. Mehr noch: In unzulässiger Weise werden die *loci theologici* auf die Frage nach den Quellen sittlicher Erkenntnis angewendet. Denn zwar korrelieren etwa in lehramtlichen Texten theologisch-ethische Glaubensaussagen und sittliche Begründungen. Doch fallen moraltheologische und fundamentaltheologische Quellen der Erkenntnis nicht einfach in eins. Der Grund liegt im unterschiedlichen Gegenstand von Glaubenserkenntnis und sittlicher Erkenntnis.

Eine historische Relecture der moraltheologischen Grundlagenwerke und Einführungen kann diese Überlegung verdeutlichen und präzisieren. Denn grundsätzlich lassen sich in der Tradition zwei unterschiedliche Reden von den *fontes*, den Quellen sittlicher Erkenntnis ausmachen.

– Die Rede von den *fontes theologiae moralis*, den Quellen der Moraltheologie. Hier werden ausnahmslos drei Quellen genannt: die Heilige Schrift, die Tradition bzw. das Lehramt und die Vernunft.

– Davon zu unterscheiden sind die *fontes moralitatis*, die Quellen der Moralität. Abgezielt wird hier auf die Frage, was die Moralität einer Handlung bestimmt und wie sich diese erkennen lässt. Klassische *fontes* sind das Objekt der Handlung (der Gegenstand der Handlung), das Handlungsziel (die Absicht und der Zweck einer Handlung, also der innere Willensakt) und die Umstände der Handlung, die das Objekt und das Ziel beeinflussen können.

Das Zusammenspiel dieser beiden *fontes* macht das Grundproblem sittlicher Erkenntnis innerhalb einer normativen Ethik

---

neuerung der Theologie, in: CrStor 24 (1.2003) 1–21, hier: 1–2, zit. nach *E. Koller*, Wissenschaften (s. Anm. 7) 38.

deutlich: Es geht nicht nur darum, Normen – möglicherweise analog zu Glaubenssätzen – zu erkennen und zu begründen. Sondern auch das konkrete sittliche Handeln des Menschen lässt sich daraufhin bewerten, ob es sittlich ist. Beides fällt nicht einfach in eins.

Dennoch soll der Fokus im Folgenden vor allem auf den *fontes theologiae moralis* liegen. Sie stehen auch in der Auseinandersetzung um den Grundtext zur Disposition. Hier lässt sich etwas pauschal festhalten: Bis zum 2. Vatikanischen Konzil gelten die drei Quellen der Moraltheologie – Schrift, Tradition, Vernunft – unbestritten.[19] Paradigmatisch lässt sich dies an so gegensätzlichen Entwürfen wie dem *Lehrbuch der Moraltheologie* von Otto Schilling und der *Idee der Nachfolge Christi* von Fritz Tillmann zeigen.

Das *Lehrbuch der Moraltheologie* von Otto Schilling erscheint erstmals 1928 zwischen den beiden Weltkriegen. Im ersten Band entfaltet der Tübinger Moraltheologe schon zu Beginn in § 6 seine „Aufzählung der Erkenntnisquellen" und bestimmt zunächst das Verhältnis von Schrift, Tradition und Lehre der Kirche.

„Die Kirche hat das christliche Lebensgesetz autoritativ festzustellen und zu wahren, sie gewinnt die sittlichen Normen

---

[19] Siehe dazu etwa die entsprechenden Passagen in *A. Koch*, Lehrbuch der Moraltheologie, Freiburg ³1910 (1905); *J. Mausbach/G. Ermecke*, Katholische Moraltheologie 1. Die allgemeine Moral. Die Lehre von den allgemeinen sittlichen Pflichten der Nachfolge Christi zur Gleichgestaltung mit Christus und zur Verherrlichung Gottes in der Auferbauung seines Reiches in Kirche und Welt, Münster ⁹1959 (1914); *O. Schilling*, Lehrbuch der Moraltheologie. I. Band: Allgemeine Moraltheologie, München 1928; *H. Jone*, Katholische Moraltheologie, Paderborn ¹⁶1953 (1930); *F. Tillmann* (Hrsg.), Handbuch der katholischen Sittenlehre, 5 Bände, Düsseldorf 1933–1939; *J. Stelzenberger*, Lehrbuch der Moraltheologie. Die Sittlichkeitslehre der Königsherrschaft Gottes, Paderborn ²1965 (1953); *B. Häring*, Das Gesetz Christi. Moraltheologie. Dargestellt für Priester und Laien, Freiburg i. Br. ⁸1967 (1954).

aus der Heiligen Schrift und der Tradition. [...] In erster Linie maßgebend ist also die offizielle kirchliche Lehre."[20] Gegen eine summarische Aufzählung von Schrift und Tradition differenziert Schilling die loci theologici und stellt Lehre und Lehrautorität der Kirche in besonderer Weise in den Mittelpunkt. Allerdings betont Schilling auch, dass „die Moraltheologie aber auch der Vernunft als Erkenntnisquelle nicht entbehren"[21] kann. Sie ist, so Schilling, der „logischen Ordnung nach die erste Erkenntnisquelle für die Moral"[22], denn alle übernatürliche Wahrheit lässt sich ohne sie nicht erkennen. Vernunft ist, so Schilling,

> „nicht nur als unentbehrliches Werkzeug die Voraussetzung jeder wissenschaftlichen theologischen Erkenntnis [...], sie bietet überdies als Quelle bestimmter Erkenntnisse die natürlichen Sittennormen, die natürliche Offenbarung des Sittlichen."[23]

Mit Verweis auf Thomas von Aquin (S.th. 1,2 q 108, 1.2 ad 1) betont Schilling, dass der Mensch „zunächst an die natürlichen Sittennormen, an die Instanz der Vernunft gewiesen"[24] ist. Mehr noch: Es ist „darum auch stets Sünde"[25], sich über die Erkenntnisse der Vernunft hinwegzusetzen. Denn nur mit Hilfe der Vernunft, so Schilling,

> „ist die sittliche Natur des Menschen zu ergründen, sind die Voraussetzungen des sittlichen Handelns, dessen natürliche Hemmungen und Förderungsmittel festzustellen, ist

---

[20] *O. Schilling*, Lehrbuch (s. Anm. 19), 17.
[21] Ebd.
[22] Ebd.
[23] Ebd.
[24] Ebd., 18.
[25] Ebd.

das natürliche Sittengesetz, die natürliche Pflichten- und Tugendlehre zu entwickeln."[26]

Auch der Bonner Moraltheologe Fritz Tillmann betont in seiner Moraltheologie *Die Idee der Nachfolge Christi* die drei Quellen, „aus der die katholische Sittenlehre ihre sittlichen Erkenntnisse und Forderungen schöpft."[27] Als die „vorzüglichste Quelle"[28] bestimmt Tillmann die Heilige Schrift, als zweite Quelle die „kirchliche[n] Überlieferung, welche ergänzend und weiterführend zur Heiligen Schrift hinzutritt." [29] Diese zweite Quelle zeigt, so Tillmann, „mit der Ausbreitung der Kirche und im Verlauf ihrer Geschichte die Jahrhunderte hindurch eine fortschreitende Entwicklung"[30], ist also dynamisch und nicht statisch zu denken. Herausgefordert durch den „Strom des Lebens und den Wandel der kulturellen und wirtschaftlichen Verhältnisse"[31] werden schon den ersten Christen, so Tillmann, „Fragen des religiösen, persönlich-sittlichen und gesellschaftlichen Lebens gestellt, für die sie in der Predigt Jesu keine fertige Entscheidung besaßen"[32]. Dadurch wurden sie gezwungen, neue Entscheidungen im „Geiste ihres Meisters"[33] zu fällen. Von hier aus ist es nur ein kleiner Schritt bis zu einer dritten Quelle sittlicher Erkenntnis. Es gehört nach Tillmann,

---

[26] Ebd.
[27] F. *Tillmann*, Die Idee der Nachfolge Christi (Handbuch der katholischen Sittenlehre III, Hrsg. Fritz Tillmann, 5 Bände, Düsseldorf 1933–1939), Düsseldorf ²1939 (1933), 10.
[28] Ebd.
[29] Ebd., 13.
[30] Ebd., 14.
[31] Ebd.
[32] Ebd., 15.
[33] Ebd.

„zu den Grundanschauungen katholischen Denkens, daß es die natürliche Vernunfterkenntnis als Quelle anerkennt, aus der sittliche Wahrheiten und Normen geschöpft werden können."[34]

Allerdings ist die natürliche Vernunfterkenntnis nach Tillmann keine losgelöste Quelle sittlichen Wissens. Als Glaubenswissenschaft findet die Moraltheologie über

„den Kreis der der Vernunft zugänglichen sittlichen Erkenntnisse hinaus [...] in der göttlichen Offenbarung eine Reihe von Wahrheiten, welche für das sittliche Leben von maßgebender Bedeutung sind."[35]

Doch dies sind nach Tillmann keine allgemeinen oder konkreten, situationsbezogenen Normen, sondern anthropologische und theologische Prinzipien, die aller Normativität vorausliegen: die Ausrichtung auf Gott, Erbsünde und Erlösung sowie die Verwirklichung der christlichen Vollkommenheit.

3. Weiterführung. Die Bedeutung der Vernunft für die sittliche Erkenntnis

In den wesentlichen Grundlegungen theologischer Ethik nach dem II. Vatikanischen Konzil verschiebt sich die Frage nach den Quellen sittlicher Erkenntnis. Biblische Quellen und lehramtliche Texte gelten weiterhin als Bezugsgrößen theologisch-ethischer Reflexion und der Suche nach dem Guten und Richtigen. Doch in Fragen der konkreten Findung und Begründung sittlicher Normen findet in der Moraltheologie der zweiten Hälfte des 20. Jahrhunderts ein Paradigmenwechsel statt. In Anknüp-

---

[34] Ebd.
[35] Ebd., 18.

fung an die Tradition und zugleich in Weiterführung und Zuspitzung tritt die Vernunft in den Mittelpunkt der Quellen sittlicher Erkenntnis.

Beispielhaft lässt sich hier die *Fundamentalmoral* des Bonner Theologen Franz Böckle nennen, der apodiktisch formuliert: Wenn es um sittliche Fragen geht,

> „muß sich das verantwortliche [...] Handeln eines mündigen Menschen in erster Linie nach der Einsicht richten, und dafür zählt in erster Linie das Gewicht der Sachgründe".[36]

Dreißig Jahre später hält der Moraltheologe Eberhard Schockenhoff in seiner *Grundlegung der Ethik,* die sich explizit als theologischer Entwurf versteht, noch pointierter fest:

> „Die Einsicht in den Anspruch moralischer Normen setzt weder den Glauben noch die Annahme der Offenbarung voraus; sie ist vielmehr aufgrund jener ersten Prinzipien möglich, die von der praktischen Vernunft auf eigenständige Weise erfasst werden. Für die Erkenntnis grundlegender moralischer Forderungen im Bereich des menschlichen Zusammenlebens ist daher nicht der Glaube, sondern die natürliche sittliche Vernunft des Menschen verantwortlich."[37]

Und wenig später arbeitet Josef Römelt heraus, dass sittliche Normen „prinzipiell der Vernunfterkenntnis zugänglich"[38] sind. Damit wird die Vernunft als traditionelle Quelle sittlicher Erkenntnis in radikaler Weise zur Bezugsgröße für die Begründung von Normen im Raum des Ethischen.

---

[36] *F. Böckle*, Fundamentalmoral, München 1977, 327.
[37] *E. Schockenhoff*, Grundlegung der Ethik. Ein theologischer Entwurf, Freiburg 2007, 533.
[38] *J. Römelt*, Christliche Ethik in modernen Gesellschaft I, Freiburg i. Br. 2008, 164.

Nun könnte man dieses Primat der Vernunft als theologische Variante der säkularen Autonomiekonzeption oder auch als Abkehr von traditionellen theologischen Erkenntnisquellen kritisieren. Doch das Gegenteil ist der Fall. Denn die theologisch-ethische Rede von der Vernunft lässt sich schöpfungstheologisch verankern, wie sich zudem Vernunft als zentrale Erkenntnisquelle des Sittlichen bestimmen lässt.

Schöpfungstheologische Situierung der Vernunft heißt näherhin: Gott schafft, so die Schöpfungserzählungen, den Menschen „seinem Abbild gleich" (Gen 1,27). Diese Ebenbildlichkeit des Menschen mit dem Schöpfer umfasst auch die Möglichkeit, Gutes und Schlechtes zu erkennen. Gott, als das Gute schlechthin, schafft eine gute Schöpfung: „Gott sah alles an, was er gemacht hatte: Es war sehr gut." (Gen 1,31). Das heißt: Schöpfung wird im umfassenden Sinne als gut angesehen. Damit ist es eben nicht Gottes Wille oder seine Willkür, die die Schöpfung gut sein lässt. Es wird vielmehr deutlich, dass hier ein Vernunfturteil gefällt wird. Die geschaffene Welt ist gut, kann als solche mit Hilfe der Vernunft erkannt werden – und letztlich auch nur als gut qualifiziert werden, wenn sie auch vernünftig ist. Ist nun der Mensch Abbild Gottes, so ist ihm auch die Möglichkeit gegeben, Gutes zu erkennen und vernünftig als Gutes erläutern zu können. Der Mensch ist, wie es in der theologischen Tradition immer wieder betont ist, ein vernunftbegabtes Wesen.

Vernunft als zentrale Erkenntnisquelle des Sittlichen. Vernunft ist, so fasst das Karl-Wilhelm Merks knapp zusammen, „die Ermöglichung der Freiheit: Im Abstandnehmen-, Wählen-, Entscheiden- und Handeln-Können zeigt sie sich als frei."[39] Doch diese Freiheit ist zugleich wieder an die Vernunft gebunden. In den Worten Alfons Auers:

---

[39] *K.-W. Merks*, Theologische Fundamentalethik, Freiburg i. Br. u. a. 2020, 163.

> „Die Aufhellung dessen, was in den verschiedenen Lebensbereichen als gerecht zu gelten hat, die Bereitung also des materialen Substrats der christlichen Liebe [...] ist in originärer Weise nicht Sache der Kirche und der Theologie, sondern der menschlichen Vernunft."[40]

Allerdings soll diese Abgrenzung nicht verschleiern, dass sich auch die Auslegung des Sittlichen durch biblische Texte und Lehramt wesentlich auf Vernunftakte stützt und ohne diese gar nicht gedacht werden kann. Das Christentum ist, auch aufgrund seines jüdischen Erbes, eine Religion, die ihre heiligen Schriften auszulegen, zu interpretieren und so zu plausibilisieren sucht. Um diese Einsicht bemüht sich auch die lehramtliche Tradition, wenn es um Fragen des Sittlichen geht.[41] Alle neuzeitlichen lehramtlichen Texte zur Sexual- und Beziehungsmoral, zu sozialen und ökonomischen Fragen, zu ökologischen oder medienethischen Themen wie nicht zuletzt zu biomedizinischen Fragestellungen sind argumentierender Art. Sie wollen das bessere Argument für das sittlich Richtige und Gute bereitstellen. Insofern ist das Plädoyer für eine theologisch-ethisch imprägnierte Vernunftmoral als ein „Plädoyer für die Vernunftgemäßheit sittlicher Aussagen in ihrer Bezogenheit zur Wirklichkeit, zur Offenbarung und zum kirchlichen Lehramt"[42] zu verstehen. Kurz: Moderne theologisch-ethische Konzeptionen wie die von Alfons Auer, Franz Böckle, Eberhard Schockenhoff oder Karl-Wilhelm Merks verabschieden gar nicht die tradierten Quellen moralischer Erkenntnis. Vielmehr werden in ihren Entwürfen diese Quellen ex-

---

[40] A. *Auer*, Autonome Moral und christlicher Glaube. Zweite Auflage, mit einem Nachtrag zur Rezeption der Autonomievorstellung in der katholisch-theologischen Ethik, Düsseldorf ²1989, 163.
[41] Siehe hierzu E. *Koller*, Wissenschaften (s. Anm. 7), die aufzeigen kann, dass etwa die Päpstliche Akademie der Wissenschaften den locus alienus *Wissenschaft* in die Morallehre zu integrieren in der Lage ist.
[42] K.-W. *Merks*, Fundamentalethik (s. Anm. 37) 163.

plizit einer Neuinterpretation unter Maßgabe der Vernunft unterworfen. Zu fragen ist dann, so nochmals Karl-Wilhelm Merks, nach der Reichweite der Quellen

> „unter modernen Erkenntnisbedingungen: Wie ist Moral heute sachgemäß, wirklichkeitsrelevant? Was bedeutet Offenbarung nach heutigem Verständnis für die Moral? Was kann und muss unter den modernen wissenschaftlichen und gesellschaftlichen Bedingungen die Funktion einer Lehrautorität sein?"[43]

Mit dieser Vorstellung, dass das Sittliche mit Hilfe der Vernunft erkannt werden kann und so auch das Vernunftgemäße ist, wird im Letzten das Grundkonzept der katholischen Moraltheologie als Naturrechtsmoral vertieft und neu gefasst. Sie ist

> „eine Moral, die mit der natürlichen Vernunft erkannt werden kann, vermittels einer Vernunft, die sich als Auslegerin der Hinweise versteht, die die Natur uns für die Moral(inhalte) gibt."[44]

4. Fazit. Vernunft, Beziehung, Liebe und Sexualität

Am Anfang des synodalen Weges stehen nicht, wie kritisiert wird, die Zeichen der Zeit, die Lebenswirklichkeit oder empirisch-humanwissenschaftliche Erkenntnisse. Am Anfang steht ein Vernunfturteil: „Wir stellen uns der schweren Krise, die unsere Kirche, insbesondere durch den Missbrauchsskandal, tief erschüttert."[45] Als krisenhaft wird der Missbrauchsskandal ge-

---

[43] Ebd., 164.
[44] Ebd.
[45] Satzung des Synodalen Weges. Angenommen durch den Beschluss der Vollver-

deutet, weil er konträr zu der Glaubensüberzeugung von der „Güte und Menschenfreundlichkeit Gottes" (Tit 3,4) steht. In Weiterführung dieses Urteils formuliert der Grundtext des Synodalforums IV:

> „Zwar ist die Sexuallehre unserer Kirche für die unerträglichen Akte sexualisierter Gewalt nicht unmittelbar ursächlich. Gleichwohl bildet sie einen normativen Hintergrund, der solche Taten offensichtlich hat begünstigen können."[46]

Damit stellen sich die Synodalversammlung wie auch die Texte des Synodalforums IV einer sittlichen Herausforderung: der Frage nach dem Guten und Gerechten. Und sie sehen einen tiefen Graben zwischen dieser Frage und den klassischen Antworten der kirchlich-lehramtlichen Sexualmoral. Allein die Wahrnehmung dieses Grabens ist ein Akt der vernünftigen Erkenntnis. Sie ist kein Glaubensakt, sondern fragt nach einem sittlichen Urteil. Vor diesem Hintergrund ist es vernunftgemäß, alle mit der Vernunft erkennbare Erkenntnis wahrzunehmen, zu sichten, auf ihre Plausibilität hin zu prüfen und diese zu gewichten. Hier finden die Zeichen der Zeit, die Erkenntnisse der Wissenschaften, das Zeugnis von Glaubenden ihren Ort. Sie mögen dann, je nach Lesart, keine originären Quellen der Moral sein, aber sie müssen in die vernunftgemäße Reflexion auf das Sittliche einbezogen werden. Ohne sie ist weder ein sittliches Urteil noch die Begründung einer Norm plausibel möglich, weil sie der Vernunft für ihr Urteil fehlen.

Das heißt auch: Über Beziehung, Liebe und Sexualität kann die Vernunft in sittlicher Hinsicht nur Auskunft geben, wenn sie

---

sammlung der Deutschen Bischofskonferenz am 25. September 2019 / Angenommen durch die Vollversammlung des Zentralkomitees der deutschen Katholiken (ZdK) am 22. November 2019; https://www.synodalerweg.de/fileadmin/Synodalerweg/Dokumente_Reden_Beitraege/Satzung-des-Synodalen-Weges.pdf.

[46] Synodalforum IV, Leben (s. Anm. 1), Präambel.

selbst alle ihr zur Verfügung stehenden Erkenntnisquellen nutzt und heranzieht. Vernunftgemäß kann nämlich ein sittliches Urteil nur dann sein, wenn es, wie schon die klassische Lehre der *fontes moralitatis* verlangt, sich selbst über Gegenstand, Absicht und Zweck wie auch die Umstände einer Handlung aufklärt. Das aber gelingt nur durch den Rekurs auf Wissenschaften, Alltag und Lebenswirklichkeit. Ohne diese bleibt die praktische Vernunft im Letzten blind.

Doch auch hier ist zu betonen: Das Primat der Vernunft gilt nicht nur für die synodalen oder theologischen Diskurse. Es ist auch der lehramtlichen Moral eigen. Das zeigt sich an den Veränderungen der päpstlichen Morallehre, die etwa Edeltraud Koller in ihrer Schrift über die Päpstliche Akademie der Wissenschaften eindrucksvoll nachgezeichnet hat.[47] Dazu gehören Veränderungen in individual- wie sozialethischen Fragen der Ehe, der Sklaverei, des Wuchers, der Religionsfreiheit, der Todesstrafe, der Menschenrechte oder des (gerechten) Krieges. Aber auch in der Art und Weise, wie die lehramtliche Moral wissenschaftliche Erkenntnisse rezipiert, zeigt sich das Primat der Vernunft. Sei es bei der Frage des Hirntodes, der atomaren Bedrohung oder der Welternährung.[48] Warum, so stellt sich die Frage, sollte der Rückgriff auf die Wissenschaften bei Fragen der Sexualität, der Beziehung und der Liebe nicht auch vernunftgemäß sein?

Allerdings sind dieser Vernunftorientierung sittlicher Erkenntnis auch Grenzen gesetzt. Vernunft selbst kann nicht absolut gesetzt werden. Das schreibt etwa der evangelische Systematiker Christian Polke einer katholischen Moraltheologie ins

---

[47] *E. Koller*, Wissenschaften (s. Anm. 7), bes. Teil II., 83–139.
[48] Siehe dazu etwa die Beiträge in: *Ch. E. Curran (Ed.)*, Change in official Catholic moral teachings (Readings in moral theology 13), New York u. a. 2003.

Stammbuch.⁴⁹ Dabei nimmt er gegen jede Hyperthrophie moralischen Urteilens sowohl die praktische Fehlbarkeit der Vernunft wie ihre Fallibilität in den Blick. Fehlbarkeit heißt, dass die Wahrheitsfähigkeit der Vernunft immer von Irrtum bedroht ist und sich auch praktisch irrt. Etwas, was sich gerade hinsichtlich der sozial- und humanwissenschaftlichen Vernunft immer wieder beobachten lässt: Hypothesen werden widerlegt, Theorien als falsch bewiesen, neue Studien legen andere Erkenntnisse nahe. Fallibilität meint darüber hinaus: „Die Vernunft, auch und gerade als ethische, partizipiert an der radikalen Sündhaftigkeit des Menschen."⁵⁰ Anders formuliert: Vernunft ist immer vorläufige, menschliche, stückwerkhafte Vernunft. Nach Polke darf deshalb nicht übersehen werden,

> „dass eine durch den Glauben aufgeklärte Vernunft vor allem um ihre eigene Rechtfertigungsbedürftigkeit wissen muss. Anderenfalls maßt sich die ethische oder moralische Vernunft an, in letztgültiger Weise das bestimmen oder es jedenfalls mitbedingen zu können, was ein Leben gut macht."⁵¹

Für die Grundthese, die ich am Eingang meines Beitrages vorgestellt habe – sittliche Erkenntnis ist Vernunfterkenntnis, auch in christlich-theologischen Kontexten – heißt das abschließend: Ja, ethisches Urteil lässt sich – auch in theologischer wie lehramtlicher Diktion – nicht jenseits der Vernunft denken. Sie ist als aufgeklärte und damit autonome Vernunft die zentrale Instanz sittlicher Urteilsfindung. Das zeigt nicht nur der dar-

---

[49] *Ch. Polke*, Prekäres Ethos – fallible Vernunft. Über das Protestantische einer Theologischen Ethik, in: *D. Bogner/M. Zimmermann* (Hrsg.), Fundamente theologischer Ethik in postkonfessioneller Zeit. Beiträge zu einer Grundlagendiskussion (Studien zur Theologischen Ethik 154), Basel/Würzburg 2019, 115–134.
[50] Ebd., 120.
[51] Ebd., 123.

gestellte Durchgang durch die moraltheologischen Konzepte des 20. und 21. Jahrhunderts. Das zeigt sich auch in den lehramtlichen Bemühungen um die Begründung des Richtigen und Guten – wie nicht zuletzt das biblische Zeugnis nur mit Hilfe der Vernunft plausibel und kommunikabel erschlossen werden kann. Zugleich aber ist stets zu bedenken, dass die Vernunfterkenntnis grundsätzlich „Stückwerk" (1 Kor 13,19) ist und bleibt. Sie steht damit immer wieder unter dem Anspruch, neu bedacht und revidiert zu werden. Das gilt auch für jede konkrete sittliche Erkenntnis.

Vertiefende Analysen und Weiterführungen

‚Am toten Punkt ...' und wie wir dorthin gekommen sind
Welche theologische und ekklesiologische Bedeutung hat das Nicht-Erreichen des Quorums?

von Johanna Rahner

1. Ein Scheitern mit Ansage oder zumindest mit Vorgeschichte

1.1. Der ‚Urknall'

Der Grundlagentext über das ‚Leben in gelingenden Beziehungen' ist bei der Abstimmung in der Versammlung des Synodalen Weges am 8. September 2022 durchgefallen. Obgleich über 80 Prozent der Synodalen dem Papier zugestimmt hatten, erreichte er nicht die notwendige Zweidrittelmehrheit der Bischöfe, stattdessen verweigerten fast 40 Prozent der Bischöfe dem Text die Zustimmung. Der als Beobachter der Belgischen Bischofskonferenz entsandte Bischof von Antwerpen, Johan Bonny, reagierte am darauffolgenden Tag mit einer klaren Stellungnahme: „Ich möchte mich in aller Demut und Freiheit an meine Mitbrüder im Bischofsamt wenden, denn ich habe hier wirklich nichts vorzuschreiben. Gestern hörte ich eine Schwester fragen: ‚Liebe Bischöfe, warum sollen wir bei Euch bleiben, wenn Ihr nicht bei uns bleibt?' Es ist keine leichte Aufgabe, heute Bischof zu sein. Außerdem erscheinen mir viele von ihnen müde und angespannt. Und das ist eine Schande. Der Weg ist noch lang und schwierig. Immer wieder bittet Papst Franziskus, dass wir Bischöfe bei unserem Volk bleiben, tief und eng mit unserem Volk verbunden. Ein Hirte darf und muss an seiner Herde riechen, sagte er. Und das ist auch meine Erfahrung: Wenn wir beim Volk Gottes bleiben, dann bleibt auch das Volk Gottes bei uns". Sollte Bischof Bonny Recht behalten – und viele spricht dafür –, dann haben wir es mit einem ekklesiologischen Grundsatzproblem aller erster Güte zu tun –und das fällt nicht vom Himmel.

1.2. 1968!

Profanhistorisch erinnert man an die Studentenunruhen, die von Paris ausgehend ganz Europa in Aufruhr versetzten, die letztendlich als Startsignal einer grundlegenden, gesellschaftlichen Neuorientierung zu gelten haben: 1968 dient bis heute als namengebender Identitätsmarker für Revolte, Veränderung, Umbruch, Neuorientierung, und es sind ‚die 68er', die die versteckten Machtdiskurse derer, die auf ‚die' Tradition und ‚das' Althergebrachte schwören, gnadenlos aufdecken, die eine Sprache, die doch nur die eigenen Machtinteressen strategisch verdeckt, schonungslos auseinandernehmen, die jedwede Autorität kritisch hinterfragen, Institutionenkritik zum Prinzip erklärten und alle bisher verbindlichen Normen und Werte grundlegend in Frage stellen. Sie fordern internationale Solidarität – ‚Vietnam' ist das eher kontingente Stichwort – und treten mit dem Versprechen an, das Individuum und die Subjektwerdung jedes/jeder Einzelnen zu stärken; Freiheit, Selbstverwirklichung und Gleichberechtigung in den Mittelpunkt zu stellen, und eine Dynamik in Gang zu setzen, deren Summe kein anderer Satz besser auf den Punkt bringt als der Wahlslogan der SPD unter Willy Brandt für die richtungsweisende Bundestagswahl 1969: ‚Mehr Demokratie wagen!'

Das Jahr 1968 ist aber auch in einer katholischen Binnenperspektive von besonderer Bedeutung; *Humanae vitae*, die ‚Pillenenzyklika' Pauls VI., geht als Dammbruch in die Geschichte der Katholischen Kirche ein. Mag man sich in der Diskussion um die Hermeneutik des 2. Vatikanischen Konzils noch darüber streiten, ob nur Reform, Kontinuität oder Bruch die angemessenen Metaphern für dieses Konzil sind, bei der Pillenenzyklika und vor allem den darauffolgenden Verwerfungen kann man nicht anders als von einem in die Wurzel gehenden Bruch zu sprechen. Es regt sich nicht einfach Widerstand; das Bewusstsein, dass sich etwas grundlegend verändern muss, hat jetzt auch die Katholikinnen und Katholiken erfasst. Während sich ein zentralistisch und hierarchisch orientierter Katholizismus endgültig mit der Moderne, aber auch mit einem breiten Konsens der eigenen Gläubigen überwirft und zugleich mit den im Konzil mühsam eingeübten Strukturen gemeinschaftlicher Wahrheitsfindung leichtfertig bricht, steuert z. B. der Katholikentag in Essen unter dem Motto „Mitten in dieser Welt" mit einem Alternativentwurf von Kirche entgegen. In dessen Mitte steht ein Konzept von Kirche in der Welt, das sich nicht mehr in die alten Formen der traditionellen Strukturmuster einfangen lässt. Vor allem der Ruf nach Beteiligung der Laien, die Veränderung von Gesellschaft (auch hinsichtlich der Geschlechterrollen) und der Widerspruch gegen die päpstliche Einstellung zur Empfängnisverhütung dominieren die innerkirchlichen Auseinandersetzungen, die nun während des Katholikentages in aller Öffentlichkeit ausgetragen werden, ein Novum in der Katholischen Kirche.

1968 – ein Wendejahr, nach dem nichts mehr so ist, wie es war, weil der letzte Versuch des Lehramtes, den *Sensus fidei fidelium* für irrelevant zu erklären und sich über das Gewissen der und des Einzelnen zu stellen, scheitert und der Streit darum die Katholische Kirche in eine Legitimationskrise führt, von der sie sich bis heute nicht erholt. Wie kaum ein anderer hatte Hans Küng damals das Gespür für die Brisanz der Lage. Einige Jahre später auf dem ‚Nebenschauplatz' der Unfehlbarkeitsdebatte inszeniert, stellt er – dogmatisch vielleicht nicht ganz korrekt, aber eben wirksam –, die entscheidende Frage: Wie hältst Du es als Kirche nach innen, in deinen ureigensten ‚inneren Angelegenheiten' mit der Gewissensfreiheit und wie passt das Bekenntnis zur Gewissensfreiheit und das Ins-Recht-Setzen von Glaubensgefühl und Gewissensentscheidung der Gläubigen zu den alteingesessenen Strukturen des Katholischen, die doch nur hierarchisch zu denken und sich selbst durch ein überzeitliches *ius divinum* zu ermächtigen vermögen. Im Rückblick muss man es sicher so formulieren: Der Weg zum ‚toten Punkt', an dem sich unsere Kirche heute befindet, hat vor gut 50 Jahren begonnen und wir scheinen an seinem fatalen Ende angekommen.

2. Wo der Hase im Pfeffer liegt: Demokratieskepsis in der DNA der Katholischen Kirche?

„Für eine kirchliche Demokratisierung lautet die heute gängige Argumentation: was außen ist, kann auf die Dauer innen nicht herausgehalten werden. Der Christ und Bürger, der in der politischen Demokratie lebt, stößt sich am Anblick einer Kirche, die so etwas wie eine halb-absolute Monarchie – mit effizienter Verwaltung, aber geringer Partizipation des Bürgers – zu sein scheint"[1] – so formulierte Hans Maier vor über 50 Jahren die entscheidende Einsicht und benennt damit die heute noch viel drängender empfundene ‚kognitive Dissonanz', die dadurch entsteht, dass Katholikinnen und Katholiken, jung oder alt, seit Jahrzehnten gewohnt sind, eine schizophrene Doppelexistenz zu führen, die sie als Glaubende schier zerreißt: Grundprinzipien des gesellschaftlichen Zusammenlebens, die im säku-

---

[1] H. *Maier*, Vom Ghetto der Emanzipation, in: *J. Ratzinger/H. Maier* (Hrsg.), Demokratie in der Kirche. Möglichkeiten und Grenzen, Limburg 2000, 49–77, 69.

laren Bereich als positiv, belebend und bereichernd erfahren werden (Mitbestimmung, Gleichberechtigung, repräsentative Strukturen, demokratische Abstimmungsprozesse etc.) dürfen in der Kirche keinen Ort haben. Aber dort, wo die eigene Lebenswelt – geprägt von einer Alltags-Erfahrung, die zwar Licht- und Schattenseiten kennt, aber eben auch die Selbstverständlichkeiten eines demokratisch-gleichberechtigten Miteinanders – im konkreten Gefüge in der Katholischen Kirche auf Dauer ein Fremdkörper bleibt, nimmt Kirche in ihrem Wesenskern, d. h. in der Glaubwürdigkeit ihrer Sendung Schaden.

Der immer wieder gehörte Satz, dass die Katholische Kirche keine Demokratie sei und auch nie werden könne, wirkt hier entlarvend. Warum eigentlich nicht? Weil man nicht über Glauben abstimmen kann …? Und doch tut man es – nicht nur am 8. September 2022 –, und man tut es in der unhinterfragten Überzeugung, dass Bischöfe besser wissen, was gut für das Volk Gottes ist, als dieses selbst. Das ‚lange 19. Jahrhundert' scheint immer noch nicht zu Ende. Denn genau so argumentierte kein geringerer als Guiseppe Perrone, der ‚Vater' der Römischen Schule: Der *sensus* beziehungsweise *consensus fidelium* ist für ihn „Ausdruck des allgemeinen Bewusstseins der Kirche und Niederschlag, Spiegelbild, Ausdruck der Verkündigung der lehrenden Kirche. Als solcher kann er der lehrenden Kirche wiederum dienen zur Feststellung der zu verkündenden oder der schon verkündeten Wahrheit"[2]. Dabei ist klar: „Die Gläubigen bezeugen nur, was ihnen von ihren Hirten gelehrt worden ist"[3]. So ist der *sensus fidelium* nichts anderes als das Spiegelbild der autoritativen Lehre des Lehramts, in dem sich die Bischöfe selbst erkennen (und im Notfall geht es auch ohne!). Wie unterschiedlich die Dinge dann

---

[2] Vgl. *W. Kasper*, Die Lehre von der Tradition in der Römischen Schule, in: W. Kasper (Hrsg.), Gesammelte Schriften Bd. 1, Freiburg 2011, 187.
[3] Ebd., 186.

doch deutbar sind, zeigt kein anderer als John Henry Newman, der aus dem mit Perrone geteilten Sachverhalt, ganz andere Konsequenzen zieht: Auch für Newman ist das Volk ein ‚Spiegel', „in dem sich die Bischöfe selbst erkennen", aber sehr wohl „so meine ich, kann jemand seinen Spiegel befragen (consult) und auf diese Weise etwas über sich selbst erkennen, was er auf keine andere Weise verfahren würde"[4]. Denn nach Newman ist der *sensus fidelium* eben „nicht nur Echo der Lehrverkündigung der Kirche, sondern er besitzt auch seine Unmittelbarkeit zum Heiligen Geist. Die apostolische Tradition ist nach Newman nämlich nicht allein der lehrenden Kirche anvertraut, was die Meinung Perrones ist, sie ist ‚der ganzen Kirche in ihren verschiedenen Organen und Ämter per modus unius (auf einmal) anvertraut. Damit steht aber das Zeugnis der Laien nicht nur in Abhängigkeit vom Zeugnis des Lehramts, sondern auch in polarer Spannung und in relativer Selbstständigkeit zu ihm" – so formuliert das vor über 50 Jahren kein Geringerer als Walter Kasper[5]. Will man sich nicht den Vorwurf der zynischen Arroganz der Mächtigen (Bischöfe) gegenüber der machtlosen Masse (Laien) einhandeln, oder das Wirken des Hl. Geistes in theologisch fragwürdiger Weise allein machtstrebig verfugen und damit die Römische Schultheologie ins 21. Jh. perpetuieren, so dürfte eine theologisch saubere Begründung im Falle eines Dissenses von Seiten der Bischöfe das Mindeste sein, was zu erwarten wäre.

Diese Begründungspflicht ist aber nicht nur eine moralische Verpflichtung, sie steht zugleich für ein verfassungsrechtliches Grundsatzproblem. Dazu sei an die Mahnung Hans Maiers im Vorfeld der ‚Gemeinsamen Synode der Bistümer der

---

[4] *J. H. Newman*, On Consulting the Faithful in Matters of Christian Doctrine; dt. Über das Zeugnis von Laien in Fragen der Glaubenslehre, in: *J. H. Newman* (Hrsg.), Ausgewählte Werke, Bd. 4, Mainz 1959, 269; zitiert nach, *W. Kasper*, Lehre (s. Anm. 2), 187.

[5] *W. Kasper*, Lehre (s. Anm. 2), 190.

Bundesrepublik Deutschland' erinnert: „Eine der wichtigsten Entwicklungen im 20. Jahrhundert in allen Verfassungsstaaten der Welt ist die schärfere Unterscheidung zwischen dem einfachen Gesetz und dem Verfassungsgesetz, die Bindung des ersten an das zweite und, beidem folgend, die Etablierung einer Verfassungsgerichtsbarkeit, die bei Streitfällen in Aktion tritt. Warum gibt es dafür in der Katholischen Kirche bisher kaum Analogien? Kann Rom auf Dauer unterhalb des Differenzierungsniveaus seiner weltlichen Rechtspartner bleiben?"[6]. Natürlich nicht! Und das nötigt, so Maier, zu einer kritischen theologischen Revision[7]. Und es nötigt dazu, endlich das ‚heiße Eisen' der Frage der Demokratisierung kirchlicher Entscheidungsprozesse beherzt anzugehen. Dazu benennt er zwei Transformationsprozesse von äußerster Dringlichkeit: „…einmal eine deutlichere Scheidung der bis jetzt noch einheitlichen Gewalten der Gesetzgebung, der Exekutive, der Judikative (Stichwort: kirchliche Verwaltungsgerichte unabhängig von der Exekutive; Hineinwachsen der Laien in die Teilhabe an der kirchlichen Gesetzgebung); und zum anderen eine deutlichere Scheidung zwischen der heiligen Gewalt, die unaufgebbar ist und mit dem Stiftungscharakter zusammenhängt, und jeder anderen politischen Gewalt in der Kirche" [8]. Gewaltenteilung in der Kirche? Teilhabe von Laien an der Legislative, d. h. an der Lehre der Kirche und an der Exekutive, d. h. an der Leitungsvollmacht? Gott bewahre, weil *iure divino* nicht möglich und damit nicht beliebig und insofern unveränderbar festzuhalten – so lautet wiederum die Standardantwort. Doch stimmt sie?

---

[6] *H. Maier*, Ghetto (s. Anm. 1), 97f.
[7] Müsste man nicht „deutlicher zwischen dem Unveränderlichen und dem Veränderlichen unterscheiden, zwischen der Substanz und dem, was sich im Lauf der Jahrhunderte an Gewohnheiten und Traditionen angesammelt hat?" (ebd., 97).
[8] Ebd., 75.

3. Ekklesiologische Dinosaurier: Oder: Was passiert, wenn das Kirchenrecht die Grenze des theologisch Möglichen vorgibt

„Eine Synode, eine Versammlung, ein Rat kann keine Entscheidungen treffen ohne die legitimen Hirten. Der synodale Vorgang muss sich im Leib einer hierarchisch strukturierten Gemeinschaft vollziehen. In einer Diözese, zum Beispiel, muss zwischen dem Prozess der Erarbeitung einer Entscheidung *(decision-making)* durch gemeinsame Unterscheidung, Beratung und Zusammenarbeit sowie dem pastoralen Treffen einer Entscheidung *(decision-taking)* unterschieden werden, das der bischöflichen Autorität zusteht, dem Garanten der Apostolizität und der Katholizität. Die Erarbeitung ist eine synodale Aufgabe, die Entscheidung ist eine Verantwortung des Amtes. Eine sachbezogene Ausübung der Synodalität muss dazu beitragen, das Amt der persönlichen und kollegialen Ausübung der apostolischen Autorität besser zu strukturieren, und zwar mithilfe der synodalen Ausübung der Unterscheidung vonseiten der Gemeinschaft"[9] – so formuliert die Internationale Theologische Kommission in ihrem Text zur Synodalität aus dem Jahr 2018. Nicht ohne Grund erinnert diese, der Unterscheidung von *decision-making* und *decision-taking* zugrundeliegende Differenzierung an jene Unterscheidung der Römischen Schule zwischen ‚organum' und ‚praesidium traditionis', die sich wiederum der prinzipiellen Unterscheidung von *Ecclesia docens* und *Ecclesia discens* verdankt. So legt sich die kritische Anfrage nahe, ob die, einer solchen Unterscheidung zugrundeliegende Denkform des 19. Jh. wirklich überwunden werden soll bzw. kann. Denn darin verbirgt eine grundsätzliche und auf Zukunft

---

[9] *Internationale Theologische Kommission*, Die Synodalität in Leben und Sendung der Kirche (Verlautbarungen des Apostolischen Stuhls 215), Bonn 2018, 69.

hin auch entscheidende Frage: Können die, stets aus der göttlichen Wesensbestimmung der Katholischen Kirche begründeten Exklusivität bischöflicher Entscheidungskompetenz und effektive synodale Strukturen, die gleichberechtigt sind, also auch demokratische Abstimmungsprozesse und Mehrheitsentscheidungen beinhalten, *überhaupt* zueinanderkommen?

Die Diskussionen um das Statut des ‚Synodalen Wegs' der Katholischen Kirche in Deutschland sind ein beredtes Beispiel dafür[10] und die Regularien des Synodalen Wegs zur doppelten Zwei-Drittel-Mehrheit ihre logische Konsequenz. Zu Recht hält Heribert Hallermann hier fest: „Wenn für eine künftige synodenähnliche Versammlung aus Bischöfen, anderen Klerikern und Laien Verbindlichkeit der Beschlüsse im Sinne bindender Gesetze einerseits und gleichberechtigtes Stimmrecht für alle Mitglieder andererseits gefordert wird, dann kann dieses Ziel unter Beachtung der für die Gesetzgebungskompetenz der Bischöfe allgemein geltenden Vorgaben nicht verwirklicht werden"[11]. Ist diese Aporie also unauflösbar?

An diesem ‚springenden Punkt' sei an einen Vorschlag Karl Rahners erinnert, der im Vorfeld der Würzburger Synode auf die Frage, ob es nicht doch mit der bischöflichen Struktur der Katholischen Kirche vereinbar sei, dass synodale Gremien mit Beteiligung von Laien nicht nur Beratungs-, sondern auch Entscheidungskompetenz haben, ausführt: Auch eine – als ‚göttliche Einsetzung' *(ius divinum)* – verstandene, unveräußerliche

---

[10] Der Brief des Rates zur Auslegung der Gesetzestexte vom 1. August 2019 an den damaligen Vorsitzenden der Bischofskonferenz, Kardinal Marx, wiederholt ja nur die bereits zitierte Passage aus dem Dokument der Internationalen Theologischen Kommission.

[11] H. *Hallermann*, Das Statut der Gemeinsamen Synode der Bistümer der Bundesrepublik Deutschland, in: W. Rees/J. Schmiedl (Hrsg.), Unverbindliche Beratung oder kollegiale Steuerung? Kirchenrechtliche Überlegungen zu synodalen Vorgängen, Freiburg 2014, 87–104, 102.

Wesensbestimmung von Kirche, wie es ihre bischöfliche Struktur sowie die Leitungs- und Jurisdiktionsgewalt als solche darstellt, bedarf, um angemessen verwirklicht werden zu können, der je konkreten, gegebenenfalls sogar situativen – als ‚Gebot der geschichtlichen Stunde' – Umsetzung, die auch kontextuelle Anpassungen *iure humano* beinhaltet: „Wird einem solchen Gebot der geschichtlichen Stunde [heute] gehorcht, dann bedeutet dies konkret, dass z. B. die Bischöfe andern, ihrem Klerus und dem Volke Gottes das Recht der Mitbestimmung als menschliches Kirchenrecht einräumen, an das sie sich im konkreten Einzelfall dann auch gebunden wissen"[12]. So wäre eine „Mitbestimmung aller Synodalen an Entscheidungen ... mit dem Recht des Episkopats iuris divini durchaus vereinbar, und könnte die situationsgerechte Konkretheit des Rechtes des Amtes sein"[13]. Also echte und unmittelbare Entscheidungskompetenz von Laien als Synodalen und die unveräußerliche Leitungsvollmacht des bischöflichen Amtes wären durchaus zusammen denkbar – kurz: Demokratie ist möglich, auch in der Katholischen Kirche!

Eine solche „aktive und bindende Mitbeteiligung des Volkes Gottes an den Entscheidungen der Bischöfe iure humano" schließt freilich nicht aus, „dass den Bischöfen letztlich ein verpflichtendes Einspruchsrecht gegen solche gemeinsam zu treffenden Entscheidungen, in denen sie überstimmt würden, zusteht, *wenn* eine solche Entscheidung nach dem Spruch ihres Gewissens die Reinheit und Integrität der christlichen Wahrheit und die auch institutionell notwendige Einheit der Kirche und die Verbindung der Partikularkirche mit dem Papst aufheben würde"[14]. Zu Recht verweist Karl Rahner an dieser Stelle darauf,

---

[12] K. *Rahner*, Zur Theologie einer ‚Pastoralsynode', in: SW 24/2, 430–441, 437.
[13] Ebd., 441.
[14] Ebd., 440.

dass ein solcher Gewissensvorbehalt auch im staatlichen Recht in demokratisch abgestimmten, parlamentarischen Entscheidungen besteht, wenn z. B. ein verabschiedetes Gesetz gegen die im Grundgesetz verbürgten Rechte verstoßen würde. Das erfordert aber (springender Punkt!) die Instanz einer kritisch prüfenden Verwaltungsgerichtsbarkeit (im Falle des Grundgesetzes: das Bundesverfassungsgericht). Prüfbarkeit setzt argumentative Begründungsfähigkeit und schlüssige theologische Argumente voraus. Hier kann man sich nicht einfach enthalten oder auf eine – wie immer auch zustandegekommene – ‚Amtsverpflichtung nach oben' verweisen! Eine solche verbindliche Prüfbarkeit, wenn sie denn allgemein akzeptiert würde, hat übrigens eine weitere, logische Konsequenz: Dass ein Bischof auch an eine Mehrheitsentscheidung, die er nicht teilt, gebunden sein sollte[15].

Damit all das Wirklichkeit werden könnte, wäre indes nicht nur eine innere Umkehr des Geistes, sondern eine grundlegende Veränderung des kirchlichen Rechts vonnöten, um kirchliche Entscheidungsprozesse im Sinne der Grundprinzipien von Re-

---

[15] Das macht folgende Passage aus einem, im gleichen Zeitraum erschienenen Beitrag Rahners zu ‚Freiheit und Manipulation in Gesellschaft und Kirche' deutlich: „Erst wenn wir einmal eine nationale Synode haben, die unter Umständen (iure humano) verbindliche Entscheidungen trifft, die für einen Bischof überraschend sein können, erst wenn im gegebenen Fall auch ein Bischof sich einem unparteiischen Schiedsgericht unterstellt, erst wenn Priesterräte, Seelsorgsräte usw. die genügende Selbständigkeit und Effizienz den Ordinariaten gegenüber haben, wenn mit anderen Worten die dauernd mögliche und notwendige Neubestimmung des Verhältnisses zwischen Freiheit und Manipulation selbst auch institutionell und nicht nur in der idealen Theorie oder im einfachen Zwang der Geschichte oder in der bloßen Kontestation von unten zur Kirche gehört, wird das Verhältnis zwischen Manipulation und Freiheit in der Kirche sowohl unaufgeregt als gleichzeitig auch in einer dauernden Bewegung sein, die die Erstarrung des bloß Traditionellen immer wieder auflöst" (ders., Freiheit und Manipulation in Kirche und Gesellschaft, in: SW 24/2, 663–686, 685f).

präsentativität, differenzierter Entscheidungsbefugnis, geteilter Verantwortung und entsprechender Kontrollmechanismen auszugestalten. ‚Checks and Balances' heißt das magische soziologische Zauberwort, damit wirklich gilt: „Das Normale und Ordentliche in der Kirche muss die kollektive und dialogische Wahrheitsfindung sein"[16]. Die zentrale Frage am Ende ist daher: Wird sich die Katholische Kirche überhaupt auf grundlegend demokratisch organisierte Entscheidungsprozesse einlassen können? Gründet die gescheiterte Abstimmung des Grundlagentexts „Leben in gelingenden Beziehungen" letztlich also in einem ggf. behebbaren ekklesiologischen Mangel oder spiegelt sich darin eine prinzipielle Inkompatibilität von Katholischer Kirche und Demokratie? Letzteres wäre dann aber nicht nur binnenkatholisch, sondern gesamtgesellschaftlich und verfassungsrechtlich von grundlegender Relevanz.

---

[16] W. Kasper/F. X. Kaufmann/F. Haarsma, Kirchliche Lehre – Skepsis der Gläubigen. Kirche im Gespräch, Analyse F. Haarsma, Stellungnahmen Walter Kasper/Franz Xaver Kaufmann, Freiburg 1970, 65.

Korrekturbedarf gegenüber der Tradition
Zur notwendigen Weiterentwicklung der lehramtlichen Sexual- und Beziehungsethik

von Stephan Ernst

Die lehramtliche Sexualmoral mit ihren strikten Verboten von künstlicher Empfängnisverhütung, Selbstbefriedigung, praktizierter Homosexualität und sexuellen Beziehungen vor und außerhalb der Ehe, mit ihrer Verurteilung von Wiederverheirateten Geschiedenen und ihrer Weigerung, die Existenz von Geschlechteridentitäten jenseits der Binearität von männlich und weiblich anzuerkennen, ist heute in unserer pluralen und säkularen Gesellschaft, aber auch innerhalb der katholischen Kirche selbst für eine überwiegende Mehrheit der Gläubigen obsolet geworden. Dies wird nicht nur in der beim Synodalen Weg abgelehnten Vorlage des Synodalforums IV „Leben in gelingenden Beziehungen – Grundlinien einer erneuerten Sexualethik" ausdrücklich festgestellt.[1] Es ist auch den Antworten aus den deutschen Diözesen auf den Fragebogen des Vatikans zur Vorbereitung der Dritten Außerordentlichen Vollversammlung der Bischofssynode 2014 deutlich zu entnehmen.[2] Danach erle-

---

[1] Vgl. *Synodalforum IV*, Vorlage für den Grundtext „Leben in gelingenden Beziehungen – Grundlinien einer erneuerten Sexualethik", A.2.1, S. 4: „Zu viele gläubige Menschen und Paare empfinden dagegen einen nicht mehr zu überbrückenden Abstand zwischen den Deutungen und Normierungen der kirchlichen Sexuallehre einerseits und ihren eigenen sexuellen Erfahrungen andererseits." – Die abgelehnte Vorlage ist einsehbar unter: https://www.synodalerweg.de/fileadmin/Synodalerweg/Dokumente_Reden_Beitraege/SV-IV/SV-IV_Synodalforum-IV-Grundtext-Lesung2.pdf (zuletzt abgerufen am 29.11.2022)

[2] Vgl. Zusammenfassung der Antworten aus den deutschen (Erz-)Diözesen auf die Fragen im Vorbereitungsdokument für die Dritte Außerordentliche

ben zwar viele Gläubige die Kirche als familienfreundlich. Die überwiegende Mehrheit aber hält die Sexualmoral für eine lebensferne und unverständliche autoritative und diskriminierende Verbotsmoral.[3] Das der kirchlichen Morallehre zu Grunde liegende Naturrecht ist den allermeisten Gläubigen unbekannt[4], Sexualität und Zeugung werden zunehmend als verschiedene Lebensbereiche wahrgenommen[5]. Voreheliche Lebensgemeinschaften[6] gelten – ebenso wie die wiederverheirateten Geschiedenen[7] – als eine nahezu flächendeckende pastorale Wirklichkeit.

Verstärkt wurden das Unverständnis und die Ablehnung der lehramtlichen Sexualmoral in der Öffentlichkeit und auch bei vielen Gläubigen durch die aufgedeckten Fälle von sexuellem Missbrauch durch Kleriker. Sie zeigen, dass auch die geweihten Amtsträger gegen die kirchliche Lehre der Sexualmoral verstoßen, und dies nicht nur in der bereits bekannten Form, dass sie in homo- oder heterosexuellen Beziehungen, mit Hilfe von Pornographie oder Prostitution ihre Sexualität ausleben, sondern auch in einer Form, bei der sie Gewalt und Unrecht gegenüber Minderjährigen oder von ihnen Abhängigen ausüben und deren oft schwere Traumatisierung für die Befriedigung ihrer eigenen sexuellen Wünsche in Kauf nehmen. Sicher kommt sexueller Missbrauch auch in anderen Einrichtungen und Institutionen sowie in zahlreichen Familien vor. Doch vor

---

Vollversammlung der Bischofssynode 2014" vom 3. Februar 2014, in: *Sekretariat der Deutschen Bischofskonferenz* (Hrsg.), Die pastoralen Herausforderungen der Familie im Kontext der Evangelisierung. Texte zur Bischofssynode 2014 und Dokumente der Deutschen Bischofskonferenz (Arbeitshilfen 273), Bonn 2014, 7–41.
[3] Vgl. ebd., Nr. 1a. 1d.
[4] Vgl. ebd., Nr. 2b.
[5] Vgl. ebd., Nr. 2c.
[6] Vgl. ebd., Nr. 4a.
[7] Vgl. ebd., 4c.

dem Hintergrund des hohen, inzwischen weit über alle gesellschaftlich nachvollziehbaren Normen hinausschießenden Ideals, das das Lehramt im Bereich der Sexualmoral aufgerichtet hat und aufrechterhält, ist der Sturz ihrer Elite besonders tief und peinlich.

Dass die oben genannte Vorlage des Synodalforums IV, die Perspektiven für eine erneuerte kirchliche Sexualmoral vorgestellt hat, jetzt gescheitert ist, hat nicht nur einen Dissens – vor allem innerhalb der Bischöfe – zu einer speziellen Einzelfrage, nämlich der Segnung homosexueller Paare deutlich gemacht. Der Dissens geht wesentlich tiefer. Hier prallen unterschiedliche Ansätze der Ethik aufeinander. Während viele die Notwendigkeit erkannt und die Bereitschaft entwickelt haben, in die Bewertung sexueller Verhaltensweisen die Einsichten der Humanwissenschaften einzubeziehen, wollen andere an den traditionellen Normen in diesem Bereich unerschütterlich festhalten und werfen ihren Kritikern vor, sich dem Zeitgeist anzupassen und die geoffenbarte Lehre über Ehe und Sexualität zu verraten.

In solchen Fällen scheint es notwendig, nicht nur über einzelne Normaussagen zu streiten, sondern die jeweilige Hermeneutik und die vorausgesetzten ethischen Begründungsansätze selbst zu thematisieren und auf ihre Tragfähigkeit hin zu überprüfen. Im Folgenden sollen deshalb die bisherigen Begründungsansätze lehramtlicher Sexualmoral vorgestellt und problematisiert werden (1). In einem zweiten Schritt soll danach gefragt werden, in welche Richtung sie weiterentwickelt werden müsste (2).

Stephan Ernst

1. Begründungsansätze lehramtlicher Sexualethik und ihre Problematik

Innerhalb der lehramtlichen Begründung sexualethischer Normaussagen lassen sich typisierend zwei Argumentationsmodelle identifizieren: ein naturrechtlich und ein personalistisch argumentierendes Begründungsmodell.

1.1. Das naturrechtliche Argumentationsmodell

Dieses Modell stellt von den Anfängen des Christentums an bis mindestens bis zum II. Vatikanum, aber auch darüber hinaus, den maßgeblichen Ansatz dar, wie ethische und damit auch sexualethische Normaussagen begründet werden. Nach diesem Modell besteht das grundlegende Kriterium dafür, welches sexuelle Handeln als erlaubt und welches als unerlaubt gilt, darin, ob es der Natur des Menschen, ihrer ursprünglichen Ordnung und ihrer inneren Zielausrichtung, entspricht oder nicht. Auf dieser Basis gilt nur dasjenige sexuelle Handeln als ethisch zulässig, das (a) innerhalb einer rechtmäßig geschlossenen und gültigen Ehe vollzogen wird, denn nur in der Ehe und durch die in ihr gegebenen Güter (Nachkommenschaft, Treue, Sakrament) werde – so bereits Augustinus[8] – die durch die Ursünde bedingte Verselbständigung des Begehrens und die damit gegebene Desintegration der menschlichen Natur wieder zurecht gebracht, und das (b) in jedem einzelnen Geschlechtsakt auf die Zeugung von Kindern hin offen ist, denn die Sexualität des

---

[8] Vgl. dazu die Darstellung bei K. Arntz, Gelingendes Leben in Ehe und Familie. Grundlegung der Sexualmoral, in: ders./M. Heimbach-Steins u. a. (Hrsg.), Orientierung finden. Ethik der Lebensbereiche, Freiburg/Basel/Wien 2008, 74–80. Vgl. auch Augustinus, De bono coniugali, vor allem Nr. 32 (Ed.: Augustine, De bono coniugali, De sancta virginitate, ed. and transl. by P. G. Walsh, Oxford 2001, 56–58.)

Menschen sei natürlicherweise auf dieses Ziel hingeordnet.[9] Umgekehrt gilt alles sexuelle Handeln vor und außerhalb der Ehe sowie jeder einzelne sexuelle Akt, der nicht auf Zeugung von Nachkommenschaft hin offen ist, also etwa Homosexualität, Selbstbefriedigung, und künstliche Empfängnisverhütung als unnatürlich bzw. widernatürlich (contra naturam) und damit als „in sich schlecht", als ausnahmslos unerlaubt und schwer sündhaft.[10]

Spätestens seit der Enzyklika *Humanae vitae*, in der Paul VI. mit solchen Argumenten die Verwendung aller künstlichen Kontrazeptiva verworfen hatte, wurde jedoch bei vielen Gläubigen und auch innerhalb der theologischen Ethik die naturrechtliche Begründung sexualethischer Normen in Frage gestellt. Kritisiert wurde die Möglichkeit einer Begründung ethischer Normen unter Rückgriff auf die menschliche Natur und ihre Teleologie. Zum einen wurde (a) darauf hingewiesen, dass sich solche naturgegebenen Zielausrichtungen der Natur des Menschen nicht wissenschaftlich eindeutig erkennen und nachweisen lassen. Sexualität ist in der Sicht der Humanwissenschaften zumindest polyvalent. Zum anderen wurde (b) deutlich gemacht, dass es selbst unter der Voraussetzung, dass sich solche Naturteleologien eindeutig erheben ließen, unzulässig wäre, daraus unmittelbar moralische Normen abzuleiten. Eine solche Ableitung durch den Schluss „unerlaubt, weil naturwidrig"

---

[9] Vgl. dazu *Thomas von Aquin*, Summa theologiae II, q. 154. a. 11. Thomas zählt hier im Bereich der Sexualität eine Reihe von Handlungen auf, die „*contra naturam*" seien, weil sie gegen die Natur und ihre innere Zielausrichtung (*inclinatio naturalis* auf die Zeugung und Erziehung von Nachkommenschaft) verstoßen.

[10] Diese Entwicklung führte zu einer juridischen Reglementierung des gesamten Sexuallebens im Sinne einer Akt- und Verbotsmoral. Vgl. als Beispiel dafür etwa H. *Jone*, Katholische Moraltheologie, Paderborn [18]1961.

bedeute, einen naturalistischen Fehlschluss zu begehen.[11] Zudem lassen sich gegen den weitergehenden – etwa in *Humanae vitae* unternommenen – Versuch, naturhafte Gegebenheiten unter Rückbezug auf den Willen und Plan Gottes zu legitimieren[12], zwei weitere Einwände erheben. Zum einen lässt sich (a) dafür keine Begründung aus der Heiligen Schrift angeben. Zum anderen ist (b) aus schöpfungstheologischen Gründen zu sagen, dass sich zwar alle weltliche Wirklichkeit, also alles, was ist und geschieht, restlos auf Gottes Wirken und damit auch auf seinen Willen *zurückführen* lässt, dass sich aber gerade deshalb einzelne Fakten oder Ereignisse in der Natur nicht noch einmal in besonderer und damit ethisch verpflichtender Weise als Wille Gottes deklarieren lassen.[13]

---

[11] Vgl. dazu D. *Birnbacher*, Analytische Einführung in die Ethik, Berlin 2003, 374–381; N. *Hoerster*, Ethik und Interesse, Stuttgart 2003, 86–90. – Ebenso B. *Schüller*, Die Begründung sittlicher Urteile. Typen ethischer Argumentation in der Moraltheologie, Düsseldorf ²1980, 216–235.

[12] Vgl. *Paul VI.*, Enzyklika *Humanae vitae* über die rechte Ordnung der Weitergabe menschlichen Lebens, (Nachkonziliare Dokumentation 14), Trier 1968, Nr. 11: „Gott hat ja die natürlichen Gesetze und Zeiten der Fruchtbarkeit in seiner Weisheit so gefügt, dass diese schon von selbst Abstände in der Aufeinanderfolge der Geburten schaffen." Ebd., Nr. 13: „Ein Akt gegenseitiger Liebe widerspricht dem göttlichen Plan, nach dem die Ehe entworfen ist, und dem Willen des ersten Urhebers menschlichen Lebens, wenn er der vom Schöpfergott in ihn nach besonderen Gesetzen hineingelegten Eignung, zur Weckung neuen Lebens beizutragen, abträglich ist. Wenn jemand daher einerseits Gottes Gabe genießt und andererseits – wenn auch nur teilweise – Sinn und Ziel dieser Gabe ausschließt, handelt er somit im Widerspruch zur Natur des Mannes und der Frau, und deren inniger Verbundenheit; er stellt sich damit gegen Gottes Plan und heiligen Willen."

[13] Vgl. etwa B. *Schüller*, Die Begründung sittlicher Urteile (s. Anm. 11), 231f. Vgl. auch S. *Ernst*, Grundfragen theologischer Ethik. Eine Einführung, München 2009, 39–44; vgl. ebenso P. *Knauer*, Handlungsnetze. Über das Grundprinzip der Ethik, Frankfurt am Main 2002, 144.

1.2. Das personalistische Argumentationsmodell

Nun ist freilich spätestens seit dem 2. Vatikanischen Konzil eine Veränderung in der Begründung sexualethischer Normen durch das Lehramt festzustellen. In den Mittelpunkt rückte ein *personalistisches Begründungsmodell*. Danach besteht das Kriterium für ethisch erlaubtes und unerlaubtes sexuelles Handeln darin, ob es in eine Beziehung personaler Liebe integriert ist oder nicht. Volle Sexualität (d. h. Geschlechtsverkehr) werde nur dann human und damit moralisch einwandfrei vollzogen, wenn sie in die vorbehaltlose Liebe integriert ist, in der sich Mann und Frau gegenseitig – im Sinne der Ganzhingabe – umfassend und vorbehaltlos als Personen achten und annehmen und sich selbst dem jeweils anderen ganz schenken.

Grundlage für diese Argumentation ist das Verständnis von Sexualität als Ausdrucksmedium personaler Liebe.[14] Voraussetzung dafür ist wiederum ein Verständnis des Menschen als „Geist in Leib", demzufolge sich die Seele im Leib ausdrückt und der Leib vom Geist durchlebt wird. Auf der Basis dieser anthropologischen Konzeption wird davon ausgegangen, dass die Liebe die leibliche Dimension wesentlich miteinschließt und sich darin ausdrückt, umgekehrt aber Sexualität nicht nur etwas Biologisches ist, sondern den Kern der Person betrifft. Deshalb werde sie nur dann auf humane und damit ethisch zulässige Weise vollzogen, wenn sie in eine Beziehung wahrer personaler Liebe integriert ist.[15] Außerhalb einer solchen personalen Beziehung der Ganzhingabe gehe der Sinn von Sexualität verloren, es

---

[14] Vgl. II. Vatikanum, Pastoralkonstitution über die Kirche in der Welt von heute *Gaudium et spes*, Nr. 49.
[15] Vgl. *Johannes Paul II.*, Apostolisches Schreiben *Familiaris consortio* (Verlautbarungen des Apostolischen Stuhls 33), hrsg. v. Sekretariat der Deutschen Bischofskonferenz, Bonn 1981, Nr. 11.

werde von Personen wie von Dingen Gebrauch gemacht, es komme zu einer „Zivilisation der Dinge".[16]

Ausgehend von diesem Verständnis werden dann verschiedene normative Aussagen neu begründet. Eine erste Konsequenz (a) besteht darin, dass *leibliche* Ganzhingabe nur dann human vollzogen werde, wenn sie Ausdruck *personaler* Ganzhingabe ist, wie sie allein in der (vor allem auch zeitlich) vorbehaltlosen, d. h. ehelichen und treuen Liebe besteht. Besteht dagegen z. B. noch ein zeitlicher Vorbehalt, ist durch die geschlechtliche Vereinigung etwas zum Ausdruck gebracht, was auf personaler Ebene nicht besteht. Die sexuelle Vereinigung werde damit zu einer *Lüge*.[17] Da eine solche vorbehaltlose Ganzhingabe aber nur innerhalb der Institution der Ehe verwirklicht sei, sei jeder außerhalb der Ehe vollzogene Geschlechtsverkehr ethisch unerlaubt.[18] Eine zweite Konsequenz (b) ergibt sich für die Frage der künstlichen Empfängnisverhütung. Denn jede künstliche Trennung der beiden Sinngehalte des ehelichen Aktes, nämlich der liebenden Vereinigung und der prokreativen Dimension, führe dazu, dass die geschlechtliche Vereinigung, die ihrer ganzen Natur nach ein vorbehaltloses Sich-Schenken der Gatten zum Ausdruck bringe, nun durch den Vorbehalt der künstlichen Kontrazeption objektiv zu einem Sich-nicht-ganz-Schenken und damit zu einer *widersprüchlichen Gebärde* werde.[19] So wird an den bisherigen sexualethi-

---

[16] Vgl. Verlautbarung des Päpstlichen Rates für die Familie „Menschliche Sexualität: Wahrheit und Bedeutung. Orientierungshilfen für die Erziehung in der Familie" (Verlautbarungen des Apostolischen Stuhls 127) hrsg. v. Sekretariat der Deutschen Bischofskonferenz, Bonn 1996, v. a. Nr. 10 und 11.
[17] Vgl. *Familiaris consortio* (s. Anm. 15), Nr. 11.
[18] Vgl. ebd. – Vgl. ebenso die Erklärung der Kongregation für die Glaubenslehre zu einigen Fragen der Sexualethik „Persona humana" (Verlautbarungen des Apostolischen Stuhls 1), hrsg. v. Sekretariat der Deutschen Bischofskonferenz, Bonn 1975, Nr. 7.
[19] Vgl. *Familiaris consortio* (s. Anm. 15), Nr. 32.

schen Normaussagen festgehalten, sie werden nur teilweise[20] anders, mit einem neuen Ansatz begründet.

An diesem personalistischen Argumentationsmodell ist sicher positiv hervorzuheben, dass für die ethische Bewertung sexuellen Handelns nicht mehr nur auf die Übereinstimmung sexueller Akte mit den angenommenen Zielausrichtungen der menschlichen Natur abgehoben wird, sondern dass die personale Dimension der gegenseitigen Liebe der Partner in den Mittelpunkt rückt. Sexualität wird als Ausdrucksmedium der Liebe und als eine positive und für die Liebe unverzichtbare Grundlage bejaht. Es wird unterstrichen, dass sexuelles Handeln an der Würde der Person des Anderen Maß zu nehmen hat, ihn nicht zum Objekt der Befriedigung eigener Bedürfnisse machen darf. Allerdings lässt sich auch hier eine Reihe von Einwänden vorbringen.

So lässt sich angesichts des Kriteriums, dass *leibliche Ganzhingabe* allein und ausschließlich angemessener Ausdruck für eine vorbehaltlose *personale Ganzhingabe* im Rahmen der ehelichen Liebe sein könne und andernfalls eine Lüge darstelle, fragen, wie sich die Forderung dieser strikten Korrelation begründen lässt. Ist die Ausdrucksbeziehung zwischen den verschiedenen Formen sexuellen Handelns einerseits und der personalen Beziehung andererseits tatsächlich so eindeutig festgelegt? Humanwissenschaftlich lässt sich dies kaum begründen. Unbestritten ist, dass volle sexuelle Gemeinschaft immer auch die Person berührt und deswegen nicht leichtfertig vollzogen werden sollte. Warum aber sollte es grundsätzlich ausgeschlossen sein, dass Geschlechtsverkehr angemessener Ausdruck auch für eine noch nicht völlig vorbehaltlose Liebesbeziehung ist, sondern ein Element des Weges darstellt, auf dem ein Paar

---

[20] Für das Verbot homosexueller Praxis wird weiterhin naturrechtlich argumentiert. Vgl. dazu Katechismus der Katholischen Kirche, Nr. 2357.

zusammenwächst und in der Liebe zunimmt? Lässt sich die personale Ganzhingabe tatsächlich am Bestehen einer institutionellen Ehe messen?

Auch lässt sich fragen, warum durch die Verwendung künstlicher Kontrazeptiva objektiv eine vorbehaltlose personale Beziehung unmöglich sein soll. Kann es nicht sein, dass der Ausschluss der Fruchtbarkeit aus dem einzelnen Liebesakt von anderen sittlichen Zielen her gerechtfertigt und verantwortlich ist, etwa wenn ein Paar noch nicht in der Lage ist, Kinder angemessen zu versorgen und zu erziehen?[21] Wird dadurch wirklich die volle personale Hingabe an den anderen zerstört? Wird mit diesem Argument nicht die Qualität der personalen Beziehung an die biologische Schicht der Person und damit wieder an die Natur gebunden?[22]

Weiter lässt sich fragen, wann überhaupt personale Ganzhingabe gegeben ist. Welches Paar kann sicher sein, ob seine Beziehung, die die Partner selbst als Liebe empfinden und bezeichnen würden, tatsächlich eine *vorbehaltlose* Ganzhingabe an den anderen ist? Ist dafür die formell geschlossene Ehe das entscheidende Kriterium? Doch kann es nicht auch außerhalb

---

[21] Vgl. dazu *P. Knauer*, Überlegungen zur moraltheologischen Prinzipienlehre der Enzyklika „Humanae vitae", in: ThPh 45 (1970) 60–74. – Ähnlich, aber weniger eingehend, argumentierte auch *J. Gründel*, Zehn Jahre „Humanae vitae", in: Theologie der Gegenwart 21 (1978) 197–198.
[22] So der grundlegende Einwand von Franz Böckle gegen die realistische Phänomenologie Karol Wojtyłas. Vgl. dazu: *F. Böckle*, Die moraltheologische Problematik der Empfängnisregelung, in: *P. Hünermann* (Hrsg.), Lehramt und Sexualmoral, Düsseldorf 1990, 48–63; *ders.*, „Humanae vitae" und die philosophische Anthropologie Karol Wojtyłas, in: *ders.* (Hrsg.), Ja zum Menschen. Bausteine einer Konkreten Moral, München 1995, 156–167; *ders.*, Was bedeutet „Natur" in der Moraltheologie?, in: *F. Böckle* (Hrsg.), Der Umstrittene Naturbegriff: Person – Natur – Sexualität in der kirchlichen Morallehre, Düsseldorf 1987, 45–68. – Vgl. zu diesem Einwand auch *S. Goertz*, Naturrecht und Menschenrecht. Viele Aspekte der kirchlichen Sexualmoral werden nicht mehr verstanden, in: HerKorr 68 (2014) 512.

der Ehe personale Beziehungen geben, für die die leibliche Ganzhingabe angemessener und wahrhaftiger Ausdruck ist? Ist die formell geschlossene Ehe eine Garantie für die Vorbehaltlosigkeit der Beziehung? Liegt nicht auch in vielen Fällen des ehelichen Verkehrs eine Lüge vor, weil die Vorbehaltlosigkeit personaler Ganzhingabe ein so hohes Ideal darstellt, dass es in der Realität des ehelichen Alltags ebenso selten verwirklicht sein dürfte wie in nicht-ehelichen, aber durchaus verbindlichen Formen des Zusammenlebens, in denen die Partner Verantwortung füreinander übernehmen?

Schließlich lässt sich auch fragen, ob wirklich jeder Verkehr, dem nicht eine vollkommen vorbehaltlose personale Ganzhingabe entspricht, schon ein Gebrauchen des Anderen als Objekt ist. Wird eine solche als ausschließlich suggerierte Alternative der Vielfalt menschlicher Beziehungen gerecht? Gibt es nicht dazwischen auch Abstufungen und durchaus Verantwortbares und Gutes?[23]

---

[23] In der Tat sieht das Apostolische Schreiben Johannes Pauls II. *Familiaris consortio* innerhalb der sog. „irregulären" Situationen Unterschiede. Während dieses Schreiben aber vor allem jeweils betont, dass diese Situationen für die Kirche nicht annehmbar sind und alles unternommen werden sollte, die in solchen Situationen lebenden Menschen zur christlichen Ehe zu bewegen (vgl. *Familiaris consortio* (s. Anm. 15), Nr. 80–84), geht es Papst Franziskus in seinem Nachsynodalen Apostolischen Schreiben *Amoris laetitia* bei allem Wissen um die „Irregularität" dieser Situationen doch darum, in diesen Formen des Zusammenlebens das Gute zu sehen und die Zeichen der Liebe und Verantwortung für einander hervorzuheben, „die in irgendeiner Weise die Liebe Gottes widerspiegeln". Vgl. dazu *Papst Franziskus*, Nachsynodales Schreiben *Amoris laetitia* (Verlautbarungen des Apostolischen Stuhls 204), hrsg. v. Sekretariat der Deutschen Bischofskonferenz, Bonn 2016, Nr. 294. Es geht ihm nicht um Ausgrenzung, sondern – im Sinne der „Logik der Integration" – um Barmherzigkeit und Eingliederung (vgl. ebd., Nr. 296).

2. Perspektiven einer verantwortungsethischen Konzeption der Sexualmoral

Ausgehend von solchen Bedenken sind in den letzten Jahrzehnten im Rahmen der theologischen Ethik und der Religionspädagogik Entwürfe einer Sexualethik vorgelegt worden, die konkrete sexualethische Normaussagen nicht mehr einfach aus Teleologien der Natur oder aus einer höchst voraussetzungsvollen Deutung der Einheit von Person und Leib ableiten, sondern die Einsichten der Humanwissenschaften einbeziehen.

2.1. Einbeziehung der Humanwissenschaften

So wurde zunächst die Einsicht in den vierfachen Sinn von Sexualität, den die Würzburger Synode herausgearbeitet hatte[24], aufgegriffen. Während in der Tradition nur die beiden Aspekte der Gemeinschaft und Zeugung als Sinndimensionen von Sexualität im Blick waren, wurde nun auch der Lustaspekt und der die Identität fördernde Aspekt von Sexualität hervorgehoben. Die vier Aspekte wurden dann in einer dynamischen Sicht[25] so gedeutet, dass nicht in allen Lebensphasen immer und in jedem einzelnen Akt alle vier Sinnaspekte verwirklicht sein müssen, damit das jeweilige Handeln ethisch legitim ist.[26]

---

[24] Vgl. Würzburger Synode, Arbeitspapier „Sinn und Gestaltung menschlicher Sexualität", in: Gemeinsame Synode der Bistümer in der Bundesrepublik Deutschland, Ergänzungsband: Arbeitspapiere der Sachkommissionen, Freiburg/Basel/Wien 1977, 163–183. Vgl. ebenso: Würzburger Synode, Beschluss „Christliche gelebte Ehe und Familie", in: Gemeinsame Synode der Bistümer in der Bundesrepublik Deutschland, Beschlüsse der Vollversammlung, Freiburg/Basel/Wien 1976, Nr. 2.2.1.1.

[25] Vgl. *E. Ell*, Dynamische Sexualmoral, Zürich/Einsiedeln/Köln 1972. – Darauf aufbauend: *W. Bartholomäus*, Glut der Begierde – Sprache der Liebe. Unterwegs zur ganzen Sexualität, München 1987.

[26] Auf der Grundlage dieses entwicklungspsychologischen Modells vertraten

In der Konsequenz wurde angedeutet, den Vollzug der sexuellen Vereinigung und die prokreative Dimension der Sexualität zu entflechten, wobei jede Dimension für sich angemessen zu verantworten sei.[27]

Eine konsequente Einbeziehung der humanwissenschaftlichen Erkenntnisse führte dann – etwa bei Bernhard Fraling[28] als einem der ersten Entwürfe – zu deutlich differenzierteren und situationsbezogenen Bewertungen etwa von vorehelicher Sexualität, Empfängnisverhütung, Masturbation und Homosexualität, als dies die lehramtlichen Äußerungen vorgeben.[29] Später wurden auch die Auswirkungen von gesellschaftlich und kulturell geprägten Körperbildern und Rollenverständnissen auf das Glücken und Misslingen sexueller Partnerschaft untersucht, was nicht nur zur Kritik an restriktiven Tendenzen aus der Vergangenheit christlicher und bürgerlicher Moral, sondern auch an derzeit kulturell bestimmenden und unterdrückenden

---

eine Reihe von Autoren die Auffassung, dass der Koitus auch ohne Verwirklichung des Zeugungsaspekts durchaus angemessener Ausdruck für eine dauerhafte Freundschaft auch vor der Eheschließung sein könne. Vgl. *W. Bartholomäus*, Glut der Begierde (s. Anm. 25), 232f. Ebenso *S. Pfürtner*, Kirche und Sexualität, Reinbek 1972, 226–231; *F. Böckle*, Geschlechterbeziehung und Liebesfähigkeit, in: *ders.* (Hrsg.), Triebwelt und Personalisation (Christlicher Glaube in moderner Gesellschaft 6), Freiburg 1981, 125.148f; *H. Ringeling*, Sexuelle Beziehungen Unverheirateter, in: *A. Hertz u. a.* (Hrsg.), Handbuch der christlichen Ethik, Bd. 2, Freiburg ²1979, 172. Bartholomäus hat darüber hinaus den Fruchtbarkeitsaspekt in einem weiteren Sinne der lebensschöpferischen und Leben spendenden Bedeutung ausgelegt, so dass er auch in der sexuellen Begegnung von älteren und alten Menschen und auch in Formen der autoerotischen und homoerotischen Praxis verwirklicht sein kann.

[27] Vgl. dazu *W. Korff*, Art. „Homosexualität III: Theologisch-ethisch", in: LThK³ Bd. 5, Sp. 254–260, hier 258.

[28] *B. Fraling*, Sexualethik. Ein Versuch aus christlicher Sicht, Paderborn/München/Wien/Zürich 1995.

[29] Vgl. ebd., 190–198.204–207.226–231.241–243. – Vgl. ebenso *H. Rotter*, Fragen der Sexualität, Innsbruck/Wien/München 1979; *ders.*, Sexualität und christliche Moral, Innsbruck/Wien 1991.

Vorstellungen und Bildern vom Körper und der Rolle von Mann und Frau führte.[30] Neueste Beiträge der Moraltheologie[31] greifen diese Ansätze auf und führen sie im Sinne einer Sexual- und Beziehungsethik weiter, in der die Beziehungsqualität und die gegenseitige Verantwortung füreinander leitend sind.[32] Hervorgehoben wird schließlich auch der fundamentale Wert sexueller Selbstbestimmung[33], die ihre Grenze an der Würde und an der Selbstbestimmung des jeweils anderen hat. Selbstbestimmung, die die Selbstbestimmung anderer achtet, wird zum zentralen Kriterium einer zeitgemäßen und lebbaren Sexualethik.

Insgesamt geht es also in der neueren theologischen Ethik weder um ausnahmslose Verbote noch um ein theologisch und anthropologisch überhöhtes und von der Alltagsrealität abgehobenes Ideal, an dem man nur scheitern kann. Ausgehend von einer realistischen, humanwissenschaftlich fundierten Erfassung der Wirklichkeit menschlicher Sexualität wird vielmehr nach einem verantwortungsvollen Umgang mit dieser Wirklichkeit in Partnerschaft und Liebe gefragt, bei dem im Blick auf die zentralen Werte situations- und personenbezogen abwägend zu urteilen und zu entscheiden ist. Im Unterschied zum naturrechtlichen und zum personalistischen Begründungsmodell ließe sich von einem *verantwortungsethischen* Ansatz sprechen.

---

[30] Vgl. R. *Ammicht-Quinn*, Körper – Religion – Sexualität. Theologische Reflexionen zur Ethik der Geschlechter, Mainz 1999. – Einen vergleichbaren Ansatz hat auf evangelischer Seite ausgearbeitet: *K. Lüthi*, Christliche Sexualethik. Traditionen, Optionen, Alternativen, Wien/Köln/Weimar 2001.

[31] *M. M. Lintner*, Den Eros entgiften. Plädoyer für eine tragfähige Sexualmoral und Beziehungsethik, Brixen ²2012; *K. Hilpert*, Ehe, Partnerschaft, Sexualität. Von der Sexualmoral zur Beziehungsethik, Darmstadt 2015.

[32] Vgl. ebd., 75. Ebenso *M. M. Lintner*, Eros entgiften (s. Anm. 31), 162.

[33] Vgl. etwa exemplarisch den Beitrag von *S. Goertz*, Naturrecht und Menschenrecht. Viele Aspekte der kirchlichen Sexualmoral werden nicht mehr verstanden, in: HerKorr 68 (2014) 509–513.

2.2. Verantwortungsethisches Argumentationsmodell – Grundlagen

Für das Konzept einer verantwortungsethischen Sexual- und Beziehungsethik ist es grundlegend, entgegen aller Lustfeindlichkeit und Dämonisierung sexueller Lusterfahrung den positiven, beglückenden und lebensförderlichen Wert von Sexualität herauszustellen und zu bejahen. Hier lässt sich an zahlreichen Aussagen des Lehramts, wie sie im Rahmen des personalistischen Ansatzes formuliert wurden, anzuknüpfen.[34] Sexualität ist primär keine Bedrohung für den Menschen, sondern ermöglicht ihm die Erfahrung von Lust, Genuss und Freude, sie ermöglicht die Erfahrung von erotischem Begehren und Begehrt-werden und ist – wie es bereits Thomas von Aquin formuliert[35] – die Grundlage für die Liebe zwischen Menschen, in der man mit dem anderen zusammen sein und das Leben teilen möchte. Sie ist schließlich auch die Grundlage für die Erfahrung der Weitergabe des Lebens, der Elternschaft und der Familie. Ohne Sexualität wäre eine solche Form der liebenden Beziehung zwischen Menschen, die – wenn sie gelingt – ein großes Glück für den Menschen darstellt, nicht möglich. All diese dadurch ermöglichten beglückenden Erfahrungen gehören mit zum positiven und lebensförderlichen Wert der Sexualität.

---

[34] Vgl. etwa: Päpstlicher Rat für die Familie, Menschliche Sexualität – Wahrheit und Bedeutung (Verlautbarungen des Apostolischen Stuhls 127), hrsg. v. Sekretariat der Deutschen Bischofskonferenz, Bonn 1996, Nr. 10/11: „Die Geschlechtlichkeit ist eine grundlegende Komponente der Persönlichkeit; sie ist eine ihrer Weisen zu sein, sich kundzutun, in Beziehung zu anderen zu treten, menschliche Liebe zu empfinden, auszudrücken und zu leben. [...] Die menschliche Geschlechtlichkeit ist folglich ein Gut: Teil jenes Schöpfungsgeschenkes, von dem Gott sah, dass es ‚sehr gut' war: er schuf den Menschen nach seinem Bilde und ihm ähnlich, und ‚als Mann und Frau schuf er sie' (Gen 1,27)."
[35] Vgl. *Thomas von Aquin*, Summa theologiae, Suppl. Q. 65, a. 1. – Vgl. dazu auch *P. Schmitz*, Der christliche Beitrag zu einer Sexualmoral, Mainz 1972, 35–39.

Ausgehend von diesem Wert menschlicher Sexualität ist in einem zweiten Schritt zu fragen: Wie kann Sexualität so gelebt und mit Sexualität so umgegangen werden, dass ihr beglückender und lebensförderlicher Wert nicht nur kurzfristig und für einen selbst, sondern auch *langfristig gesehen* und *im Ganzen* verwirklicht und gefördert wird? Mit dieser Frage sind die entscheidenden Kriterien für einen verantwortlichen Umgang mit Werten generell angegeben.[36] Zugrunde liegt die Einsicht, dass alles Handeln immer von einem bestimmten Wert begründet ist, bei seiner Verwirklichung aber immer auch zugleich Schäden und negative Konsequenzen verursacht oder zugelassen werden. Die Frage der Verantwortung lautet deshalb, wie hoch der Preis sein darf, um das jeweils erstrebte Gut zu verwirklichen. Verantwortliches Handeln zeichnet sich dadurch aus, dass die mit verursachten Schäden und Übel möglichst geringgehalten werden. Sie dürfen nicht *unverhältnismäßig* sein und vor allem nicht *kontraproduktiv* werden und den angestrebten Wert gerade zerstören oder mindern, und dies *langfristig gesehen* und *in universaler Perspektive*. Gerade diese *Entgrenzung* der eigenen kurzfristigen und selbstbezogenen Sicht- und Handlungsweise und demgegenüber das Bemühen um Nachhaltigkeit und der Blick auf das Ganze machen ethisches und verantwortliches Handeln – auch im Umgang mit dem Wert der Sexualität und Liebe – aus.

Die Frage, wie man in diesem Sinne Sexualität verantwortlich leben kann, lässt sich freilich weder aus vermeintlichen Sinnvorgaben natürlicher Zielausrichtungen noch aus einem intuitiv erfassten und höchst voraussetzungsvolles Leib-Seele-

---

[36] Zu diesem fundamentalethischen Ansatz vgl. *P. Knauer*, Handlungsnetze (s. Anm. 13); ebenso: *S. Ernst*, Grundfragen theologischer Ethik (s. Anm. 13), 197–230.

Verhältnis beantworten. Zur Beantwortung ist man vielmehr auf die *Erfahrung* mit der Wirklichkeit selbst angewiesen. Es ist danach zu fragen, welche Lebensformen sich im Blick auf den angegebenen Wert in der Wirklichkeit unserer Welt, Kultur, Gesellschaft und Geschichte tatsächlich bewähren und welche nicht. Dabei ist man wesentlich auf die Erkenntnisse der Humanwissenschaften zur Sexualität des Menschen angewiesen. Aus deren Einsichten lässt sich zwar nicht unmittelbar ableiten, was *langfristig und im Ganzen* zur Erfahrung des beglückenden Wertes menschlicher Sexualität führt, aber sie bilden die unhintergehbare Basis für die Beantwortung dieser Frage.

Dieser Ansatz bedeutet sicher, dass nicht bis in alle Einzelheiten hinein ein für alle Mal kulturübergreifend und geschichtsunabhängig feststeht, welches Sexualverhalten ethisch richtig und gut und welches ethisch falsch und verwerflich ist. Je nach kultureller und geschichtlicher Situation, aber auch nach der Lebenssituation des einzelnen kann das, was einen verantwortlichen Umgang mit Sexualität ausmacht, variieren oder sich auch aufgrund neuer humanwissenschaftlicher Einsichten oder gewandelter sozialer Gegebenheiten verändern. Andererseits bedeutet dieser Ansatz keinen heillosen Relativismus. Der Aspekt, dass der beglückende Wert der Sexualität in einer verantwortungsethischen Sexualmoral eben gerade nicht nur kurzfristig und egoistisch, sondern *langfristig* und *im Ganzen* in verhältnismäßiger und nicht-kontraproduktiver Weise zu verwirklichen ist, macht es möglich, auch Verhaltensweisen zu identifizieren, die unverantwortlich sind und nicht wieder durch andere positive Zwecke gerechtfertigt und geheiligt werden können. So lässt sich etwa Vergewaltigung oder sexuelle Gewalt gegen Minderjährige oder Abhängige als eine Art von Handlung identifizieren, die um der eigenen sexuellen Befriedigung willen Sexualität als beglückende Erfahrung für andere oft auch langfristig zerstört und unmöglich macht. Eine solche Handlung ist dann durch nichts zu rechtfertigen und ließe sich als „in sich schlecht" bezeichnen.[37]

Ob bestimmte Arten des Handelns tatsächlich geeignet sind, eine erfüllende Sexualität langfristig und im Ganzen zu ermöglichen oder ob sie der Verwirklichung dieses Ziel widersprechen, hängt eben nicht allein davon ab, was man sich wünscht, oder von einer vermeintlich guter Absicht, sondern davon, ob das, was man tut, angesichts der natürlichen Eigengesetzlichkeit der menschlichen Konstitution, aber auch der Eigendynamik gesellschaftlicher, geschichtlicher und kultureller Vorgegebenheiten auch tatsächlich das gewollte Ergebnis ermöglicht oder eher untergräbt. Damit aber wird das, was moralisch verantwortbar ist, nicht dem subjektiven Belieben überlassen, sondern hat seine Grenze an der Sache selbst und damit an der *Natur der Sache*. Damit ist das ursprüngliche und zentrale Anliegen der Lehre vom natürlichen Sittengesetz aufgegriffen.

2.3. Verantwortungsethisches Argumentationsmodell – Beispiele

In diesem Sinne lässt sich zunächst auf die ethische Problematik bestimmter sexueller Praktiken verweisen. So lässt sich für die Praktik von Cyber-Sex bzw. virtueller Sexualität zeigen, dass sie langfristig gerade denjenigen Wunsch unerfüllt lässt, dessen leichte und bequeme Erfüllung versprochen wird. Die sexuelle Erfahrung bleibt hier, weil der Kontakt eben nicht leiblich ver-

---

[37] Vgl. dazu *S. Müller*, Der Schutz von Minderjährigen vor sexuellem Missbrauch, in: MThZ 62 (2011) 22–32; ebenso: *S. Ernst*, „Ein Kleriker, der sich auf andere Weise gegen das sechste Gebot des Dekalogs verfehlt" – Anmerkungen und Anfragen aus moraltheologischer Sicht, in: *H. Hallermann u. a.* (Hrsg.), Der Strafanspruch der Kirche in Fällen von sexuellem Missbrauch, Würzburg 2012, 200–206.

mittelt werden kann, defizitär und lässt unerfüllt.[38] Ebenso lässt sich einsichtig machen, dass der Konsum von Pornographie nicht nur zu neuen Zwängen, Normierungen und Verklemmungen, sondern auch zu Fixierungen führen kann, die die Beziehungsfähigkeit stören und damit eine langfristig erfüllende Sexualität gerade verunmöglichen können. Problematische Folgen lassen sich aber auch generell für die völlige Enttabuisierung und Banalisierung der Sexualität zeigen. Es kommt zu Überforderung oder Lustlosigkeit. Schließlich ließe sich im Blick auf Prostitution individualethisch auf die menschliche Unerfülltheit dieser Art der Sexualität und sozialethisch auf teilweise herrschende Gewaltstrukturen verweisen.

Einsichtig machen lässt sich auch, dass ein Verhalten, in dem es nur darum geht, den anderen als Objekt und Gelegenheit zur Befriedigung der eigenen sexuellen Bedürfnisse zu gebrauchen, erfüllte Sexualität *im Ganzen* gerade nicht ermöglicht. Hier spielt die – auch vom lehramtlichen Personalismus immer wieder hervorgehobene – anthropologische Einsicht, dass sexuelle Beziehungen nicht an der Oberfläche bleiben, sondern auch die Person und Identität eines Menschen betreffen und verletzen können, eine zentrale Rolle. Daraus ergibt sich die Aufforderung, nicht leichtfertig, sondern bewusst und sorgsam mit der eigenen Sexualität und der Sexualität anderer umzugehen, also so umzugehen, dass Verletzungen des anderen und auch der eigenen Person vermieden werden. Andererseits lässt sich nicht jede vor- oder außereheliche sexuelle Beziehung damit gleichsetzen, dass der andere zum Objekt der Befriedigung der eigenen Begierden gemacht wird.

Allerdings scheint eine feste und verlässliche Beziehung der Liebe, in der die Partner füreinander einstehen und Verantwor-

---

[38] Vgl. *E. Kos*, Virtuelle Sexualität, in: *K. Hilpert* (Hrsg.), Zukunftshorizonte katholischer Sexualethik (QD 241), Freiburg/Basel/Wien 2011, 359–374.

tung füreinander übernehmen, der ermöglichende und förderliche Rahmen für eine langfristig und – aufgrund der gesellschaftlich stabilisierenden Auswirkung – auch im Ganzen erfüllend gelebte Sexualität zu sein. Dabei kann der institutionelle Rahmen der Ehe dazu beitragen, eine solche feste und verlässliche Beziehung, die die Partner sich ja selbst wünschen, gegen die eigene Anfälligkeit und Unzuverlässigkeit zu sichern. Auch bietet sie einen verlässlichen Rahmen, der die Entscheidung zum Kind erleichtert und Geborgenheit für das Aufwachsen von Kindern bietet.[39] Jedenfalls weist die geschichtliche und kulturelle Invarianz dauerhafter Paarbeziehungen, auch in einer institutionell geschlossenen Ehe auf die Bewährung dieser Lebensform durch eine lange Erfahrung von Menschen hin. Es bleibt aber die Frage, ob humanwissenschaftlich gesehen die institutionelle Ehe die einzige und allein angemessene Form eines Zusammenlebens darstellt, die erfüllend gelebte Sexualität langfristig und im Ganzen am ehesten ermöglicht. Die Ehe hat im Verlauf der Geschichte einen vielfachen Wandel erfahren. Durch die wesentlich längere Lebenserwartung der Menschen heute stellt sich die Frage erneut. Auch in nicht-ehelichen Lebensgemeinschaften wird die Erfahrung einer Beziehung gegenseitiger Liebe, in der die Partner verlässlich und verantwortlich zusammenleben und füreinander da sind, gemacht.[40]

Ähnliches lässt sich auch im Blick auf homosexuelle Beziehungen sagen. Sexualethisch entscheidend scheint auch hier die Beziehungsqualität zu sein. Jedenfalls müsste aus verantwor-

---

[39] Vgl. dazu Nachweise in: *S. Ernst*, Wert und Unwert – Nichteheliche Partnerschaften aus moraltheologischer Perspektive, in: *D. Burkard* (Hrsg.), Die christliche Ehe – erstrebt, erlebt, erledigt? Fragen und Beiträge zur aktuellen Diskussion im Katholizismus, Würzburg 2016, 175–180.
[40] Vgl. dazu *B. Laux*, Nichteheliche Partnerschaften und Ehe – Oder: Kann man Lebensformen bewerten?, in: *K. Hilpert/B. Laux* (Hrsg.), Leitbild am Ende? Der Streit um Ehe und Familie, Freiburg/Basel/Wien 2014, 149–166.

tungsethischer Sicht derjenige, der behauptet, homosexuelles Handeln sei ethisch unerlaubt und unverantwortlich, zeigen, welcher Schaden dabei eigentlich entsteht und dass es dafür keinen rechtfertigenden Grund gibt. (Dasselbe gilt auch im Blick auf Selbstbefriedigung.) Es genügt nicht, darauf zu verweisen, dass Homosexualität seltener ist als Heterosexualität, oder sie für widernatürlich zu erklären, weil man selbst keine solche Veranlagung hat oder es als unangenehm empfindet. Die Sexualmedizin jedenfalls kommt heute zu der Sicht, dass es sich um eine Normvariante der Natur und der menschlichen Beziehungsfähigkeit handelt. Verwiesen wird manchmal darauf, dass homosexuelle Paare keine Kinder bekommen können. Und sicher ist es ein großes Glück, Kinder zu bekommen und Kinder zu haben. Aber ist deswegen die nicht bestehende Möglichkeit, Kinder zu bekommen, ja auch – bei heterosexuellen Paaren – die Entscheidung, keine Kinder bekommen zu wollen, immer schon egoistisch und deswegen moralisch schlecht? Eine solche Bewertung tragfähig zu begründen, dürfte schwierig sein.

Schließlich lässt sich im Blick auf die Frage der künstlichen Empfängnisverhütung aus verantwortungsethischer Sicht Folgendes sagen: In *Humanae vitae* heißt es ausdrücklich, dass die Verwendung hormoneller Kontrazeptiva etwa *zu therapeutischen Zwecken* zulässig ist, weil in diesem Fall die Verhinderung der Fruchtbarkeit *nicht direkt angestrebt*, sondern *nur indirekt in Kauf genommen* wird.[41] Auf dieser Grundlage ließe sich aber sagen, dass es dann, wenn etwa ein Paar noch nicht angemessen für Kinder sorgen kann, gerade die Verantwortung für die Weitergabe des Lebens erforderlich macht, auf die Lebensweitergabe zu verzichten und sie zu verhindern. Es wäre kontraproduktiv und damit unverantwortlich, dennoch eine Schwangerschaft zu riskieren. Aus Sorge um das Wohl möglicher Kinder

---

[41] Vgl. *Paul VI.*, Enzyklika *Humanae vitae* (s. Anm. 12), Nr. 15.

ist dann aber die Verhinderung der Fruchtbarkeit *nicht direkt intendiert*. Die Handlung ist als „verantwortliche Familienplanung" und nicht als egoistische „Empfängnisvereitelung" zu bezeichnen, und dies unabhängig davon, ob als Weg die Ausnützung der natürlicherweise unfruchtbaren Zeiten oder ein künstliches Mittel verwendet wird.

Der Missbrauch als unumgänglicher Anstoß für eine Erneuerung katholischer Sexualethik

von Jochen Sautermeister

1. Die MHG-Studie als Anlass für den Synodalen Weg und seine Themen

Spätestens mit Veröffentlichung der MHG-Studie im Herbst 2018 konnte nicht mehr geleugnet werden, was zuvor schon oft genug ausgesprochen wurde: Der Missbrauch in der katholischen Kirche hat auch eine systemische Dimension. Die Taten sexualisierter Gewalt an Kindern und Jugendlichen durch Kleriker lassen sich nicht hinreichend als Vergehen und Verbrechen einzelner erklären, sondern hängen auch mit dem Agieren kirchlicher Verantwortungsträger zusammen, sodass die MHG-Studie zugleich auch eine kirchliche Führungskrise offenlegt. Es wurde deutlich, wie der Jesuitenpater Klaus Mertes feststellt,

> „dass Missbrauch nicht nur in der Missetat von Tätern an schutzbefohlenen Personen besteht, sondern auch in der Unfähigkeit – in einigen Fällen sogar im Unwillen –, diese Verbrechen disziplinarisch aufzuarbeiten. Es war nicht mehr von der Hand zu weisen, dass die Frage nach den Machtstrukturen tatsächlich auf die Tagesordnung gehört."[1]

Die Einrichtung des Synodalen Wegs stellt eine direkte Reaktion auf die Ergebnisse der MHG-Studie und eine Maßnahme dar, in der die Deutsche Bischofskonferenz das Zentralkomitee der

---

[1] *K. Mertes*, Den Kreislauf des Scheiterns durchbrechen. Damit die Aufarbeitung des Missbrauchs am Ende nicht wieder am Anfang steht, Ostfildern 2021, 17.

deutschen Katholiken (ZdK) gebeten hat, gemeinsam Konsequenzen zu erarbeiten, um sexualisierter Gewalt in der Kirche entgegenzuwirken und Perspektiven zu Aufarbeitung und Prävention zu erarbeiten. Die vier Themenkomplexe, die in den vier Synodalforen behandelt werden – (1) Macht und Gewaltenteilung in der Kirche – gemeinsame Teilnahme und Teilhabe am Sendungsauftrag, (2) Priesterliche Existenz heute, (3) Frauen in Diensten und Ämtern in der Kirche, (4) Leben in gelingenden Beziehungen – Liebe leben in Sexualität und Partnerschaft –, wollen daher als Beitrag zur „strukturellen Prävention"[2] verstanden werden.

Dieses Anliegen und die damit verbundenen konkreten Vorschläge für Reform, Weiterentwicklung und Neuakzentuierung wurden und werden jedoch von Kritikern nicht immer so gesehen – bis heute. Manche unterstellen den Befürwortern und Akteuren des Synodalen Wegs ganz andere Beweggründe, nämlich dass er vielmehr unausgesprochen dazu dienen solle, unter dem Deckmantel der Prävention Reformen in der katholischen Kirche durchzusetzen, die mit der Lehre der Kirche nicht vereinbar seien. Anstatt sich auf eine geistliche Erneuerung in Christus zu besinnen, beklagen manche einen „Missbrauch des Missbrauchs" und verstehen sich als eigentliche Fürsprecher für die Sache der Betroffenen.[3] Abgesehen davon, dass die Unterstellung unlauterer Motive ohne gute Gründe nicht nur aus

---

[2] *Mertes*, Den Kreislauf des Scheiterns durchbrechen (s. Anm. 1), 63.
[3] Der Präfekt des Dikasteriums für die Bischöfe Kardinal Marc Ouellet hat in seiner Ansprache beim interdikasteriellen Treffen mit den deutschen Bischöfen im Rahmen des Ad-limina-Besuchs am 18.11.2022 diese Sichtweise ebenfalls geäußert: „Es fällt schwer, sich des Eindrucks zu erwehren, dass die äußerst gravierende Angelegenheit der Missbrauchsfälle ausgenutzt wurde, um andere Ideen durchzusetzen, die nicht unmittelbar damit zusammenhängen." (https://www.vaticannews.va/de/vatikan/news/2022-11/wortlaut-ouellet-synodaler-weg-deutsch-kirche-bischoefe-kurie.html [abgerufen am 03.12.2022]).

moraltheologischer und moralpsychologischer Sicht ein zweifelhaftes Unterfangen ist, wird dies weder den Sacheinsichten in die spezifischen missbrauchbegünstigenden systemischen Faktoren gerecht, noch deckt sich dies mit der Wahrnehmung und Einschätzung Betroffener[4].

Jüngst sah sich der Vorsitzende der Deutschen Bischofskonferenz, Bischof Dr. Georg Bätzing, im Rahmen des Ad-limina-Besuchs der deutschen Bischöfe im November 2022 in Rom dazu veranlasst, auf diesen Zusammenhang nochmals ausdrücklich hinzuweisen. In seiner Einführung beim interdikasteriellen Treffen am 18. November 2022 brachte er diesen so eindrücklich und unmissverständlich zur Sprache, dass der genaue Wortlaut im folgenden längeren Zitat dokumentiert werden soll.

---

[4] So kritisiert der Sprecher des Betroffenenbeirats bei der Deutschen Bischofskonferenz und Beobachter des Synodalen Wegs Johannes Norpoth die Sichtweise von einer Instrumentalisierung des Missbrauchs durch die Reformanliegen des Synodalen Wegs mit ebenso klaren wie drastischen Worten: „Ich will versuchen, diplomatisch und wohltemperiert zu formulieren: nichts verstanden. Insbesondere die mittlerweile breit angelegten Studien und Erkenntnisse der Studien, die in den einzelnen Bistümern angefertigt worden sind, werden einfach negiert. Warum auch immer. Ich vermag mittlerweile nicht mehr die Kreativität aufzubringen, mir vorzustellen, wie man auf die Idee kommt, heutzutage immer noch davon zu reden, dass es ‚sogenannte' systemische Ursachen sind. […] Nichts verstanden, nichts kapiert. Das gilt generell für Menschen, die mit der Formulierung ‚Missbrauch des Missbrauchs' insbesondere gegenüber dem Synodalen Weg versuchen zu argumentieren. Noch schlimmer ist es, wenn es offizielle Vertreter der höchsten Leitungsebene unserer Kirche sind. Man muss dazu sagen, Kardinal Ouellet ist so lange im Geschäft. Der kennt bereits die ersten Missbrauchsstudien, die aus dem eigenen Hause ja in Auftrag gegeben worden sind, aus den 90er Jahren zur amerikanischen Bischofskonferenz. Im Jahr 2022, nach einer so langen Laufzeit, immer noch von ‚sogenannten' systemischen Ursachen bis hin zu – wörtlich muss wohl auch gefallen sein – ‚sogenannten Missbrauchsfällen' zu reden, das geht nun wirklich nicht. Das negiert quasi die Wirklichkeit und auch die wissenschaftlichen Erkenntnisse." (https://www.domradio.de/artikel/betroffene-kritisieren-aussagen-von-kardinal-ouellet [abgerufen am 03.12.2022]).

„Ich sage aber auch ehrlich, dass es Verwunderung ausgelöst hat, dass der Brief des Papstes auf den eigentlichen Ausgangspunkt des Synodalen Weges, nämlich den sexuellen Missbrauch, den mangelhaften Umgang damit durch kirchliche Autoritäten, die Vertuschung durch Bischöfe und auch die anhaltende Intransparenz in der Bearbeitung durch römische Stellen keinen Bezug nimmt. Liebe Schwestern und Brüder, ich darf darauf hinweisen: Heute ist der vom Papst initiierte jährliche Gedenktag für die Betroffenen sexuellen Missbrauchs in der Kirche. Für die meisten von uns Bischöfen ist nach der MHG-Studie von 2018 deutlich: Alle Bemühungen um Evangelisierung werden wenig fruchten, wenn nicht zuvor radikale Ehrlichkeit über Fehler und systemische Mängel in unserer Kirche dazu führen, konsequent, strukturell und bis hinein in die kirchliche Praxis und Lehre nach Umkehr und Erneuerung zu suchen. Nicht zuletzt haben nämlich bisherige Strukturen zum verheerenden Skandal sexuellen Missbrauchs an Minderjährigen geführt. Mich erstaunt schon der Eindruck aus einigen Gesprächen der vergangenen Tage, dass dies nicht alle unsere Gesprächspartner teilen.

Wir haben als Kirche viel Vertrauen verspielt und nur noch wenig Glaubwürdigkeit. Der Skandal des sexuellen Missbrauchs darf in keiner Weise kleingeredet oder relativiert werden. Zuallererst muss es uns um den Schutz von Minderjährigen gehen und darum, dass Missbrauch nicht mehr vorkommt. Durch ihn ist die Kirche bis ins Mark hinein verletzt. Die Autorität von uns Bischöfen wurde durch eigenes Verschulden fragwürdig. Diese Stunde ist eine der schwersten Krisen der Kirche und zugleich eine der schwersten Krisen des sakramentalen Dienstamtes der Priester und Bischöfe. Glaubwürdigkeit und Autorität müssen uns von den Gläubigen wieder neu zugeschrieben

werden. Nur so wird das Amt in der Kirche überhaupt wieder fruchtbar wirken können. […]
Wir als Bischöfe haben gehört und das hat uns dazu geführt, dass wir einen wichtigen Schritt gegangen sind und gemeinsam mit dem Zentralkomitee der deutschen Katholiken den Synodalen Weg der katholischen Kirche in Deutschland gestartet haben. Die dort behandelten Themen sind letztlich Konsequenzen aus der ‚Missbrauchs-Studie' (MHG-Studie), die wir Bischöfe in Auftrag gegeben hatten und deren Ergebnisse im Jahr 2018 vorlagen. Wesentlicher Inhalt der Studie ist, dass verschiedene Faktoren in der Kirche, die eng verwoben sind mit der Art und Weise, wie wir als Kleriker unsere Ämter verstanden und gelebt haben, Missbrauchs-Taten befördert und Missbrauchs-Ahndung behindert haben. […]
Insofern sind die Befassung mit Macht in der katholischen Kirche, die Befassung mit der katholischen Sexualmoral und auch das Nachdenken über die priesterliche Lebensform (= Themen von drei der vier Foren des Synodalen Weges) Konsequenzen aus der Notwendigkeit zur Aufarbeitung, Aufklärung und Prävention von sexuellem Missbrauch an Minderjährigen und seiner auch systemischen Ursachen. Diese Ursachen wollen wir aufbrechen, um wieder neu Vertrauen der Menschen in und außerhalb der Kirche zu gewinnen.
Einige werden einwenden, dass die genannten Themen, zu denen man noch die Frage nach der Rolle der Frau in der Kirche – nach meiner persönlichen Einschätzung die entscheidende Zukunftsfrage – hinzufügen muss, schon seit mehreren Jahrzehnten kontrovers diskutiert werden. Manche sprechen in diesem Zusammenhang sogar von einem ‚Missbrauch des Missbrauchs', der darauf ziele, eine angebliche Reformagenda durchzusetzen. Ich kann diese Kritik

nicht verstehen und frage zurück: Müsste es uns nicht vielmehr beschämen, dass es erst der Aufdeckung des sexuellen und geistlichen Missbrauchs bedurfte, damit wir uns mit jenen Aspekten der Verkündigung und des kirchlichen Lebens ernsthaft befassen, auf deren Problematik uns viele Gläubige und die theologischen Debatten schon seit Jahrzehnten aufmerksam machen? Heute müssen wir erkennen, dass die kritischen Stimmen nicht Ausdruck des Zeitgeistes, sondern der aufrichtigen Sorge um das Humanum und um eine glaubwürdige Verkündigung der Kirche sind. Es ist um des Evangeliums willen wichtig, dass wir diesen Stimmen Gehör schenken."[5]

2. Die Reformbedürftigkeit kirchlicher Sexualmoral

Nicht erst die Ergebnisse der MHG-Studie haben für die systemische Dimension sexualisierter Gewalt in der Kirche sensibilisiert. Bereits kurz nachdem der ehemalige Direktor des Canisius-Kollegs, Klaus Mertes, die dortigen Fälle sexuellen Missbrauchs bekannt gemacht hatte, brachte der Moraltheologe Konrad Hilpert, damals auch Sprecher der Arbeitsgemeinschaft der deutschen Moraltheologen, in der Aprilausgabe der Herder Korrespondenz des Jahres 2010 explizit die systemische Dimension des Missbrauchsgeschehens zur Sprache:

„[…] fest steht jedenfalls: es handelt sich bei sexuellem Missbrauch um schwere Verfehlungen einzelner, die Funktionsträger und Repräsentanten von Kirche sind – mögen sie im Übrigen auch gute Arbeit geleistet haben. Hätte man davon

---

[5] S. den Text unter: https://www.dbk.de/fileadmin/redaktion/diverse_downloads/presse_2022/2022-186b-Ad-limina-Interdikasterielles-Treffen-Einfuehrung-Bi.-Baetzing.pdf [abgerufen am 03.12.2022], 2.–4.

nicht wissen können oder sogar müssen? Diese Frage wird derzeit vor allem in der verschärften Variante diskutiert, ob die Missbrauchsfälle nicht ein ‚systemisches' Problem seien, also ein Resultat der Wechselwirkung zwischen der psychosexuellen Verfasstheit des Menschen einerseits und der Zölibatsverpflichtung der Priester und Ordensleute sowie der Sexuallehre der Kirche andererseits."[6]

In seinen weiteren Überlegungen weist Hilpert darauf hin, dass neben der psychosexuellen Disposition, dem Zölibat und der kirchlichen Sexualmoral noch weitere Aspekte wie eine idealisierte und überhöhte Spiritualität und die Tugend des Gehorsams zu berücksichtigen und zu diskutieren seien. Des Weiteren nennt er den Umgang der Kirche mit dem nicht Normgemäßen und dem Scheitern sowie die Gewinnung und Bildung des pastoralen Personals. Hilpert macht darauf aufmerksam, dass allein eine konsequentere Androhung und Durchführung von Strafmaßnahmen und verbesserte Richtlinien nicht ausreichen, um die Missstände zu beheben. Denn auch sozialpsychologische Dynamiken der Angst sowie Machtkonstellationen seien zu berücksichtigen.[7] Hinsichtlich der institutionellen Dimension empfiehlt Hilpert daher den Blick auf andere Organisationen und Einrichtungen, anhand derer auch die Kirche lernen könne.[8]

---

[6] *K. Hilpert*, Auch ein systemisches Problem? Sexueller Missbrauch und die Sexuallehre der Kirche, in: Herder Korrespondenz 64 (2010) 173–176, 174.
[7] Ebd., 176.
[8] Ebd., 176. – In der Folgezeit erschienen mehrere Publikationen, die sich mit dem Phänomen pädosexueller Gewalt in der Kirche befassen und dabei auch die institutionelle Dimension sowie problematische Aspekte der kirchlichen Sexualmoral thematisieren: *S. Goertz/H. Ulonska* (Hrsg.), Sexuelle Gewalt. Fragen an Kirche und Theologie, Berlin 2010. Später folgen weitere Publikationen, die die theologische und kirchliche Diskussion vorangebracht haben: s. etwa *W. Müller*, Verschwiegene Wunden. Sexuellen Missbrauch in der katholischen Kirche erkennen und verhindern, München 2010; *W. Müller/M. Wijlens* (Hrsg.),

Es wäre jedoch zu kurz gegriffen, wollte man das Aufdecken sexualisierter Gewalt in der Kirche und die Einsicht in die systemische Dimension des Missbrauchs als den einzigen Grund anführen, um sich für eine Erneuerung kirchlicher Sexualmoral einzusetzen. Vielmehr gab es schon seit längerem Kritik an konkreten sexualmoralischen Normen oder an der theologisch-anthropologischen Bewertung nicht-heterosexueller Lebensformen. Insbesondere im Nachgang der Enzyklika *Humanae vitae* (1968) von Papst Paul VI. und ihrer theologischen Vertiefung mit der „Theologie des Leibes" hatte Papst Johannes Paul II. die moraltheologischen Diskursräume eng gehalten, wie Eberhard Schockenhoff betonte:

> „Das Gewicht, das er [sc. Johannes Paul II.; J.S:] der Lehre bezüglich der Geburtenregelung beimaß, lässt sich schon daran erkennen, dass während seines Pontifikats die vorbehaltlose Zustimmung zu HV [sc. Humanae vitae; J.S.] ein entscheidendes Ausschlusskriterium für Bischofsernennungen und die Erteilung eines *nihil obstat*, d. h., der kirchlichen Lehrbefugnis als Professor(in) darstellte. In dem moralischen Rigorismus seiner Lehre und der Unnachgiebigkeit, mit der er sie durch disziplinäre Sanktionen durchsetzen wollte, erinnerte das Pontifikat von Johannes Paul II. an die letzten Jahre von Papst Pius XII. und seine vergeb-

---

Aus dem Dunkel ans Licht. Fakten und Konsequenzen des sexuellen Missbrauchs für Kirche und Gesellschaft, Münsterschwarzach 2011; *K. Kießling* (Hrsg.), Sexueller Missbrauch. Fakten – Folgen – Fragen, Ostfildern 2011; *E. Kos* (Hrsg.), Kirche als Chance (Vechtaer Beiträge zur Theologie 15), Berlin 2012; *G. Brüntrup/C. Herwartz/H. Kügler* (Hrsg.), Unheilige Macht. Der Jesuitenorden und die Missbrauchskrise, Stuttgart [2]2013 und das Themenheft der Münchener Theologischen Zeitschrift 62 (2011) Nr. 1 mit dem Literaturbericht *J. Sautermeister*, Literarische Rundschau zum Thema „Sexueller Missbrauch/Sexualisierte Gewalt", in: Münchener Theologische Zeitschrift 62 (2011) 72–83.

lichen Versuche, die sich anbahnende theologische Erneuerung durch disziplinäre Maßnahmen zu unterdrücken."⁹

Es ist bemerkenswert, dass nach 2010 auch innerhalb der deutschsprachigen Moraltheologie nun offener und deutlicher theologisch-ethische Kritik an der Aktmoral lehramtlicher Sexuallehre geübt und humanwissenschaftlich informierte Perspektiven für eine sexualethische Weiterentwicklung hin zu einer Beziehungs- und Persönlichkeitsethik gezeichnet wurden.¹⁰ Ob man sagen kann, dass das Aufdecken von Missbrauch einerseits die sexualmoralische Autorität des Lehramts in gewisser Weise schwächte oder gar diskreditierte und andererseits der moralische und wissenschaftliche Druck massiv anstieg und das Ventil für eine freimütige und konstruktive Kritik öffnete, bedarf einer eigenen wissenssoziologischen Untersuchung. Fest steht jedenfalls, dass bereits Jahre bzw. Jahrzehnte vor dem Erscheinen der MHG-Studie die Potenziale, aber auch die Grenzen der kirchlichen Sexualmoral in der Moraltheologie bekannt waren und – kirchenöffentlich auf der Würzburger Synode im Jahre 1975 und intern noch umfänglicher – diskutiert wurden. Spätestens mit der MHG-Studie wurde jedoch auch für die deutschen Bischöfe deutlich, dass einer differenzierten Kritik nicht mehr ausgewichen werden konnte, wenn man dem moralischen Anspruch von Aufarbeitung und Prävention Rechnung tragen und die Kirche wieder ihre Glaubwürdigkeit gewinnen will.

Vor diesem Hintergrund ist die Reformbedürftigkeit kirchlicher Sexualmoral also nicht einfach nur aus Gründen der

---

⁹ E. *Schockenhoff*, Die „Theologie des Leibes". Ausweg aus den Sackgassen der lehramtlichen Sexualmoral?, in: *S. Goertz/M. Striet* (Hrsg.), Johannes Paul II. Vermächtnis und Hypothek eines Pontifikats (Katholizismus im Umbruch 12), Freiburg i. Br. 2020, 114–143, 118.
¹⁰ S. hierzu *K. Hilpert* (Hrsg.), Zukunftshorizonte katholischer Sexualethik (Quaestiones disputatae 241), Freiburg i. Br., Basel, Wien 2011.

strukturellen Prävention gegeben, sondern es „stellen sich schon seit Jahrzehnten drängende Fragen an Sinn und Lebbarkeit der katholischen Sexualmoral. Durch den Missbrauch sind sie nur noch drängender geworden"[11], wie es Klaus Mertes auf den Punkt bringt. Die MHG-Studie hat jedoch den entscheidenden und unumgänglichen Anstoß gegeben, um auch kirchlich-institutionell konsequenter Schritte hin zu einer Erneuerung der katholischen Sexualethik zu gehen.[12]

3. Die MHG-Studie als Ausgangspunkt für eine Neuakzentuierung im Grundtext

Der Grundtext des Synodalforums IV „Leben in gelingenden Beziehungen – Grundlinien einer erneuerten Sexualethik" widmet sich dem Thema der katholischen Sexualmoral. Ziel ist die „Neuausrichtung einer Pastoral"[13] im Dienste der Evangeli-

---

[11] *Mertes*, Den Kreislauf des Scheiterns durchbrechen (s. Anm. 1), 65f.

[12] Im Nachgang zur MHG-Studie sind mehrere theologische Publikationen erschienen, die sich differenziert den Konsequenzen widmen: *M. Remenyi/T. Schärtl* (Hrsg.), Nicht ausweichen. Theologie angesichts der Missbrauchskrise, Regensburg 2019; *M. Striet/R. Werden* (Hrsg.), Unheilige Theologie!" Analysen angesichts sexueller Gewalt gegen Minderjährige durch Priester (Katholizismus im Umbruch 9), Freiburg i. Br. 2019; *K. Hilpert/S. Leimgruber/J. Sautermeister/G. Werner* (Hrsg.), Sexueller Missbrauch von Kindern und Jugendlichen im Raum von Kirche. Analysen – Bilanzierungen – Perspektiven (Quaestiones disputatae 309), Freiburg i. Br. 2020; *S. Kopp* (Hrsg.), Macht und Ohnmacht in der Kirche. Wege aus der Krise (Kirche in Zeiten der Veränderung 2), Freiburg i. Br. 2020; *J. Sautermeister/A. Odenthal* (Hrsg.), Ohnmacht. Macht. Missbrauch. Theologische Analysen eines systemischen Problems, Freiburg i. Br. 2021.

[13] Synodalforum IV, Grundtext „Leben in gelingenden Beziehungen – Grundlinien einer erneuerten Sexualethik." Online verfügbar unter: https://www.synodalerweg.de/fileadmin/Synodalerweg/Dokumente-Reden-Beitraege/SV-IV/SV-IV_Synodalforum_IV-Grundtext-Lesung2.pdf [abgerufen am 24.11.2022], 2.

sierung. Um die Kontinuität mit der kirchlichen Lehre zu wahren, spricht der Grundtext von einer Neuakzentuierung auf der Basis der theologisch-ethischen und theologisch-anthropologischen Prinzipien der kirchlichen Sexualmoral. Dabei ist aus humanwissenschaftlichen und theologischen Gründen eine „wesentliche Neuakzentuierung der kirchlichen Sexuallehre" sowie „die Überwindung einiger Engführungen in Fragen der Sexualität" nötig[14]:

> „Insbesondere die Lehre, die den Geschlechtsverkehr nur im Rahmen einer rechtmäßigen Ehe und nur in der ständigen Offenheit zur Zeugung von Nachkommen für ethisch legitim erachtet, hat zu einem weitegehenden Bruch zwischen Lehramt und Gläubigen geführt. Damit drohen andere wichtige Aspekte der Frohen Botschaft Gottes verdunkelt zu werden, die für die menschenwürdige Gestaltung der Sexualität befreiend wirken können."[15]

Der Grundtext liefert damit eine mehrdimensionale Begründung für eine Neuakzentuierung der kirchlichen Sexualmoral, indem human-, sozial- und sexualwissenschaftliche Erkenntnisse, theologisch-ethische Einsichten und pastoral-theologische Erwägungen konvergieren. Insofern sexualmoralische Abwertungs- und Abspaltungsmechanismen eine gesunde Integration von Sexualität in die Identität eines Menschen beeinträchtigen und Dynamiken der Scham und des Vertuschens begünstigen können wie auch die „systemische[…] Diskriminierung insbesondere gegenüber sexuellen und geschlechtlichen Minderheiten sowie wiederverheiratet Geschiedenen, die für die betroffenen Paare, Familien und Einzelpersonen viel Leid mit sich

---

[14] Synodalforum VI, Grundtext, 2.
[15] Synodalforum VI, Grundtext, 2.

bringt"[16], befördern, bedarf es auch aus Gründen der Aufarbeitung und Prävention einer solchen Neuakzentuierung:

> „Zwar ist die Sexuallehre unserer Kirche für die unerträglichen Akte sexualisierter Gewalt nicht unmittelbar ursächlich. Gleichwohl bilden sie einen normativen Hintergrund, der solche Taten offensichtlich hat begünstigen können."[17]

Ausdrücklich wird im Grundtext die MHG-Studie als Anlass für die Befassung mit Fragen der Sexualität und der kirchlichen Sexualmoral genannt und entsprechend zitiert:

> „Anlass für die Befassung mit Fragen von Sinn und Gestaltung menschlicher Sexualität im Rahmen des Synodalen Weges sind die (anhaltenden) Fälle sexualisierter Gewalt in der katholischen Kirche, die von Bischöfen und anderen kirchlichen Verantwortungsträgern über Jahrzehnte vertuscht wurden und deshalb in den meisten Fällen über Jahrzehnte ohne staatliche und kirchenrechtliche Strafverfolgung geblieben sind. Die bisherigen Ergebnisse ihrer Aufarbeitung belegen zwar keine unmittelbaren Zusammenhänge zwischen Missbrauch bzw. sexualisierter Gewalt und katholischer Sexualmoral. Die Studie betont aber, dass ‚das Augenmerk auch auf die für die katholische Kirche spezifischen Risiko- und Strukturmerkmale zu richten ist, die sexuellen Missbrauch Minderjähriger begünstigen oder dessen Prävention erschweren'. Ausdrücklich betont die MHG-Studie in diesem Zusammenhang, dass ‚Homosexualität (…) kein Risikofaktor für sexuellen Missbrauch [ist]' und belegt somit die Notwendigkeit einer Verände-

---

[16] Synodalforum VI, Grundtext, 4.
[17] Synodalforum VI, Grundtext, 1. Etwas später heißt es: „Wir sehen heute, dass kirchliche Sexualethik auch die Verbrechen der sexualisierten Gewalt in der Kirche begünstigt hat." (ebd., 2).

rung der kirchlichen Lehre in Bezug auf Partner*innenschaft und Sexualität. Gleichwohl erachtet die Studie es für ‚notwendig, sich damit zu beschäftigen, welche Bedeutung den spezifischen Vorstellungen der katholischen Sexualmoral zu Homosexualität im Kontext des sexuellen Missbrauchs von Minderjährigen zukommt'. Die angefertigten Gutachten und Studien im Vorfeld der Aufarbeitung sexualisierter Gewalt in den deutschen Diözesen benennen über die Sexualmoral und den Umgang mit Homosexualität hinaus den Mangel sexueller Reife und Bildung als systemische Ursache und als Risikofaktor für sexualisierte Gewalt und Grenzverletzung. Daraus folgt unmittelbar die Forderung, sexueller Bildung und Sexualpädagogik künftig einen neuen Stellenwert in pädagogischen und pastoralen Einrichtungen zu geben und personelle und sachbezogene Ressourcen dafür bereitzuhalten. Das setzt voraus, die Konzeption der kirchlichen Sexuallehre insgesamt in den Blick zu nehmen, um Ergänzungen und Neuakzentuierungen vorzunehmen."[18]

Die kirchliche Sexuallehre hat sich als ein Medium von Machtmissbrauch erwiesen und sexuellen Missbrauch in der Kirche und dessen persönliche und systemische Vertuschung begünstigt.[19] Eine Neuakzentuierung lehramtlicher Sexualmoral wäre daher – ungeachtet der theologisch-ethischen Diskussionen – allein schon aus Gründen der strukturellen Prävention und aus Gründen einer Aufarbeitung geboten, die sich an der Gerechtigkeit für die Betroffenen orientiert. Die problematische Rede

---

[18] Synodalforum IV, Grundtext, 3. Die Zitate stammen aus der Zusammenfassung der MHG-Studie vom 13.08.2018, (https://www.dbk.de/fileadmin/redaktion/diverse_downloads/dossiers_2018/MHG-Studie-Endbericht-Zusammenfassung.pdf [abgerufen am 03.12.2022]), 12f.
[19] Vgl. Synodalforum IV, Grundtext, 3.

vom Missbrauch des Missbrauchs verkennt dagegen die Konvergenz von human-, sozial- und sexualwissenschaftlichen Erkenntnissen sowie theologischen und ethischen Einsichten und versucht die Lehre von ihren Wirkungen zu entkoppeln. Das steht jedoch im Widerspruch zur Absicht christlicher Ethik, die in der erfahrbaren Heilszusage Gottes ihren ersten und letzten Grund hat und deren Aufgabe es ist, den humanen Anspruch des Christlichen – auch im Bereich von Beziehung, Persönlichkeit und Sexualität – rational auszuweisen und zu sichern.

Zwischen „männlich" und „weiblich" – eine Spurensuche im sexualmedizinischen Befund zur sexuellen Identität

von Andreas Lob-Hüdepohl

Fragen der sexuellen Identität eines Menschen umfassen verschiedene Aspekte und Dimensionen. Die fundamentalste Unterscheidung ist die zwischen der sexuellen Orientierung eines Menschen und seiner geschlechtlichen Identität.[1] Hinsichtlich der sexuellen Orientierung wird üblicherweise zwischen einer Heterosexualität, einer Homosexualität, einer Bisexualität und einer Asexualität unterschieden. In ihr fließt zudem eine sexuelle Präferenz[2] ein, die sich in der Bevorzugung eines bestimmten Lebensalters der:s Partners:in oder einer bestimmten Sexualpraktik manifestiert. Geschlechtliche Identitäten betreffen die Selbstverständnisse beziehungsweise Selbsterfahrungen einer Person als Cis*frau oder Cis*mann sowie Inter* oder Trans*. Sexuelle Orientierung und geschlechtliche Identität treten in allen Kombinationen auf: Eine Cis*frau kann bisexuell, ein Trans*mann heterosexuell, eine Inter*person asexuell und ein Cis*Mann homosexuell orientiert sein. Ähnliches gilt für die sexuelle Präferenz, wobei eine asexuell orientierte Person naheliegender Weise keine sexuelle Präferenz ausgebildet hat. Die jeweiligen Kombinationen bilden in amalgamierter Form die spezifische sexuelle Identität eines Menschen.

---

[1] Vgl. *U. Rauchfleisch*, Sexuelle Orientierungen und Geschlechtsentwicklungen im Kindes- und Jugendalter, Stuttgart 2021.
[2] Dazu etwas abweichend *Klaus M. Beier*, der die sexuelle Orientierung unter die sexuelle Präferenz fasst. Vgl. *K.M. Beier*, Pädophilie und christliche Ethik, in: Stimmen der Zeit 231 (2013) 747–758. Herv. i. O.

Überformt wird die Frage der sexuellen Identität nochmals durch das Verhältnis des biologischen und des sozialen Geschlechts. Dieser Überformung bleibt in der nachfolgenden Spurensuche weitgehend unberücksichtigt.³ Ihr Hauptaugenmerk liegt auf den biologisch-sexualmedizinischen Konstitutionsbedingen sexueller Identität – insbesondere auf den biologisch-sexualmedizinischen Konstitutionsbedingungen der Geschlechtsidentität.

1. Sexuelle Orientierungen und Präferenzen

Die biologisch-sexualmedizinischen Einsichten betreffen zunächst die Entstehung bzw. Entwicklung der sexuellen Orientierung. Unter sexueller Orientierung wird in sexualmedizinischer Hinsicht jede „lebenslang überdauernde, tief in der Persönlichkeit verankerte *sexuell-erotische Attraktion* durch und Ausrichtung auf Angehörige des eigenen, des anderen oder beider Geschlechter"[4] verstanden. Der biologisch-sexualmedizinische Befund zur Entstehung und Entwicklung der sexuelle Orientierung ist für die Neuakzentuierung einer christlichen Sexualethik insofern von besonderem Interesse, weil bestimmte sexuelle Orientierungen über eine lange Zeit hinweg pathologisiert wurden. Im besonderen Fokus lehramtlicher Beurteilungen stand

---

[3] Vgl. meinen Beitrag „Verengungen humanwissenschaftlicher Erkenntnisse?" in dieser Publikation (88–99).

[4] K.M. *Beier/K. Loewit/H.A.G. Bosinski*, Anthropologische Grundlagen, in: dies. (Hrsg.), Sexualmedizin. Grundlagen und Klinik sexueller Gesundheit, München ³2021, 45–126, 86. Zur sexuellen Orientierung werden üblicherweise vier Ebenen gezählt: 1. Ebene der physiologischen Reaktion (Sexuelle Erregung bei erotischen Stimuli); 2. Ebene der Phantasie (sexuell-erotische Tagträumerei); 3. Ebene des Verhaltens (tatsächliche sexuelle Interaktion mit Angehörigen des eigenen oder eines anderen Geschlechts); 4. Ebene der Selbsteinordnung (homo-, heteoro-, bisexuell). Vgl. ebd, 88.

und steht die Homosexualität zwischen zwei Männern. Sie wurde bis in die jüngste Gegenwart als krankhafte Fehlentwicklung einer „gesunden" sexuellen Reifung interpretiert und bewertet.[5] So lag und liegt es nahe, solchermaßen homosexuell „Erkrankten" ein therapeutisches Angebot – etwa in Form von „Konversationstherapien" – zu machen und sie von ihrem mutmaßlichen Leidensdruck zu befreien.

Demgegenüber deutet der biologisch-sexualmedizinische Befund unzweideutig darauf hin, dass es sich bei der homosexuellen Orientierung um eine „Normvariante menschlicher Liebesfähigkeit"[6] handelt. Zweifelsohne ist die sexuelle Orientierung eines Menschen von sehr vielen Faktoren abhängig, die im Verlauf seiner Lebensgeschichte als je spezifische biopsychosoziale Einflüsse auf ihn einwirken. Ein bedeutender prädisponierender Faktor ist dabei auch die je spezifische Entwicklung des Gehirns einer Person. *Hartmut Bosinski* beschreibt diesen prädisponierenden Faktor anhand des Modells der „pränatalen Gehirnandrogenisierung". Im Verlauf der pränatalen Entwicklung des Gehirns wirken Androgene als virilierende, also „vermännlichende" Sexualhormone ein. Diese begünstigen eine hirnorganisches Wahrnehmungs- und Erlebensschema, das in der Regel zu einer heterosexuellen Orientierung führt. Diese Androgene werden im Hoden und der Nebenniere, aber in gewissen Mengen auch in den weiblichen Eierstöcken gebildet.

---

[5] Vgl. *S. Goertz*, Zwischen „himmelschreiender Sünde" und „Geschenk der Liebe". Konzepte und Bewertungen von Homosexualität in der Moraltheologie und im römischen Lehramt, in: *ders.* (Hrsg.), „Wer bin ich, ihn zu verurteilen?" Homosexualität und katholische Kirche (Katholizismus im Umbruch 3), Freiburg i. Br. 2015, 175–236.

[6] *K.M. Beier/K. Loewit/H.A.G. Bosinski*, Anthropologische Grundlagen (s. Anm. 4), 90. Sie folgen damit der *American Psyiatric Association,* die sich bereits 1973 in einem Grundsatzbeschluss von einer Pathologisierung von Homosexualität distanzierte. Dies ist spätestens durch den *ICD-10* der *WHO* unbestrittener Standard.

Fehlen in bestimmten Phasen der embryonalen Gehirnentwicklung die notwendige Zahl an Androgenrezeptoren, kann es „zur partiellen Demaskulinisierung/Feminisierung bestimmter Hirnstrukturen und -funktionen und entsprechend zu einer eher femininen Ausprägung kognitiver, emotionaler und behaviorale Merkmale"[7] kommen. Diese Befunde können offensichtlich bei homosexuell orientierten Frauen (atypisch hohe Androgenwirkung) wie Männern (atypisch niedrige Androgenwirkung) beobachtet werden. Die Ursachen für die unterschiedlich ausgeprägte Adrogenwirkung werden in polygenetischen und epigenetischen Wechselwirkungen vermutet.[8]

Die unterschiedlichen Verläufe pränataler Gehirnentwicklung können zwar als *ein* Faktor eine prädisponierende, niemals aber eine determinierende Wirkung auf die Entwicklung der sexuellen Orientierung eines Menschen entfalten. Diese selbst manifestiert sich erst im Verlauf der Pubertät. Zugleich scheidet jedwede Form von sogenannten „Konversations-" oder „Reparaturtherapien" aus, mit deren Hilfe sich Betroffene aufgrund moralischer Skrupel, religiöser Überzeugungen oder Angst vor gesellschaftlicher Stigmatisierung von ihrer homosexuellen Orientierung meinen „befreien" zu können. Sie können eine solche „Reparatur" oder „Befreiung" nicht nur nicht bewirken, sondern führen in der Regel zu psychisch desaströsen Belastungen der Therapeutisierten – bis hin zu einer deutlich erhöhten Suizidalität.[9]

---

[7] *H.A.G. Bosinski*, Eine Normvariante menschlicher Beziehungsfähigkeit. Homosexualität aus Sicht der Sexualmedizin, in: *S. Goertz* (Hrsg.), „Wer bin ich, ihn zu verurteilen?" (vgl. Anm. 5), 91–130, 119.

[8] Vgl. ebd., 103.

[9] Vgl. *J.P. Dehlin/R.V. Galliher/W.S. Bradshaw* et al, Sexual orientation change efforts among current or former LDS church members, in: Journal of Counseling Psychology 62 (2015) 95–105. http://dx.doi.org/10.1037/cou0000011

In ähnlicher Weise wie die sexuelle Orientierung bilden sich in der Pubertät auch die sexuellen Präferenzen aus – etwa hinsichtlich des körperlichen Entwicklungsalters (kindliches, jugendliches oder erwachsenes Körperschema) oder der spezifischen sexuellen Praktiken („genitale Fixierung", „Fußfetischismus" „Masochismus" usw.). Alle diese Präferenzen bleiben über die ganze Lebensspanne mehr oder minder stabil. Als wesentlich auch biologisch verortete Geschehnisse bleiben sie weitgehend einer bewussten Formung durch das Individuum entzogen.[10] Freilich sind sexuelle Präfenzen damit keinesfalls jeglicher Kontrolle oder gar einer moralischen Beurteilung entzogen. Zwar entzieht sich das bloße Vorhandensein einer bestimmten sexuellen Präferenz einem moralischen Urteil. Das gilt aber nicht automatisch für deren Ausleben. Mit Blick auf die sexuelle Präferenz der Pädophilie kommt es zu sexuellen Handlungen an und mit Kindern bzw. Jugendlichen, die unweigerlich schweren Schaden verursachen. Ähnliche Schäden können beispielsweise auch sadomasochistische Präferenzen auslösen.[11] Deshalb sind dem Ausleben sexueller Orientierungen wie Präferenzen immer dann entschieden Grenzen zu setzen, wo sie andere in deren sexuellen Identität wie ihrer leiblichen Integrität schädigen.

2. Bipolar statt strikt binär: die biologische Vielfalt geschlechtlicher Identitäten

Im Unterschied zur sexuellen Orientierung und Präferenz betrifft die geschlechtliche Identität das Selbstverständnis beziehungsweise die Selbsterfahrung einer Person als Cis*frau oder

---

[10] Vgl. *K.M. Beier*, Pädophilie und christliche Ethik (vgl. Anm. 2), 749ff.
[11] Vgl. *K.M. Beier*, Störungen der sexuellen Präferenz (Paraphilien/paraphile Störung), in: *K.M. Beier/K. Loewit/H.A.G. Bosinski* (Hrsg.), Sexualmedizin (vgl. Anm. 4), 459–505, bes. 472–479.

Cis*mann sowie Inter* oder Trans*. Auf den ersten Blick werden für gewöhnlich Menschen biologisch entweder mit einem weiblichen oder einem männlichen Geschlecht geboren – eine biologische Grundlage, die sich im Wechselspiel mit vielfältigen äußeren Faktoren zu einer geschlechtlichen Identität entwickelt und sich mit den jeweiligen sexuellen Orientierungen und Präferenzen zur sexuellen Identität amalgamiert. In außergewöhnlichen Fällen lässt sich das biologische Geschlecht jedoch schon im ersten Augenschein nicht eindeutig als ‚männlich' oder ‚weiblich' bestimmen: Mal entsprechen die äußeren Geschlechtsorgane nicht den inneren. Ein anderes Mal sind alle Geschlechtsorgane hinsichtlich der binären Codierung ‚weiblich' oder ‚männlich' uneindeutig. In einer nochmals anderen Fallkonstellation werden Personen zwar in einem ‚eindeutigen' Geschlecht als ‚weiblich' oder ‚männlich' geboren. Sie entwickeln aber eine geschlechtliche Selbsterfahrung, das dem Erlebensschema des je anderen Geschlechts entspricht und das sie deshalb ein Leben „im falschen Körper" erfahren lässt. In ihnen reift die Entscheidung, die biologischen Merkmale ihres bisherigen Geschlechts dem geschlechtlichen Selbstempfinden anzupassen („transsistieren"), wobei Zeitpunkt und Ausmaß hormoneller und/oder chirurgischer Geschlechtsanpassung unterschiedlich sein können.

Die Ursachen für die „Intersexualität"[12] („dazwischenliegender Geschlechtlichkeit") sind vielfältig. Neben chromosomalen Mosaikbildungen – hier ist das chromosomale Geschlecht XX (weiblich) oder XY (männlich) nicht bei allen Zellen oder Geweben identisch – können Mutationen der Keimdrüsen (Hoden, Eierstöcke), hormonelle Ungleichgewichte oder weitere epigenetische Wechselwirkungen zu dieser Uneindeutigkeit im gewohn-

---

[12] In der Fachdiskussion wird mittlerweile überwiegend von „Intergeschlechtlichkeit" gesprochen.

ten System eindeutiger Zuordnung führen. Bislang wurden solche Uneindeutigkeiten oftmals durch medizinische Interventionen „zu beheben" versucht: Mal wurde das Geschlecht der betroffenen Person durch Anpassung seiner äußeren an seine inneren Geschlechtsorgane „vereindeutigt". Ein anderes Mal wurde die vorfindliche Uneindeutigkeit durch Veränderungen verschiedener Merkmale in eine Richtung aufgelöst, so dass eine „eindeutige" Zuordnung zum männlichen oder weiblichen Geschlecht möglich schien.

Auch das deutsche Personenstandsrecht erforderte bis vor kurzem die eindeutige Geschlechtszuordnung. Dieses Erfordernis hat das Bundesverfassungsgericht im Jahre 2017 für verfassungswidrig erklärt.[13] Es verlangt stattdessen, dass betroffenen Personen neben der Alternative ‚weiblich' oder ‚männlich' eine dritte Option eröffnet werden muss – jedenfalls immer dann, wenn der Gesetzgeber oder andere Dritte eine positive Zuordnung zu einer Geschlechtsidentität verlangt. Bemerkenswert an diesem Beschluss des höchsten deutschen Gerichts ist ein Detail, das oftmals übersehen wird: Das Verfassungsgericht hat kein drittes Geschlecht eingeführt. Es eröffnet den Personen zunächst nur die Möglichkeit, der Pflicht zur binären Zuordnung der eigenen Geschlechtlichkeit und damit den erheblichen Folgewirkungen zu entkommen, die die Entwicklung der eigenen Geschlechtsidentität belasten. Es anerkennt, dass zwischen den Polen ‚weiblich' und ‚männlich' diverse Zwischenstufen vorkommen. Diese könnten auf Seiten der Betroffenen nur um den Preis schwerer Belastungen und Beschädigungen ‚binär in Ordnung' gebracht werden. Ein drittes Geschlecht hätte hin-

---

[13] BVerfG, Beschluss des Ersten Senats vom 10. Oktober 2017, – 1 BvR 2019/16 –, Rn. 1–69, online abrufbar unter https://www.bundesverfassungsgericht.de/SharedDocs/Entscheidungen/DE/2017/10/rs20171010_1bvr201916.html (zuletzt abgerufen am 29.11.2022)

gegen die genetische Bipolarität von ‚weiblich' und ‚männlich' zu einer Tripolarität erweitert – so als könne sich dieses über XX- und XY-Chromosomen auf ein neuentdecktes XZ-Chromosom zurückführen lassen.

Unbeschadet dessen ist die Entwicklung der individuellen Geschlechtsidentität keinesfalls chromosomal bzw. genetisch in einer Weise präfiguriert, dass sie nach einem festen Strukturplan ablaufen würde. Das entspräche einer teleologisch geprägten Präformationstheorie, die nur lineare und keine offene, durch komplexe Wechselwirkungen gesteuerte Entwicklungen kennt.[14] Die Entwicklung auch der *biologischen* Geschlechtsidentität folgt aber keinem genetisch fixierten linearen Muster. Selbst Gene entfalten in Organismen ihre steuernden Wirkungen erst im komplexen Zusammenspiel von Wechselwirkungen mit den „Produktionsergebnissen" anderer Gene sowie mit weiteren äußeren Faktoren einschließlich epigenetischer Regulationsmechanismen.[15]

Wie wenig die Geschlechtsidentität eines Menschen eindeutig und von vorneherein ausschließlich nach dem chromosomalen Code des XX bzw. XY feststeht und eine strikt binäre Ordnung der Zweigeschlechtlichkeit biologisch festschreibt, zeigt nicht nur die Variantenbildung, die zu Intersexualität führt. Die Geschlechtsidentität wird maßgeblich auch durch das „hormonale Geschlecht" geprägt. Die geschlechtsspezifizierenden Hormone treten in jedem weiblichen wie männlichen Menschen auf – freilich in sehr unterschiedlichen Dominanzen. So führen sie zur Ausbildung einer stärker weiblichen oder einer stärker männlichen Geschlechtsidentität. Dieser Prozess

---

[14] Vgl. *H.-J. Voß*, Geschlecht. Wider die Natürlichkeit, Stuttgart ⁴2018, 128ff.
[15] Vgl. *Deutscher Ethikrat*, Eingriffe in die menschliche Keimbahn. Stellungnahme. Berlin 2019, 53ff. Es wird vermutet, dass an der Entwicklung geschlechtlicher Identität bis zu 1000 Genen mit ihren Wechselwirkungen Anteil haben; vgl. *Voß*, Geschlecht (s. Anm. 14), 163.

wird durch Lebensumstände und Erziehung weiter gefestigt und im Verlauf der Lebensgeschichte überwiegend als die je eigene Geschlechtsidentität angenommen. Gleichwohl: „Das hormonale Geschlecht", bilanziert der *Deutsche Ethikrat* seine Rekonstruktion der Entwicklung der biologischen Geschlechtsidentität im Zusammenhang des Phänomens der Intersexualität, „ist im Unterschied zum genetischen Geschlecht nicht typologisch binär (das heißt strikt männlich oder weiblich), sondern prägt sich auf einer gleitenden Skala aus, bei der der individuelle Status auch zwischen den beiden Polen liegen kann."[16]

Dieser Rekonstruktion der Ausbildung der biologischen Geschlechtsidentität folgt der Grundtext des Synodalforums IV „Leben in gelingenden Beziehungen – Wegmarken einer erneuerten Sexualethik": „Selbst die biologische Geschlechtszugehörigkeit (…) verdankt sich ihrerseits einem komplexen Prozess, in dem schon genetische wie epigenetische Faktoren zusammenwirken und gleichsam aus sicher heraus Varianten des biologisch Geschlechtlichen ergeben. Damit legen sie die Grundlage für einen Facettenreichtum der biopsychosozialen Geschlechtsidentität."[17] Wenn man im Rahmen einer christlichen Sexualethik den biologisch-sexualmedizinischen Befund ernst und zum sachverhaltlichen Ausgangspunkt ethischer Beurteilung nimmt, wird man dem Grundsatz folgen müssen: „bipolar, statt strikt binär".

---

[16] DER, Intersexualität. Stellungnahme. Berlin 2012, 32.
[17] Synodalforum IV, Vorlage für den Grundtext „Leben in gelingenden Beziehungen – Grundlinien einer erneuerten Sexualethik, B.2.2, 12f. Online verfügbar unter https://www.synodalerweg.de/fileadmin/Synodalerweg/Dokumente_Reden-Beitraege/SV-IV/SV-IV_Synodalforum_IV-Grundtext-Lesung2.pdf (zuletzt abgerufen am 29.11.2022).

3. „Created and loved": eine hoffnungsvolle Stimme aus der Weltkirche

Fast auf die Stunde zeitgleich zu den Beratungen des Synoden-Plenums, an deren Ende der *Grundtext* mit 82% der Synodalen eine große Zustimmung fand, aber die zusätzlich erforderliche Zweidrittelmehrheit der Bischöfe verfehlte, veröffentlichte die *Australische katholische Bischofskonferenz* am 8.9.2022 ein bemerkenswertes Dokument: „Created and Loved. A guide for Catholic schools on identiy and gender".[18]

Bemerkenswert an diesem Dokument sind weniger seine pastoralen Richtlinien, die einen anerkennenden und wertschätzenden Umgang mit Schülerinnen und Schüler aus dem Transgender- bzw. Intersex-Spektrum einfordern. Die Absage an Diskriminierung aller Art ist auch für katholische Schulen überraschungsfrei. Sie dürfte überall auf Zustimmung stoßen. Jede:r Schüler:in ist Geschöpf Gottes und als solches unbedingt geliebt. Deshalb sind auch Trans*Studierende oder Intersex*Schüler*innen in ihrer geschlechtlichen Identität in jeder katholischen Schule zu achten und in ihrer Entwicklung zu unterstützen *(„care")*.

Bemerkenswert an diesem wegweisenden Dokument ist vielmehr dessen theologisch-anthropologische Grundlegung. Knapp, aber sehr sorgfältig erläutern die Bischöfe vom Standpunkt eines „christlichen Menschenbildes" das humanwissenschaftlich informierte Zueinander von biologischem und sozialen Geschlecht, also von *sex* und *gender*. Und sie identifizieren bereits im biologischen Geschlecht („sex") die Anlage einer be-

---

[18] *Australian Catholic Bishop Conference* (2022): Created and loved. A guide for Catholic schools on identity and gender. Online verfügbar unter https://drive.google.com/file/d/1X11WeuMYfHeyMwVmMQMivzMZUnI6rOQQ/view (zuletzt abgerufen am 22.10.2022)

achtlichen Spannbreite, wie Menschen ihr je spezifisches biologisches Geschlecht erfahren und ausdrücken. Wiederum greifen die Bischöfe auf humanwissenschaftliche Erkenntnisse zurück: Vom Zeitpunkt der Zeugung an entwickele sich in einem komplexen genetischen und hormonellen Prozess bereits im Mutterleib für jede einzelne Person „a unique set of male or female characteristics". Diese je einzigartige biologische Prägung als Mann oder Frau verbinde sich lebensgeschichtlich mit dem sozialen Geschlecht („gender"). Das soziale Geschlecht wiederum sei durch vielfältige Faktoren beeinflusst: durch frühkindliche Erfahrungen, durch Erwartungshaltungen der Familie oder der Schule oder auch durch allgemeine kulturelle und gesellschaftliche Prägemuster.

So kommt es zu einer „much natural variation, in how individuals experience their masculinity or feminity", also zu einer großen natürlichen Vielfalt, wie Menschen ihre Männlichkeit und Weiblichkeit erfahren. In Ausnahmefällen können sich widersprüchliche Erfahrungen zwischen biologischem Geschlecht und sozialer Geschlechtszugehörigkeit zu einer anhaltenden „gender dysphoria", also Geschlechtsidentitätskrise, entwickeln. Hält diese Krise dauerhaft an, kann sie in bestimmten Fällen zur Angleichung *("transition")* der biologischen Geschlechtsmerkmale an das gefühlte und erfahrene Geschlecht führen. Aber gerade auch diese Krise der geschlechtlichen Identität und eine mögliche Angleichung zum Transgender unterstreicht die unauflösbare Verknüpfung von biologischem und soziokulturellem Geschlecht.

„Created and loved" könnte die Blaupause geliefert haben für die Überlegungen zur Geschlechtsidentität, die der Grundlagentext als *Wegmarke 2* („Sexuelle Identität in ihrer Vielfalt über die ganze Lebensspanne würdigen") zusammenfasst. Die Sprache des Binären aus der Welt des Digitalen: Alle Informationen sind im binären Code „0" oder „1" verschlüsselt. Dazwi-

schen gibt es nichts. Ein *binäres* Geschlechterverhältnis kennt deshalb nur ein exaktes „entweder-oder". Ein *bipolares* Verständnis ist offen für eine Vielzahl von Nuancierungen. Nur dieses bildet die biologische Wirklichkeit geschlechtlicher Vielfalt angemessen ab. In Kombinationen mit dem sozialen Geschlecht weitet sie sich zu einer Fülle unterschiedlicher geschlechtlicher Identitäten. Keine dieser humanwissenschaftlich informierten Vernunfteinsichten widersprechen dem christlichen Menschenbild. Das konstatieren ausdrücklich auch die australischen Bischöfe. Und wenn es so wäre, so bestünde als erstes die Pflicht, das tradierte christliche Menschenbild auf seinen Reformbedarf hin zu überprüfen. Denn humanwissenschaftliche Sachverhalte müssen das christliche Menschenbild prägen, nicht umgekehrt. Ansonsten drohte der Rückfall in vormoderne Zeiten, in denen wissenschaftsresistente Weltbilder des Christentums über humanwissenschaftlich aufgeklärte Sachverhaltseinsichten triumphieren konnten. Ein weiterer „Fall Galileo Galilei" sollte der katholischen Kirche erspart bleiben.

Welche Natur?
Anmerkungen zu einer missverstandenen Tradition

von Christof Breitsameter

In nicht wenigen Diskussionen über die traditionelle Sexualethik kommt – zustimmend oder ablehnend – dem Begriff der Natur ein wichtiger Stellenwert zu. Dies gilt insbesondere von Aussagen zur Empfängnisverhütung und zur Homosexualität. Der Beitrag soll zeigen, (1) dass es in beiden Fällen um ein und dieselbe normative Forderung geht, (2) dass der menschlichen Natur darin eine Rolle zukommt, die sowohl von Befürworter als auch Gegnern einer normativen Verwendung des Naturbegriffs meist missverstanden wird, und schließlich, (3) dass diese Argumentationsgrundlage unter veränderten Bedingungen aufzugeben ist.

1. Zur normativen Ansprechbarkeit der menschlichen Natur: Sozialhistorische Einordnung

Beginnen wir mit dem Missverständnis, die Natur des Menschen selbst sei normativ gehaltvoll, weil sie Handlungsnormen begründen könne. Wir untersuchen diese Behauptung zunächst anhand der Aussage, nach der sexuelle Akte ihr Ziel in der Erzeugung von Nachkommen finden, weshalb der Mensch gegen seine Natur handelt, wenn er die Realisierung dieses Ziels verhindert. Zu diesem Zweck soll dargelegt werden, dass die Abwertung homosexueller Beziehungen an der *Unfähigkeit*, Nachkommenschaft hervorzubringen, hängt, womit sie heterosexuellen Beziehungen, die den *Unwillen* artikulieren, Nachkommenschaft hervorzubringen, gleichgestellt werden.[1] Auf diese Weise kann ein weiteres Missverständnis aufgedeckt werden. Es bezieht sich auf das Urteil, demzufolge Menschen, die sexuelle Akte nicht auf die Zeugung von Nachkommen hinordnen, *contra naturam* handeln. Verkannt wird hier meist, dass dieses Urteil auf komplexe Weise gleichermaßen auf heterosexuelle wie auf homosexuelle Akte bezogen wird. Beide Male wird also ein und derselbe Sachverhalt kritisiert. Schließlich soll das Missverständnis korrigiert werden, die Forderung, jeder einzelne sexuelle Akt habe sich auf die Hervorbringung von Nachkommen auszurichten, sei deckungsgleich mit der moralischen Intuition, die die geschlechtliche Natur des Menschen auf die Hervorbringung von Nachkommen hinordnet.

Ausgangspunkt soll die Beobachtung sein, dass Thomas von Aquin die Erlaubtheit heterosexueller Akte auch Menschen zugesteht, die keine Nachkommen hervorbringen können, was sie faktisch homosexuellen Akten gleichstellt.[2] Allerdings ist im Fall heterosexueller Beziehungen, die unfruchtbar sind, dem menschlichen Willen durch die Natur eine *kontingente* Grenze gesetzt (weil sie nur einige betrifft), eine Grenze, die im Fall homosexueller Beziehungen – ebenfalls von Natur aus – *notwendig*

---

[1] An dieser Stelle soll präzisiert werden, dass die Abwertung homosexueller Akte traditionell in zweifacher Hinsicht spezifiziert wird: Kritisiert wird zum einen, dass keine Nachkommen erzeugt werden, zum anderen, dass der Status der beteiligten Personen missachtet werden kann. Damit ist verbunden, dass die Kritik an homosexuellen Akten in der Regel kontextualisiert wird: Wo Personen ihren ehelichen Pflichten nachkommen, werden homosexuelle Akte zumindest geduldet, solange dem Status der Beteiligten Genüge getan wird.

[2] Wir wollen von der Überlegung absehen, ob naturwissenschaftliche Erkenntnisse in dieser Zeit die Unfähigkeit, Nachkommen zu zeugen, zumindest umrisshaft identifizieren konnten. Doch dürften die empirischen Erkenntnisse in dieser Hinsicht schon so ausgeprägt gewesen sein, dass solche Beziehungen nicht nachmoralisiert und diskreditiert wurden, setzt jedes Sollen doch ein Können voraus.

existiert (weil sie alle betrifft). Der Vorwurf gegenüber homosexuellen Beziehungen lautet dann ganz einfach, dass sie, wenn sie wollten, innerhalb heterosexueller Beziehungen Nachkommen hervorbringen könnten – die Unfruchtbarkeit homosexueller Akte ist somit allein dem Hedonismus der Beteiligten geschuldet. Thomas von Aquin hätte ganz sicher nicht Menschen beigepflichtet, die innerhalb heterosexueller Beziehungen diese natürliche Grenze – dauerhaft oder auch nur einmalig – instrumentalisieren, indem sie unfruchtbare Zeiten nutzen und ihrer sexuellen Lust ohne das zu intendierende Ziel der Erzeugung von Nachkommen frönen: Auch in solchen Fällen würde er den Vorwurf des Hedonismus erheben, der asozial wirkt, weil er der Gemeinschaft einen erwartbaren Beitrag, nämlich die Erzeugung von Nachkommen, versagt. Die Komplexität dieser normativen Parallelität besteht darin, dass der Vorwurf an homosexuelle Verbindungen nicht lautet, sie *können* (wie unfruchtbare heterosexuelle Paare) keine Nachkommen zeugen, er lautet vielmehr: sie *wollen* keine Nachkommen zeugen, obwohl sie es innerhalb einer heterosexuellen Beziehung tun könnten, wenn sie nur wollten. Homosexualität war damals, wie man hinzufügen muss, nicht als Veranlagung erkannt, sondern wurde als Neigung, als selbstgewählte Abweichung von dem, was als natürlich galt, behandelt, eine Neigung, die freilich nicht naturgemäß genannt werden kann, sondern in einer naturwidrigen Haltung gründet, die zu unerlaubten, weil gemeinschaftsschädigenden Handlungen führt. Die Naturwidrigkeit lustbetonter heterosexueller wie homosexueller Akte bestand somit in der Schädigung des Gemeinwohls. Wo der ehelichen Pflicht in gemeinschaftsfördernder Weise Genüge getan wird, wird die lustbetonte sexuelle Neigung durch die Gesellschaft zumindest geduldet, und diese Duldung gilt zumindest im paganen Kontext sowohl für heterosexuelle Akte innerhalb wie außerhalb der Ehe als auch für homosexuelle Akte (jeweils nur bei Männern, Frauen waren dabei selbstverständlich nicht im Blick).

Fügen wir eine weitere Beobachtung hinzu: Traditionell wird die Erzeugung von Nachkommen, und zwar nicht nur in christlichen, sondern auch in paganen Kontexten, unter moralisierende Bedingungen gestellt: Sie soll innerhalb der Ehe vollzogen werden, damit die Legitimität der Nachkommen gesichert wird. Ehe- und Erbrecht waren eng aneinander gebunden. Daher ist der Aspekt der ehelichen Treue traditionell keineswegs personal gedacht. Eheliche Treue soll vielmehr die Legitimität der Nachkommen garantieren. So wird auch verständlich, warum Treue von den Frauen absolut, von den Männern nur relativ verlangt war, das heißt nur in jenen Fällen, in denen die Frau eines anderen Mannes ins Spiel kam: Männer konnten, zumindest wurde das geduldet, sexuelle Erfahrungen vor der Ehe sammeln oder außerhalb der Ehe pflegen, Frauen war dies streng verboten. Wo also die sexuelle Beziehung in der Ehe gründet, die die Legitimität der Nachkommen sichern soll, wird Treue als Funktion des Ehe- und Erbrechts betrachtet und asymmetrisch angewendet.[3] Nicht zu vergessen ist, dass es gilt, Kinder zu erziehen, wie die Ehe überhaupt durch die gegenseitige Unterstützung der Gatten geprägt sein soll. So wird der Aspekt der puren Reproduktion, von dem wir ausgegangen waren, kulturell vielfach überlagert, vor allem durch das Erfordernis der

---

[3] Vgl. *A. Giddens*, Wandel der Intimität. Sexualität, Liebe und Erotik in modernen Gesellschaften, Frankfurt a. M. 1993, 16: „Der Tatbestand eines einzigen Fehltritts von seiten einer Frau stellte einen unverzeihlichen Bruch mit dem Eigentumsrecht und dem Konzept der Erbfolge dar, und seine Entdeckung zog unweigerlich scharfe Strafmaßnahmen nach sich. Ehebruch von seiten des Ehemannes wurde demgegenüber allgemein als bedauernswerte, aber nachvollziehbare Schwäche gedeutet." Vgl. auch *L. Stone*, The Road to Divorce, England 1530–1987, Oxford 1990, 7.

Legitimität von Nachkommen, die ja im Prinzip in jedweder Verbindung entstehen können.

Was nun die Legitimität der Nachkommen betrifft, haben wir es mit *starken Normen* zu tun, was hingegen die Bewertung rein lustbetonter heterosexueller und homosexueller Akte betrifft, mit *schwachen Normen*, sofern man nämlich sexuelle Neigungen duldete, wenn nur der ehelichen Pflicht Genüge getan wurde. Die Tatsache, dass das Thema folgenloser sexueller Akte, solcher Akte also, die keine Nachkommen hervorbringen, den schwächeren Normen zugewiesen wurde, macht sich in der moraltheologischen Behandlung bemerkbar: Wenn innerhalb einer Ehe die Hervorbringung von Nachkommen bei einem sexuellen Akt nicht intendiert wird, gilt das als lässliche Sünde; schwere Sünde liegt nur vor, wenn sexuelle Akte außerhalb der Ehe vollzogen werden, wenn also die Legitimität der Nachkommen gefährdet ist, wobei es innerhalb der christlichen Theologie auch rigorose Stimmen gab, die sexuelle Akte generell, also auch innerhalb der Ehe und mit dem Ziel der Erzeugung von Nachkommen, als sündhaft bezeichneten. Ergänzt werden soll schließlich noch: Auch wenn es weitgehende Übereinstimmungen in der normativen Bewertung rein lustbetonter sexueller Akte gab, darf nicht übersehen werden, dass homosexuelle Verbindungen, die in der paganen Welt zumindest toleriert waren, in der christlichen Welt verboten wurden, auch wenn sie natürlich nicht einfach verschwanden.[4] Sie spielten jedoch, im Gegensatz zur Empfängnisverhütung, keine herausgehobene Rolle.

Nun gilt es, einen wichtigen Unterschied zu bedenken, der sich auf die erwähnte gestufte Verbindlichkeit bezieht: Die pagane Ethik hielt den einzelnen sexuellen Akt, der nicht auf die

---

[4] Vgl. dazu K. J. Dover, Homosexualität in der griechischen Antike, München 1983, 64; J. Boswell, Christianity, Social Tolerance and Homosexuality, Chicago 1980.

Erzeugung von Nachkommen abzielt, nicht für verwerflich, auch nicht in jener milden Form, die von der christlichen Ethik als lässliche Sünde bezeichnet wurde. Der paganen Philosophie war allein wichtig, dass ein Paar durch die Erzeugung legitimer Nachkommen seinen Beitrag zum Gemeinwohl leistete. Sie mahnte deshalb, die Lust solle den Menschen bzw. seine Vernunft nicht in einer gemeinschaftsschädigenden Form überwältigen, vielmehr solle sie auf vernünftige Weise in den Dienst des Gemeinwesens bzw. des Gemeinwohls gestellt werden. Problematisch war also für diese Autoren die Maß- und Ziellosigkeit der Lust, nicht die Lust selbst, die als gut, weil natürlich angesehen wird. Entschiedener als in der paganen Antike wurde von christlichen Stimmen die Forderung betont, Sexualität allein innerhalb einer ehelichen Verbindung und damit (also mittelbar) allein in der Absicht, Kinder zu zeugen, als gerechtfertigt anzusehen. Allerdings gab es auch in der paganen Antike Stimmen, die zwischen der sexuellen Lust und der Erzeugung von Nachkommen eine innere Verbindung erblickten, weshalb die sexuelle Lust nicht um ihrer selbst willen erstrebt werden soll (nicht einmal innerhalb der Ehe, wo sie, wie man argumentieren könnte, ihren bevorzugten, wenngleich nicht ausschließlichen Ort hat).[5] Später übernahmen (und modifizierten) christliche Autoren diese exzentrische Auffassung durch die Aussage, die Erzeugung von Nachkommen rechtfertige (unmittelbar) das sinnliche Verlangen, weshalb jeder sexuelle Akt mit der Absicht, Nachkommen hervorzubringen, einhergehen müsse (die dabei unwillkürlich entstehende Lust solle nicht wie ein Gut angezielt, sondern wie ein Übel in Kauf genommen oder sogar bekämpft werden). Diese Haltung, die über die Vorstellung der Sozialpflichtigkeit menschlicher Sexualität klar hinausgeht, ist nur durch die Abwertung

---

[5] Vgl. *M. B. Skinner*, Sexuality in Greek and Roman Culture, Oxford ²2014, 319.

der sexuellen Lust selbst zu verstehen. Dabei wird man kaum in Abrede stellen können, dass es die „Verwandlung natürlicher Zeugung in die übernatürliche Empfängnis des Gottessohnes als dem Beginn des Heils"[6] war, die zur Marginalisierung und Degradierung der – nun als unvermeidliches Übel betrachteten – Lust führte. Erst Thomas von Aquin hat die sexuelle Lust, und damit deutet sich ein klarer Bruch an, im Rückgriff auf Aristoteles als bejahenswert bezeichnet und sich dadurch deutlich von Augustinus distanziert.[7] Allerdings ist bei ihm eine Inkonsistenz insofern zu sehen, als er, wie Augustinus, von jedem einzelnen sexuellen Akt die Hinordnung auf die Erzeugung von Nachkommen fordert, ein untrügliches Zeichen dafür, dass er die Abwertung der sexuellen Lust selbst nicht in letzter Konsequenz überwunden hat. Auf diesem Hintergrund ist es nicht weiter verwunderlich, dass dem ehelosen Leben in der christlichen Tradition eine hervorgehobene Stellung zukommt. Weil es sich dem gleichen Vorwurf ausgesetzt sah, mit dem rein lustbetonte heterosexuelle und homosexuelle Akte konfrontiert waren, nämlich gemeinschaftsschädigend zu verfahren, musste der Enthaltsamkeit bzw. Ehelosigkeit ein besonderer Stellenwert attestiert werden. Zwar verschiebt Augustinus die rigorose Trennlinie zwischen Gut und Schlecht: Sie trennt nun nicht mehr die Enthaltsamen von den Verheirateten, sondern die Verheirateten von den Unzüchtigen. Die Ehe ist, wie man sagen könnte, ein Gut *an sich*, also nicht nur im Vergleich zu anderen sexuellen Verbindungen, denn sonst hätte man sie ja (angesichts der Lebensform der Ehelosigkeit) auch als das kleinere Übel gegenüber dem größeren Übel der Unzucht bezeichnen können. Aber sie ist es

---

[6] A. *Kablitz*, Inkarnation. Überlegungen zur Konstitution eines Kulturmusters, in: G. *Neumann*/R. *Warning* (Hrsg.), Transgressionen. Literatur als Ethnographie, Freiburg i. Br. 2003, 39–79, 65.
[7] Vgl. C. *Breitsameter*/S. *Goertz*, Vom Vorrang der Liebe – Zeitenwende für die katholische Sexualmoral, Freiburg i. Br. 2020, 53–55.

nicht *für sich*, gibt es doch das überlegene Gut der Enthaltsamkeit bzw. der Ehelosigkeit.[8] Schauen wir von daher auf den normativen Stellenwert der Natur.

2. Zur normativen Bedeutung der menschlichen Natur: Systematische Einordnung

Wenn es schlicht die Natur menschlicher Geschlechtlichkeit wäre, Nachkommen zu erzeugen, und wenn man ebenso schlicht fordern könnte, der Natur gemäß zu handeln, dann müsste man unter bestimmten Gerechtigkeitsforderungen eine wahllose, ungeordnete Zeugungspflicht konstatieren, was absurd ist.[9] Daher müssen insbesondere die Begriffe des natürlichen

---

[8] Vgl. *M. Foucault*, Geständnisse des Fleisches, hrsg. v. *Frederic Gros* (Sexualität und Wahrheit 4), Berlin 2019, 475f.: „Die Tragweite dieser Vorstellung zeigt sich, wenn man sie mit den Aussagen Julians vergleicht. Sie sind dazu augenscheinlich exakt symmetrisch und invers, wenn Julian sagt: ‚Wer das Maß der natürlichen Begierlichkeit wahrt, bedient sich eines Gutes in guter Weise; wer das Maß nicht wahrt, bedient sich eines Gutes in schlechter Weise. Wer aber sogar dieses Maß aus Liebe zur heiligen Jungfräulichkeit gering geachtet haben sollte, bedient sich in besserer Weise eines Gutes gar nicht.' Und Augustinus: ‚Wer das Maß der fleischlichen Begierlichkeit wahrt, bedient sich eines Übels in guter Weise; wer das Maß nicht wahrt, bedient sich eines Übels in schlechter Weise. Wer aber sogar eben dieses Maß (…) gering geachtet haben sollte, bedient sich in besserer Weise des Übels gar nicht.'"

[9] Vgl. ausführlich *C. J. Scherer*, Die *per se* schlechte Handlung in der Summa Theologiae des Thomas von Aquin. Die Bedeutung von Tugend und Gesetz für die Artbestimmung der menschlichen Handlung, Bonn 2014, 154: „Die Arterhaltung als natürliche Neigung ist beim Menschen die Neigung, die Art der vernünftigen Sinnenwesen zu erhalten, also selbst ein vernünftiger Trieb, keine ‚bloße' Natur. Was die natürliche Neigung gewährleistet, ist die Art der vernünftigen Sinnenwesen. Die Vernunft erhält sich selbst, denn als Vernunft eines Sinnenwesens ist sie auf das Fortleben der Art angewiesen. Nicht die ‚Natur' wird hier zur Norm, sondern die Vernunft, die ihrerseits Natur eines Sinnenwesens, nämlich des Menschen, ist."

Gesetzes, der natürlichen Neigungen und des Naturrechts zugleich präzise voneinander unterschieden und aufeinander bezogen werden. Thomas von Aquin konzipiert die *inclinationes naturales* als rahmengebend für die praktische Vernunft und insofern als entwurfsoffen. Dieses Ergebnis der Forschung ist plausibel und soll gegen Verzerrungen verteidigt werden, und das in zwei Richtungen: gegenüber einer zu engen und gegenüber einer zu weiten Deutung. Wenn zu den natürlichen Neigungen die Erhaltung der menschlichen Art gezählt wird, kommt damit noch keine Handlungsregel zum Ausdruck, das ist mit den Begriffen des Rahmengebens und der Entwurfsoffenheit gemeint und gegen eine zu enge Deutung formuliert. Als normativ beachtenswerter Gehalt kann jedoch festgehalten werden, dass der Mensch einen angemessenen Beitrag zur Arterhaltung zu leisten hat, womit einer zu weiten Deutung widersprochen werden soll. Mit diesem Beitrag, den es zu leisten gilt, meint Thomas von Aquin eine äußere Handlung, weshalb die Tugend der Gerechtigkeit einschlägig ist. Äußere Handlungen sind dadurch gekennzeichnet und von inneren Handlungen unterschieden, dass sie die Belange anderer Akteure, also Gerechtigkeitsaspekte, berühren. Wenn die Erzeugung von Nachkommen nicht allein dem Wohl des Einzelnen, was selbstverständlich ist, sondern auch dem der Gemeinschaft dient, ist damit also eine äußere Handlung gemeint.[10] Von diesen äußeren Handlungen können einige als so grundlegend betrachtet werden, dass es ohne sie (bzw. ohne die durch sie realisierten Güter) kein Zusammenleben geben kann. Wo gegen diese Ziele, ohne die ein Zusammenleben nicht denkbar ist, verstoßen wird, ist bei Thomas von Aquin die Rede von per se schlechten Hand-

---

[10] Wir sehen der Einfachheit halber auch den familiären Zusammenhang als individuell an und unterscheiden ihn vom sozialen Zusammenhang der Gemeinschaft.

lungen. Zu überlegen ist, ob unter diese Kategorie auch rein lustbetonte heterosexuelle oder homosexuelle Akte fallen, solche also, die ohne Nachkommen bleiben.

Was die Erhaltung der menschlichen Art betrifft, ist zunächst tatsächlich ein gedeihliches Zusammenleben nicht ohne die Erzeugung von Nachkommen denkbar. Denn dadurch wird der Wohlstand einer Gemeinschaft gesichert oder sogar gemehrt. Wer keinen Beitrag dazu leisten will (vorausgesetzt wird, dass er es kann), handelt, wie schon gezeigt, asozial. Kann jedoch ein sexueller Akt, der nicht auf die Erzeugung von Nachkommen ausgerichtet ist bzw. die Zeugung von Nachkommen willentlich ausschließt, als per se schlechte Handlung bezeichnet werden? Mit einer solchen normativen Aussage würde eine Einschränkung vorgenommen werden, die gegenüber der positiven Bestimmung der *inclinationes naturales* bereits einen höheren Grad an Konkretisierung vornimmt, dabei freilich negativ ausfällt: Die per se schlechten Handlungen sagen nicht, was zu tun, sondern was zu lassen ist, weil es andernfalls dem Zusammenleben einer Gemeinschaft schaden würde, weshalb diese Perspektive, wie schon angedeutet, der Gesetzesgerechtigkeit unterstellt wird. Damit wird ein entscheidender Aspekt berührt, der in der Diskussion um die traditionelle Sexualethik bisher nicht ausreichend beachtet wurde: Der Mensch hat, wie bereits angedeutet, nicht seiner „reinen Natur" zu folgen. Seine Natur ist genuin *Vernunftnatur* und, für diesen Zusammenhang entscheidend, *Sozialnatur*. Der bereits beleuchtete Vorwurf an denjenigen Akteur, der mit sexuellen Akten nur seine Lust anzielt, lautet, er handle hedonistisch asozial, weil er die Sozialpflichtigkeit seiner Sexualität verkennt.

Die Tatsache, dass der Mensch nicht einfach seiner Natur folgen solle, womit eine krude Pflicht zur wahllosen Zeugung von Nachkommen begründbar wäre, sondern dass seine Vernunftnatur in Einklang mit seiner Sozialnatur zu stehen habe, äußerst sich freilich nicht nur im Aspekt der äußeren Handlungen, die der Gerechtigkeit Rechnung tragen sollen, sie erlaubt, ja fordert die Gestaltung der generativen Fähigkeit, die dem Einzelnen und hier den inneren Handlungen obliegt, jedenfalls sofern er damit auch den Belangen der Gemeinschaft Rechnung trägt. Die Formulierung, die Zeugung von Nachkommen stelle den herausragenden Zweck menschlicher Sexualität oder auch der Ehe dar, ist von daher eine unzulässige Vergröberung selbst der traditionellen Moralvorstellungen – ganz abgesehen davon, dass zeitgenössische natur- und humanwissenschaftliche Erkenntnisse eine Mehrzahl von Zweck- oder Sinndimensionen menschlicher Sexualität ausweisen, die von Natur aus offensichtlich keine hierarchische Ordnung kennen. Eine Hierarchie von Zwecken kann nur kulturell hervorgebracht sein, und hier dominiert die Legitimität der Nachkommen, wie gesagt, ihre reine Erzeugung. Selbstverständlich obliegt es auch in der traditionellen Sichtweise dem Urteil des Einzelnen, die Zahl seiner Nachkommen zu bestimmen, die ja ernährt und erzogen werden sollen, um einen Beitrag zum Wohl ihrer Familie wie der Gemeinschaft leisten zu können (ihr eigenes Wohl ist sozusagen die Voraussetzung für das gemeinschaftliche Wohl). Weithin galt es, Nachkommen nicht zu begrenzen, sondern – im Gegenteil – allererst zu sichern, nur den Reichsten und den Ärmsten musste an einer Begrenzung ihrer Nachkommenschaft gelegen sein, den einen, weil sie ihr Vermögen nicht zersplittern lassen, den anderen, weil sie ihre Lebensgrundlage nicht gefährden wollten.[11] Die individuell vernünftige Begrenzung der Nachkommen war freilich nur erlaubt, wenn, wie wir sahen, zugleich der Beitrag zum Gemeinwohl geleistet war. Auch wenn also das

---

[11] Vgl. *W. Scheidel*, Demography, in: *W. Scheidel/I. Morris/R. P. Saller* (Hrsg.), The Cambridge Economic History of the Greco-Roman World, Cambridge 2007, 38–86, 70.

generative Verhalten auf kluge Weise konkret selbst bestimmt werden darf und soll, je nach den Umständen, in denen Menschen handeln, darf die Pflicht, dadurch einen Beitrag für die Gemeinschaft zu leisten, nicht konterkariert werden. Umgekehrt darf die allgemein bestehende natürliche Neigung zur Arterhaltung normativ nicht so überdehnt werden, dass daraus unangemessene, weil unleistbare Forderungen der Gemeinschaft dem Einzelnen gegenüber entstehen, sofern nämlich die konkreten Umstände, unter denen einer handelt, außer Acht bleiben.

Die *inclinationes naturales* (und unter ihnen die Neigung zur Arterhaltung) ordnen somit die Beziehung des Einzelnen (und damit natürlich auch eines Paares) nach außen, nämlich zur Gemeinschaft hin. Konzeptionell wird die Verbindung zwischen der Tugend und dem natürlichen Gesetz *(lex naturalis)* über die natürlichen Neigungen sowie die Gesetzesgerechtigkeit hergestellt. Dieses Verhältnis kann nun noch präziser formuliert werden: Normativ kann nicht mit Hilfe einer konkreten Regel bestimmt werden, was es heißt, der Natur zu folgen, was also zu tun ist, es kann nur bestimmt werden, was es heißt, gegen die Natur zu handeln, und was deshalb zu unterlassen ist, in unserem Fall ein asoziales, hedonistisch motiviertes Verhalten. Auch wenn Thomas also den *inclinationes naturales* Zielgüter und den Zielgütern Gesetzesvorschriften zuordnet (das natürliche Gesetz richtet den Menschen generell auf das *bonum commune* aus), lässt sich aus den naturhaften Anlagen des Menschen nicht ablesen, was konkret als Gut zu gelten hat und deshalb zu erstreben ist. Im Einzelfall liegt es somit an der Tugend des Einzelnen, auf kluge Weise (und gleichzeitig gerecht) konkret zu bestimmen, was durch die naturhaften Anlagen des Menschen zwar rahmengebend, aber entwurfsoffen vorgesehen ist.[12] Zugleich hat die Sozialpflichtigkeit des generativen Verhaltens als konkretere Bestimmung des

---

[12] Vgl. *C. J. Scherer*, Die *per se* schlechte Handlung (s. Anm. 9).

natürlichen Gesetzes vor dem, was die Tugend gebietet, logischen Vorrang (wir beziehen uns in diesem Zusammenhang vor allem auf die Tugend der Klugheit, die bestimmt, was im Einzelfall und unter bestimmten Umständen angemessen ist).

Was die äußeren Handlungen betrifft, für die die Tugend der Gerechtigkeit einschlägig ist, können durchaus rahmengebende Handlungsregeln begründet werden, die allerdings die Eigenständigkeit des Akteurs, der das für ihn Gute bestimmt und in diesem Sinn die Handlungsregeln entwurfsoffen auslegt, sicherstellen sollen. Wo solche Regeln so grundlegend sind, dass es ohne sie bzw. ohne ihre Wirkung kein Zusammenleben geben könnte, wird, wie schon bemerkt, von per se schlechten Handlungen gesprochen, womit die Bestimmung des Guten insofern unbeliebig wird, als dadurch bestimmte Handlungen bzw. Unterlassungen ausgeschlossen sind. Ansonsten gebietet das natürliche Gesetz nur in der Form allgemeiner Prinzipien, die konkretere Bestimmung des Guten durch die natürlichen Neigungen wird ergänzt durch soziale und historische Kontingenzen sowie einfach auch durch die Unterschiede zwischen Individuen und ihren jeweiligen individuellen Lebensverhältnissen: Was für den einen tugendhaft ist, mag für den anderen lasterhaft sein. Das natürliche Gesetz ist dabei, das soll noch ergänzt werden, nicht auf äußere Handlungen beschränkt. Das Gesetz ist Vernunftordnung, insofern es Ziele als gut und deshalb erstrebenswert bestimmt, die der Vernunft entsprechen; weil jedes Gesetz den Menschen auf das *bonum commune* ausrichtet, ist die Vernunftordnung ihrem Wesen nach Sozialordnung. Damit holen wir unsere Vorgabe ein, die Normierung des generativen Verhaltens betreffe die Vernunft- und damit die Sozialnatur des Menschen. Wenn das Gesetz den Akteur auf das ausrichtet, was allen Akteuren ein Gut ist, bedeutet das keineswegs, dass alle dieselben Ziele verfolgen müssen oder für jeden Menschen dasselbe ein Gut darstellt. Entwurfsoffenheit des Handelns schließt dabei, das war mit der Ablehnung einer zu weiten Deutung gemeint, auch ein, dass der einzelne Akteur mit dem Rahmen und das heißt: mit dem *bonum commune* nicht in Konflikt geraten darf. In dieser Hinsicht übt das Gesetz eine Integrationsfunktion in Bezug auf individuelle Handlungsziele aus, die von seiner Funktion, auf das allgemein Erstrebenswerte auszurichten, zu unterscheiden ist. Das natürliche Gesetz richtet die menschliche Vernunft also auf Güter aus, die vom *bonum commune* integriert werden und doch nicht für jeden Menschen als konkret erstrebenswert zu gelten haben. Diese Einschränkung wird innerhalb des Diskurses um die Zuordnung von *lex naturalis, inclinatio naturalis* und Tugend gegen Versuche betont, eine material gehaltvolle, also nicht nur formal aussagekräftige normative Signifikanz der menschlichen Natur zu begründen, was auf Handlungsnormen mit universeller Geltung hinauslaufen soll, wie sie durch die per se schlechten Handlungen repräsentiert werden.[13] Denn Handlungen, die die Sinnrichtung der *inclinationes naturales* verletzen, verstoßen nicht per se gegen das natürliche Gesetz, sie sind also nicht per se schlecht, weil in konkreten Situationen die Selbsterhaltung einen höheren Stellenwert als die Arterhaltung haben kann. Es ist deshalb gestattet, folgt man dieser normativen Logik des generativen Verhaltens, dass einzelne sexuelle Akte nicht auf die Hervorbringung von Nachkommen ausgerichtet sind, womit eine Spannung innerhalb der von Thomas von Aquin entworfenen Moraltheorie offenkundig wird.

Schließlich ist noch daran zu erinnern, dass Thomas von Aquin den Begriff des Naturrechts nur eingeschränkt verwendet. Gesetz ist für ihn Gegenstand der Klugheit, Recht Gegenstand der Gerechtigkeit, weshalb der Begriff des Gesetzes potenziell auf alle – innere und äußere – Handlungen zielt, während der Begriff des Rechts nur äußere Handlungen meint, sofern sie

---

[13] Vgl. ebd., 150f.

nicht nur das Gut des Akteurs, sondern das Gut eines anderen Akteurs bzw. der Gemeinschaft anzielen. Das Naturrecht ist ein Teilbereich der *lex naturalis*. Es wird von Thomas von Aquin deshalb auch weiter differenziert: Naturrecht meint zum einen, dass Menschen natürlichen Gesetzmäßigkeiten unterworfen sind, die sie mit den Tieren teilen, was auch für die Notwendigkeit, sich fortzupflanzen gilt; zum anderen gibt es das spezifisch menschliche Naturrecht, das die sozial verfasste Vernunft artikulieren kann. Folgt man dieser Bestimmung, kann das Naturrecht einen Ausgleich fordern, der sich aus der Natur der zu beurteilenden Verhältnisse ergibt und so vom positiven Recht unterscheidbar wird. Vom Naturrecht kann die Sozialpflichtigkeit menschlicher Sexualität geregelt werden, wenn die *lex naturalis* jedoch keine Bestimmung hinsichtlich einzelner sexueller Akte treffen kann, ist dies auch dem Naturrecht verwehrt.

3. Gründet die sinnliche Liebe in der Ehe oder die Ehe in der sinnlichen Liebe?

Die sexuell basierte oder sinnliche Liebe (bzw. auch jede sexuelle Beziehung, die ohne jene affektive Komponente, die wir als Liebe bezeichnen, besteht, um der Erzeugung von Nachkommen zu dienen) wird traditionell als *normatives Derivat der Ehe* verstanden. Dieses Verhältnis hat sich im Lauf der Jahrhunderte umgekehrt: Liebe wird als Grund für eine Ehe gefordert, so dass es eher eine Liebe ohne Ehe als eine Ehe ohne Liebe geben soll. Liebe wird nicht länger als Folge der Ehe und so als solidarische Freundschaft zwischen Ehepartnern verstanden. Vielmehr soll die Ehe auf Liebe gründen. Die aus Liebe, nicht aus Vernunft und familiärem Kalkül geschlossene Ehe wird weithin zum Ideal. Die Ehe wird, mit anderen Worten, mehr und mehr als *normatives Derivat der Liebe* angesehen. Für diesen Wandel von der Vernunftehe zur Liebesheirat, der sich, grob gesagt, im 17. und vor allem im 18. Jahrhundert unverkennbar vollzog,[14] gab es schon ab dem Mittelalter einzelne zaghafte Spuren, die immer stärker wurden, während die theologischen Strömungen und kirchlichen Strategien diese Entwicklung weitgehend ignorierten und der normativen Logik der Ehe verpflichtet blieben – zum Teil bis zur Gegenwart.[15] Am Ende dieser Entwicklung bilden sexuelles Begehren und romantische Liebe eine selbstverständliche Einheit: Wer von Liebe spricht, meint nicht mehr Freundschaft, sondern sexuell basierte Liebe. Das sinnliche Begehren hat in dieser Vorstellung von Liebe mit der Identität eines Menschen zu tun, sein Selbst drückt sich darin aus, nicht nur und auch nicht vorrangig das, was gesellschaftlich erwartet wird. Die Gesellschaft kann sich, so Niklas Luhmann, erlauben, das Risiko beliebiger, auch folgenloser Verbindungen zu tragen und die Emanzipation der Liebe aus familiären Kalkülen als Chance zu begreifen.[16] Das bedeutet auch, dass kinderlose Paare ihren Beitrag, den sie zum

---

[14] Vgl. *N. Luhmann*, Liebe. Eine Übung, Frankfurt a. M. 2008, 60; *P. Borscheid*, Geld und Liebe. Zu den Auswirkungen des Romantischen auf die Partnerwahl im 19. Jahrhundert, in: *P. Borscheid/H. J. Teuteberg* (Hrsg.), Ehe, Liebe, Tod. Studien zur Geschichte des Alltags, Münster 1983, 112–134. Wo die materiellen Motive nur eine geringe Rolle spielten (nämlich in den ärmeren Schichten), konnte die Eigenständigkeit ideeller Motive kaum betont werden: Sexuelle Beziehungen wurden in der Regel früh aufgenommen und Ehen häufig aufgrund einer Schwangerschaft geschlossen. Für das Ideal der Liebe blieb hier wenig Platz. Wo mehr Vermögen vorhanden war, allerdings kein wirklicher Wohlstand existierte, wurden Ehen ebenfalls aufgrund einer Schwangerschaft geschlossen, nicht nur, weil die Verbindung sowie die daraus entstehenden Nachkommen legalisiert werden sollten, sondern weil mit dem Offenbarwerden der Schwangerschaft die angezielte Erzeugung von Nachkommen garantiert war. Vgl. auch *C. Lipp*, Sexualität und Heirat, in: *W. Ruppert* (Hrsg.), Die Arbeiter. Lebensformen, Alltag und Kultur, München 1986, 186–197.
[15] Vgl. *H. Rosenbaum*, Formen der Familie. Untersuchungen zum Zusammenhang von Familienverhältnissen, Sozialstruktur und sozialem Wandel in der deutschen Gesellschaft des 19. Jahrhunderts, Frankfurt a. M. 1982, 251–263.
[16] Vgl. *N. Luhmann*, Liebe (s. Anm. 14), 36.

Gemeinwohl leisten, auf andere Weise erbringen können als Paare, die Kinder haben. Es muss nicht mehr unterschieden bzw. entschieden werden, ob Paare keine Kinder bekommen können oder wollen. Damit entfällt die Grundlage der traditionellen Sexualethik, sofern der Gedanke der Sozialpflichtigkeit der geschlechtlichen Natur des Menschen differenziert wird. Eine moderne Moraltheorie, die eine jede Ehe in der Liebe der Partner gründen lässt, fordert zudem die symmetrische Treue der Partner, die sozusagen ein moralischer Luxus jenseits der puren Daseinsbewältigung ist. In beiden Punkten ist eine moderne Moraltheorie der traditionellen Sexualethik überlegen.

Wird die Ehe als normatives Derivat der Liebe behandelt, liegt es allein in der Entscheidung der Liebenden, ob aus einer Partnerschaft Nachkommen hervorgehen sollen oder nicht. Eine Liebe, die (gewollt oder ungewollt) ohne Nachkommen bleibt, weist keinerlei Defekt auf. Sie deswegen moralisch zu diskreditieren, erschiene wie ein Vergehen an der Liebe selbst. Umgekehrt ist eine Verbindung, der Nachkommen entspringen, einer Verbindung, die (gewollt oder ungewollt) kinderlos bleibt, moralisch nicht überlegen. Es ist absurd anzunehmen, zwei Menschen, die sich lieben, liebten sich weniger, wenn sie keine Kinder zeugen wollen, als zwei Menschen, die dies tun.

Nehmen wir, um diesen Gesichtspunkt zu verdeutlichen, einen Einwand auf: Kant scheint das rein sexuelle Begehren als Ausdruck einer selbsthaften Liebe zu werten, die das Attribut „moralisch" nicht in Anspruch nehmen kann, weil sie den anderen verzweckt. Der andere wird im Fall der sexuellen Begierde nicht als Zweck an sich selbst geachtet, sondern als Mittel zur Befriedigung der eigenen Bedürfnisse behandelt. Als Zweck an sich selbst würde der andere angesehen werden, wenn seine Autonomie und damit die Bestimmung seines Handelns nach eigenen, nicht nach fremden Maßstäben respektiert werden würde. Doch vertritt Kant diese Haltung wirklich? Prüfen wir unter diesen Vorzeichen erneut den Vorwurf, die zwecklose sinnliche Liebe sei hedonistisch, entziehe sie sich doch um der Lust willen gesellschaftlichen Erfordernissen – sie verfahre somit asozial.[17] Zu klären ist hier zunächst, ob das sexuelle Begehren der selbstlosen oder der selbsthaften Liebe zugeschlagen werden soll. In der traditionellen Normativität sollte der Mensch den Zweck seiner geschlechtlichen Natur, nämlich die Erzeugung (legitimer) Nachkommen, zum Ziel seines Handelns bestimmen. Die Kehrseite dieser Norm besagte, dass sexuelle Lust nicht um ihrer selbst willen angestrebt werden darf. Es galt, jede nichtgenerativ wirkende Begehrlichkeit zu verhindern. Für Kant existieren keine Naturzwecke, durch die das Handeln des Menschen normiert wäre. Entsprechend ist für ihn auch die menschliche Sexualität entfinalisiert.[18] Verzwecken sich jedoch, so könnte man einwenden, nicht gerade deshalb Partner gegenseitig und würdigen sich zum bloßen Mittel herab, wenn sie der Lust wegen miteinander geschlechtlich verkehren? Zunächst beziehen sich sinnliche Neigungen allgemein auf Gegenstände mit dem Ziel, das eigene Begehren zu befriedigen. Damit wird das Objekt meines Begehrens wie eine Sache behandelt. Würde ich also einen Menschen ausschließlich der eigenen Luststeigerung wegen gebrauchen, würde ich ihn zu einer Sache degradieren und ihn seiner Würde berauben. Er wäre für mich, zumindest in dieser Hinsicht, kein Subjekt. Das sexuelle Begehren richtet sich dann lediglich auf den Körper bzw. auf sexuell attraktive Merkmale einer Person, nicht auf die Person selbst. Insofern liegt der Verdacht nahe, eine Person werde im geschlechtlichen Verkehr

---

[17] Diese Darstellung folgt *F. Kuster*, Verdinglichung und Menschenwürde. Kants Eherecht und das Recht der häuslichen Gemeinschaft, in: Kant-Studien 102 (2011) 335–349.

[18] Vgl. *C. Breitsameter*, Menschliche Sexualität zwischen Natur und Kultur, in: K. Hilpert/S. Müller (Hrsg.), Humanae vitae – die anstößige Enzyklika. Eine kritische Würdigung, Freiburg i. Br. 2018, 373–387.

rein als Sache gebraucht bzw. lasse sich auch dafür gebrauchen. Kant löst dieses Problem, indem er in der wechselseitigen Erwerbung der Partner die Voraussetzung dafür sieht, von einer Person Gebrauch zu machen, ohne ihre Würde zu verletzen. Nun muss geklärt werden, wie ein Mensch sich einem anderen Menschen übereignen kann, ohne sein Eigentum zu werden, das heißt ohne sich selbst zu einer Sache herabzuwürdigen oder herabwürdigen zu lassen. Es würde bedeuten, eine Person wie eine Sache gebrauchen zu dürfen, ohne über sie zu verfügen. Der Gebrauch, den Partner in einer Geschlechtsgemeinschaft voneinander machen, ist für Kant der sexuelle Genuss. Hier bedient sich ein Partner des anderen „unmittelbar zu seiner Belustigung", und nicht mittelbar zu einem Zweck, der über die sexuelle Handlung selbst hinausgeht. Im geschlechtlichen Verkehr wird also wechselseitig kein anderer Zweck als der Zweck der Handlung selbst verfolgt. Weil nun das Ziel des Geschlechtsverkehrs die (gegenseitige) „Belustigung" ist, ist der sexuelle Genuss der Handlung inhärent. Die Partner instrumentalisieren sich nicht zum Zweck der Erzeugung von Nachkommenschaft. Es liegt gerade in der gegenseitigen „Belustigung" keine gegenseitige Verzweckung oder Herabwürdigung vor, die, selbst wenn sie konsensuell zustande käme, aus ethischer Sicht nicht statthaft wäre. Wenn Kant die Ehe als Garantin dafür empfiehlt, sexuelles Begehren als Ausdruck der gegenseitigen Achtung der Partner und somit der Liebe des Begehrens selbst zu ermöglichen, nimmt er jenes Verständnis auf, in der Ehe werde die Liebe zur gegenseitig anerkannten Regel, also zu einem objektiven oder intersubjektiv anerkannten Grund, der den subjektiven Grund des sexuellen Begehrens als moralisch erscheinen lassen könne. Der Rechtfertigbarkeit des sexuellen Begehrens wird in dieser Hinsicht dadurch Rechnung getragen, dass man sich dem Partner, an den man sich bindet, übereignet. Eine solche Selbstenteignung als Selbstbindung, die den humanen Status sexuellen Begehrens begründen kann, ist in Kants Verständnis Ausdruck reinster Freiheit.

Die treue Bindung, die zwei Menschen eingehen, gleich und frei, und die sich auf diese Weise gegenseitig achten, ist somit die einzige Norm, die sich aus der Liebe selbst erheben lässt. Diese Norm kann, wie wir gesehen haben, aus der Institution der Ehe, sofern sie der Hervorbringung legitimer Nachkommen dient, nicht gewonnen werden. Denn diese Institution ließ es zu, dass Männer vor der Ehe sexuelle Erfahrungen sammelten oder dass sie in einer Ehe „untreu" waren. Würde man, was heute gar nicht mehr vorstellbar wäre, mit einer Person sexuell allein zu dem Zweck verkehren, Nachkommen zu zeugen, müsste man dies, zumindest wenn die Liebe zur Norm genommen wird, als unzulässige Verzweckung bzw. Selbstverzweckung lesen, traditionell war dies hingegen nicht nur zulässig, sondern sogar geboten. Würde man mit einer Person sexuell allein zu dem Zweck verkehren, Lust zu empfinden, wäre das traditionell als unzulässiger Hedonismus zu werten, nimmt man hingegen die Liebe zur (verbindlichen) Norm, ist das zulässig (natürlich nicht geboten, kann man doch zugleich Nachkommen intendieren, eine Einstellung, die traditionell wiederum unzulässig wäre). Man wird nicht sagen können, dass unsere Zeit früheren Zeiten ethisch überlegen ist, weil die Menschen damals wenig oder keine Alternativen zu ihrer Lebensform kannten (womit natürlich nicht ausgeschlossen wird, dass Ehen von Liebe und gegenseitiger Treue bestimmt waren, und ebenso wenig, dass es in ihnen Gewalt, Missbrauch und Untreue gab). Die Erfordernisse des Lebens und Überlebens ließen, anders gesagt, wenig Spielraum für abweichendes Handeln. Wir können jedoch sagen, dass die normative Begründung der Beziehung zweier Menschen in gegenseitiger Liebe ethisch anspruchsvoller ist als die Begründung in der Institution Ehe.

Aufgaben

„Wo ist das Leuchten?"
Zur Bedeutung der Rezeption der Moraltheologie durch das Lehramt

von Kerstin Schlögl-Flierl und Tim Zeelen

„Aber ich frage dann doch: Wo ist das Leuchten? Wenn gesagt wurde, wir würden einen Bruch mit dem bisherigen Menschenbild vollziehen in unserem Grundtext. Wo leuchtet denn das, was wir scheinbar verraten? In welcher Weise überzeugt es Menschen, das bisherige Menschenbild, das wir scheinbar verraten? [...] Wo ist das Leuchten, bei dem was bisher war? Kann man dort den Schatz im Acker erkennen? Können wir damit in eine Kultur aufbrechen, die sich sehr verändert hat gegenüber dem 19. Jahrhundert und dem 20. Jahrhundert, wir leben in dem 21. Jahrhundert, wir leben in einer pluralen, säkularisierten, liberalen Gesellschaft – ich weiß nicht, wie ich mit der Autorität meiner Kirche im Rücken jetzt über Sexualität predigen soll, ich weiß es nicht. ..."[1]

Mit diesen Worten wandte sich Helmut Dieser, der Aachener Bischof und mit Birgit Mock Vorsitzender des Synodalforums IV „Leben in gelingenden Beziehungen – Grundlinien

---

[1] Eine Aufnahme der Synodalversammlung ist auf YouTube abrufbar: https://youtu.be/N_LWEIwrvos?t=18171 (zuletzt abgerufen am 03.11.2022). Das Statement von Bischof Dieser kann dort in voller Länge nachgesehen bzw. -gehört werden bei 05:02:51 bis 05:06:56. Die für diesen Aufsatz transkribierten Zeilen finden sich bei 05:04:33 bis 05:06:05.

einer erneuerten Sexualethik" im September 2022 an die Synodalversammlung. Zuvor hatte der von diesem Forum ausgearbeitete Grundtext „Leben in gelingenden Beziehungen – Grundlinien einer erneuerten Sexualethik" (im Folgenden GT IV) nach der zweiten Lesung zwar insgesamt große Zustimmung bei den Synodalen gefunden (82 %), wurde aber doch wegen des Nichterreichens der Zweidrittelmehrheit der Bischöfe (61 % Ja-Stimmen) nicht angenommen.

Muss denn eine Sexualmoral überhaupt „leuchten" bzw. muss eine Sexualmoral ansprechend sein? Mit dieser Frage ist ein entscheidendes Problem angesprochen: Was ist eigentlich von einer Moral, zumal einer Sexualmoral, zu erwarten? Und gilt das ebenso für die vom kirchlichen Lehramt vorgelegte Morallehre? Welche Rolle kommt dabei der Moraltheologie als Brücke zwischen Wissenschaft und Lehramt zu, wenn man das Fach in seiner Rolle als kritische Weggefährtenschaft so verstehen will?

1. Warum eine Moral einleuchten muss

Um der Frage, was eine Moral leisten muss, auf die Spur zu kommen, muss man sich zunächst die konstitutive Eigenart moralischen Handelns vor Augen halten: Es ist stets ein Handeln aus Einsicht vor dem Anspruch des Guten. Darin begründet ist die unvertretbare Verpflichtungskraft des Gewissens, selbst des irrenden, da der Mensch dem Anspruch des Guten und Wahren nur folgen kann, insofern er es als Wahres und Gutes auffasst und als solches in Freiheit ergreift (vgl. GS 16, 17; DiH 3,3).

Der Mensch kann deshalb diese Verantwortung auch niemals abtreten, wie es ebenso in der Präambel von GT IV angesprochen wird. Und da die Suche nach Wahrheit in Freiheit, auch der moralischen Wahrheit, keine Aufgabe ist, die sich der Mensch als Beziehungswesen alleine stellen kann, kommt der kirchlichen Gemeinschaft und dem Lehramt eine besondere Rolle zu (vgl. DiH 3,2). In diesem Falle träte das Vertrauen in die Einsicht der Autorität in das Gute und Rechte an die Stelle der eigenen Einsicht.[2] Dieses Vertrauen ist allerdings nicht voraussetzungslos und kann beschädigt werden (vgl. GT IV, A.2.2), wenn etwa die Autorität keine Gründe anführen kann oder die dargelegte Begründung ‚beim besten Willen' nicht verstanden oder für nicht schlüssig befunden wird.[3]

Eine Morallehre, egal von welcher Seite sie vorgelegt wird, muss daher im Letzten immer auf die Einsicht ihrer Adressat:innen referenzieren. Die Theorie wird letztlich auf das Leben zurückverwiesen, muss sich dort bewähren. Die mit ihr verbundene „anthropologische Option ist freiheitlich verantwortet. [...] Durch gelebte Praxis erweist sich eine bestimmte Option einer anderen überlegen, indem sie vollere Daseins- und Handlungsmöglichkeiten aufschließt."[4] Die Vorstellungen gelungener menschlicher Existenz müssen sich dabei in ihrer Orientierungsfunktion und Tragfähigkeit bewähren. Referenz- und Ausgangspunkt der moralischen Einsicht, der damit verbundenen anthropologischen Leitvorstellungen und auch der Ethik als Reflexionsebene bleibt dabei das Selbsterleben des Menschen als moralisches Subjekt.[5]

---

[2] Vgl. *M. Farley*, The Role of Experience in Moral Discernment, in: *dies.*, Changing the Questions. Explorations in Christian Ethics, hrsg. v. *Jame L. Manson*, New York 2015 (erst. 1996), 47–68, 66.

[3] „The moral authority of any source is contingent on our recognition of the ‚truth' it offers and the ‚justice' of its aims. No source has real and living authority in relation to our moral attitudes and choices unless it can elicit from us a responding ‚recognition'." (Ebd.).

[4] *K. Demmer*, Moraltheologische Methodenlehre (SThE 27), Freiburg/Schweiz 1989, 121; vgl. auch bes. ebd., 58–61.

[5] Vgl. *K. Demmer*, Methodenlehre (s. Anm. 4), 19–26.

Hält man sich die Bedeutung der lebensweltlichen Aneignung vor Augen, dann ist es ein Problem in der Sache, wenn ein Gros der Christgläubigen hierzulande nach bestem Wissen und Gewissen eine von der Kirche vorgelegte Morallehre nicht für einsichtig hält, weil es entweder nicht versteht, wie sie zur Entfaltung ihrer Beziehung zu Mensch und Gott beizutragen vermag, oder aber auch, weil sich diese Morallehre in der Praxis nicht bewährt. Es entspricht also durchaus dem Kern des Problems, wenn GT IV die Diskrepanz zwischen der offiziellen kirchlichen Lehre und dem Leben vieler Getauften in der Präambel und auch nochmals zu Anfang von Teil A thematisiert. Wenngleich es durchaus Menschen gibt, wie ebenso in GT IV festgehalten wird, welche die kirchliche Sexualmoral als erfüllend erleben, so gibt es doch eine nicht unerhebliche Anzahl an Menschen, die diese Morallehre nicht nur als lebensfern ansehen, sondern in ihrer Moralität selbst anzweifeln, etwa als diskriminierend oder übergriffig und bevormundend erleben. Einige haben sie sogar als mittelbar oder unmittelbar destruktiv erlebt.

Das Lehramt, aber vor allem die Moraltheologie als Wissenschaft ist damit aufgefordert, die kirchliche Sexual- und Beziehungsmoral in ihrer Zielrichtung und die darin wirksamen Vorverständnisse aufzusuchen und zu prüfen.

2. Ethik, Anthropologie und die Bedeutung der Humanwissenschaften

Eine Ethik setzt stets eine Vorstellung vom Menschen, seinem Gelingen und seiner Eigenart als moralischer Akteur voraus. Eine Ethik muss die Frage „treffen", die sich dem Menschen als freiheitlich beanspruchtem Wesen stellt. In seiner mittlerweile zu den klassischen Beiträgen der Ethik des 20. Jahrhunderts gehörenden „Kritik am Utilitarismus" hat Bernard Williams dieses Fundament einer jeden Ethik konzise zur Sprache gebracht. Ihn beschäftigt dort, „welche Implikationen [die] Prinzipien [der utilitaristischen Ethik] für dasjenige Bild haben, das man sich über das Wesen des Menschen und sein Handeln sowie über die Gesellschaft macht"[6]. Die „erste Frage für die Philosophie" sei nicht: „‚Stimmst du mit den Antworten des Utilitarismus überein?', sondern: ‚Akzeptierst du wirklich die Art und Weise, wie der Utilitarismus die Frage behandelt?'"[7]

Das gilt für eine theologische Ethik nicht anders. Auch in den Debatten um den Synodalen Weg wird von verschiedener Seite auf das Menschenbild verwiesen.[8] Angewandt auf die kirchliche Sexualmoral ist zu fragen: ‚Welche Implikationen haben die Prinzipien, Kriterien usw. dieser Moral für dasjenige Bild, das man sich über das Wesen des Menschen und sein Handeln, von seiner Sexualität macht?' Und: ‚Akzeptierst du wirklich die Art und Weise, wie die kirchliche Sexualmoral die Frage behandelt?'

Um dem zu entsprechen, bedarf es gerade von Seiten der Ethik als Fachwissenschaft des Dialogs mit den Humanwissenschaften, damit ihren Überlegungen ein möglichst adäquates Verständnis vom Menschen zu Grunde liegt, ohne dass deshalb die Humanwissenschaften eine theologische Anthropologie oder gar eine Ethik vorwegnehmen würden. Dieses Fruchtbarmachen aus den Humanwissenschaften hat der Moraltheologe Eberhard Schockenhoff[9] noch für seine „Sexualethik" beispiel-

---

[6] B. Williams, Kritik des Utilitarismus (Klostermanntexte Philosophie), Frankfurt a. M. 1979 (orig. 1973), 40.
[7] Ebd.
[8] Vgl. K. Schlögl-Flierl, Liebe, Partnerschaft und Sexualität, in: dies./A. Merkl (Hrsg.), Moraltheologie kompakt. Grundlagen und aktuelle Herausforderungen, Regensburg ²2022, 229–238.
[9] Vgl. den grundlegenden Vortrag von Eberhard Schockenhoff auf dem Studientag „Die Frage nach der Zäsur. Studientag zu übergreifenden Fragen, die sich ge-

haft vollzogen. Bei ihm finden sich Auskünfte der modernen Biologie, der Psychoanalyse und der Sexualwissenschaft, der Sozialwissenschaft und der Kulturanthropologie in seiner Konzeption einer „Sexualethik".

Er kommt darin zum Ergebnis: „Nimmt man die Einsicht in die polyvalente Bedeutung der menschlichen Sexualität dagegen ernst, ergibt sich ein anderes Prinzip normativer Bewertung: Eine verantwortliche Gestaltung menschlicher Sexualität verfolgt das Ziel, alle ihre Aspekte zu verwirklichen und keinen von vornherein zu verneinen."[10]

Grundsätzlich sollte es jedem Rekurs auf die Tradition und Schrift zu denken geben, dass das recht umfassende Konzept „Sexualität" (und der Begriff ohnehin), welches heute gemeinhin als Chiffre für einen mehrdimensionalen, komplexen und eng mit der Identität des:der Einzelnen verwobenen menschlichen Lebensbereich steht, eine vergleichsweise junge Kategorie ist.[11] Um dem komplexen Themenfeld gerecht zu werden, ist daher „[d]ie Mehrdimensionalität menschlicher Sexualität ernst[zu]nehmen", wie in GT IV mit Recht angemahnt wird (B.3).[12]

---

genwärtig stellen" zur Frühjahrs-Vollversammlung der Deutschen Bischofskonferenz am 13. März 2019 in Lingen. Online verfügbar unter https://www.dbk.de/fileadmin/redaktion/diverse_downloads/presse_2019/2019 - 038d-FVV-Lingen-Studientag-Vortrag-Prof.-Schockenhoff.pdf (zuletzt abgerufen am 03.11.2022).

[10] E. *Schockenhoff*, Die Kunst zu lieben. Unterwegs zu einer neuen Sexualethik, Freiburg i. Br. 2021, 312.

[11] Aus Sicht der Kulturwissenschaften vgl. dazu etwa F. X. *Eder*, Eros, Wollust, Sünde. Sexualität in Europa von der Antike bis in die Frühe Neuzeit, Frankfurt a. M. 2018, 11–22.

[12] Vgl. für das Thema Intersexualität: M. G. *Lawler*/T. A. *Salzman*, Sex, Gender, and intersex: anthropological, medical, and ethical critiques and proposals, in: Theology & Sexuality 25 (2019/3), 205–226.

3. Ein genuin theologisches Anliegen

Nun könnte entgegnet werden, dass dies Maßstäbe einer philosophischen Ethik sein mögen, doch die theologische Ethik schöpfe zusätzlich aus Quellen, die nur aus dem Glauben heraus einsichtig seien und ein neues Licht auf den Menschen werfen. Dieses Wissen sei in der Tradition enthalten und werde in der Gemeinschaft der Kirche bewahrt und vom Lehramt authentisch ausgelegt. Eine Rezeption der Moraltheologie, die auf eine Weiterentwicklung oder Korrektur dieser vorgelegten Lehre drängt, wäre damit ausgeschlossen. Die Sünde als Gottesferne verdunkle die Einsicht des Menschen und erst in der Annäherung zu Gott und dem:der Nächsten in der Gemeinschaft der Kirche sei der Mensch fähig, frei diese Lehre anzunehmen. So stellt GT IV eine Position im Diskurs vor. Tatsächlich scheint in dieser Frage ein fundamentaler Dissens in der Synodalversammlung zwischen den Befürworter:innen und Kritiker:innen von GT IV vorzuliegen, den das Dokument eigens anspricht (B.1.4).

Statt die gerade dargelegte Sichtweise in ihrer Schlüssigkeit direkt zu kritisieren, soll ihr ein anderes Argument entgegengestellt werden. Das wird auch in GT IV versucht (vor allem B.10), doch liegt das folgende Argument ein Stück weit anders: Es wendet sich gegen die starke Dichotomie der durch die Sünde versehrten Natur einerseits, und die durch Christus ermöglichte Sphäre der Gnade andererseits und den damit einhergehenden Pessimismus. Sie läuft nämlich der christlichen Anthropologie zuwider, dem in der Diskussion vielbemühten christlichen Menschenbild, zumindest wie man es in der Pastoralkonstitution *Gaudium et spes* des II. Vatikanums findet.

Die „christliche Anthropologie" ist „Keimzelle"[13] von GS und seiner Entstehung. Überhaupt ist es das erste Mal, dass

---

[13] *C. Moeller,* Die Geschichte der Pastoralkonstitution, in: LThK². Das Zweite

ein Konzil versuchte, „in systematischer Absicht und in einem eigenständigen Aussagezusammenhang eine christliche Anthropologie vorzulegen",[14] gibt Walter Kasper 30 Jahre nach der Veröffentlichung zu bedenken. In GS lässt sich eine Doppelbewegung im gezeichneten Menschenbild ausmachen. Charakteristika des Menschen werden benannt, die aufgrund ihrer Eigenschaft des Wesentlich-Seins für den Menschen zugleich bei der Antwort des Menschen auf seine Berufung eine Rolle spielen. „Diese ‚Anthropozentrik'", kommentiert Joseph Ratzinger im LThK², „von der die ganze theologische Konzeption des Textes bestimmt ist, dürfte in der Tat seine am meisten charakteristische Entscheidung darstellen."[15]

Der Mensch wird von der Pastoralkonstitution als gottfähiges und auf Gott ausgerichtetes Wesen beschrieben, das seine Berufung in Christus findet. Der Gedanke dieser universalen und prinzipiellen Berufung ist einerseits schöpfungstheologisch grundiert (GS 12,3; 19,1), und wird andererseits insbesondere christologisch konturiert. In Christus finden sich Ermöglichung, Weg und Ziel der Berufung (GS 10,2; 22; 41,1; 45,2).[16] „Wer Christus, dem vollkommenen Menschen, folgt, wird auch selbst mehr Mensch" (GS 41,1). Im Umkehrschluss erscheint die Sünde als etwas, das den Menschen „mindert [...],

---

Vatikanische Konzil 3, Freiburg i. Br. 1968, 242–279, 278 (Hervorhebung des Orig. nicht übernommen). „Der Mensch also, und zwar der eine und ganze, mit Leib und Seele, Herz und Gewissen, Geist und Willen, wird der Angelpunkt unserer ganzen Darlegungen sein." (GS 3,1) – fasst das Konzil selbst die Themenstellung der Pastoralkonstitution zusammen.

[14] *W. Kasper*, Die theologische Anthropologie von „Gaudium et Spes", in: WKGS 16,2, Freiburg i. Br. 2019, 591–603.

[15] *J. Ratzinger*, Pastorale Konstitution über die Kirche in der Welt von heute. Erstes Kapitel des ersten Teils. Kommentar, in: LThK². Das Zweite Vatikanische Konzil 3, Freiburg i. Br. 1968, 313–354, 315.

[16] Zum zentralen Verhältnis von Anthropologie und Christologie in GS vgl. *W. Kasper*, Theologische Anthropologie von GS (s. Anm. 14), 598–601.

weil sie ihn davon abhält, seine Erfüllung zu erlangen" (GS 13,2). Der Mensch wird als ein per se sich selbst überschreitendes, an der endlichen Welt nicht Genüge findendes und damit prinzipiell auf das Göttliche ausgerichtetes Wesen vorgestellt.

Das Konzil war der Überzeugung, dass die Frohe Botschaft als solche für alle Menschen grundsätzlich erkennbar ist und dass die „Botschaft" der Kirche „mit den geheimsten Sehnsüchten des menschlichen Herzens übereinstimmt" (GS 21,7). Das Menschliche ist die gemeinsame Gesprächsgrundlage mit den Nichtgläubigen. „Es soll also deutlich gemacht werden, daß gerade im christlichen Glauben an Gott die wahre Humanität, die volle Menschlichkeit des Menschen erreicht wird".[17] Man kann von einem Konzil keine systematische theologische Anthropologie erwarten,[18] gleichzeitig sollte doch gesehen werden, dass „das Konzil einen induktiven Ansatz ‚von unten' gewählt hat"[19]. Die traditionellen theologischen Kategorien aufnehmend ließe sich sagen, dass sich hier ein Zuordnungsverhältnis von Natur und Gnade zeigt, das im Sinne des *gratia non destruit, sed supponit et perficit naturam* (die Gnade zerstört die Natur nicht, sondern ruht auf ihr auf und vervollkommnet sie) wie folgt umschrieben werden könnte:[20] Der Mensch, wie er sich als geist-leibliches Wesen vorfindet in seiner konkreten soziokulturell eingebetteten Lebenspraxis (seine Natur), ist Adressat der Zuwendung Gottes (Gnade), die in Christus Gestalt ange-

---

[17] *J. Ratzinger*, Kommentar (s. Anm. 15), 315.
[18] So die Mahnung von *W. Kasper*, Theologische Anthropologie von GS (s. Anm. 14), 601.
[19] Ebd. „[...] ohne damit in eine falsche Anthropozentrik hineinzugeraten."
[20] Einen Eindruck zu verschiedenen Lesarten dieses traditionellen Axioms im Kontext der jüngeren Theologie ist zu finden bei *S. Goertz*, Gratia supponit naturam. Theologische Lektüren, praktische Implikationen und interdisziplinäre Anschlussmöglichkeiten eines Axioms, in: *J. Ottmas/M. Striet* (Hrsg.) „... und nichts Menschliches ist mir fremd". Theologische Grenzgänge (ratio fidei 42), Regensburg 2010, 221–243.

nommen hat. In dieser Zuwendung findet der Mensch erst wirklich zu sich selbst, weil er seit jeher vom liebenden Gott als den Nächsten und Gott Liebender gemeint ist.

Kennzeichen dieser theologischen Anthropologie ist nun, dass sie um die Gebrochenheit menschlicher Beziehung zu Gott und zum:zur Nächsten weiß, ohne dass dies als radikaler Bruch der menschlichen Natur aufgefasst wird, sodass sie prinzipiell jeglicher Anziehung durch das Gute verlustig geworden wäre. Vielmehr drängt das Gewissen jeden Menschen zum Guten und Wahren. Es ist „Knotenpunkt der Gemeinsamkeit zwischen Christen und Nichtchristen"[21]. Die prinzipielle Ausrichtung und Erkenntnismöglichkeit des Guten und Wahren ist nicht aufgehoben, wenngleich der Blick getrübt sein mag. „Christologie setzt den Menschen als freies, zum Hören und zur Antwort fähiges Subjekt voraus. Sie will nicht anders überzeugen als kraft der Wahrheit, die den Menschen im Gewissen bindet und berührt."[22] – fasst Kasper die Denkrichtung der Pastoralkonstitution zusammen. Gleichzeitig gibt er zu bedenken, dass sich deshalb das unableitbare Neue und Überbietende im Christusereignis nicht einfach aus einer naturalen Anthropologie ableiten lässt, sondern vielmehr der Offenheit des Menschen entspricht.[23]

Das Skandalon des Kreuzes bleibt dabei gewahrt. Wovon aber im hier gezeichneten christlichen Menschenbild nicht die Rede ist, ist ein Bruch der menschlichen Natur, sodass der Mensch durch die Zuwendung Gottes in seiner naturalen Vorfindlichkeit ein ganz anderer werden würde oder dass gar bestimmte Aspekte der menschlichen Natur als Folge der Sünde aufzufassen wären. In diese Kerbe schlägt etwa Michael Müller –

---

[21] *J. Ratzinger*, Kommentar (s. Anm. 15), 330.
[22] *W. Kasper*, Theologische Anthropologie von GS (s. Anm. 14), 601.
[23] Vgl. ebd., 602.

im katholischen Diskurs um die Sexualethik bekannt durch seine Studie zur Lehre der Paradiesehe in Patristik bis hinauf in die Scholastik aus dem Jahr 1954[24] – und kritisiert die Spekulation Augustins, dass der Mensch vor dem Sündenfall die Geschlechtsorgane willentlich bewegen konnte wie Hand und Fuß. Er verweist dabei auch auf neuere Erkenntnisse über das menschliche Nervensystem: „Die gegenteilige Behauptung setzt voraus, daß Gott nach dem Sündenfall den Organismus abänderte. Für diese Annahme besteht jedoch nicht der geringste Anhaltspunkt."[25] Das allerdings muss behauptet werden, wenn beispielsweise eine homosexuelle Präferenz, die aus Sicht der Sexualmedizin eine ‚Normvariante menschlicher Beziehungsfähigkeit' darstellt,[26] als „objektiv ungeordnet" erscheint, wie derzeit noch in KKK 2358 formuliert ist, und dass sie sich „in einer Situation" befänden, die sie „in schwerwiegender Weise daran hindert, korrekte Beziehungen zu Männern und Frauen aufzubauen", wie die Kongregation für die Glaubenslehre den Ausschluss homosexuell empfindender Personen vom Weihesakrament begründet.[27] Dem entgegen stehen Erfahrungen homosexuell empfindender Menschen, die ihre Partnerschaft durchaus als Lebensgemeinschaft personaler Liebe erleben und deuten.

---

[24] Vgl. *M. Müller*, Die Lehre des hl. Augustinus von der Paradiesehe und ihre Auswirkungen in der Sexualethik des 12. und 13. Jahrhunderts bis Thomas von Aquin (SGKMT 1), Regensburg 1954.
[25] *M. Müller*, Grundlagen der katholischen Sexualethik, Regensburg 1968, 43.
[26] Vgl. *H. A. G. Bosinski*, Eine Normvariante menschlicher Beziehungsfähigkeit. Homosexualität aus Sicht der Sexualmedizin, in: *S. Goertz* (Hrsg.), „Wer bin ich, ihn zu verurteilen?" Homosexualität und katholische Kirche (Katholizismus im Umbruch 3), Freiburg i. Br. 2015, 91–130.
[27] Vgl. *Kongregation für den Klerus*, Das Geschenk der Berufung zum Priestertum. Ratio Fundamentalis Institutionis Sacerdotalis (8. Dezember 2016), hrsg. vom Sekretariat der Deutschen Bischofskonferenz (Verlautbarungen des Apostolischen Stuhls 209), Bonn 2017, Nr. 199.

Auch muss sich die These einer normativ verbindlichen Komplementarität von Frau und Mann den genannten Einwänden stellen. Sie muss dann ihre Plausibilität im Rekurs auf die Erfahrungswissenschaften aufweisen, ohne dass sie darauf reduziert werden könnte. Doch die Begründungspflicht liegt bei ihr. Theologische Quellen wie die Schrift dabei autoritativ aufzusuchen („Gott schuf den Menschen als Mann und Frau!"), löst diese nicht ein. Sie müssen in diesem Feld als ungeeignet eingeschätzt werden, weil sie keine Auskunft zu biologischen und physiologischen Sachverhalten geben.[28]

Inhaltlich und methodologisch notwendig ist hingegen für die christliche Beziehungsethik und Sexualmoral ein Dialog mit den unterschiedlichsten Wissenschaften auf der Höhe der Zeit. Den von Gott angesprochenen Menschen gilt es zu verstehen, um Hinweise geben zu können, worin denn seine Antwort aus Einsicht bestehen kann und soll. Die Relevanz Gottes für den Menschen unserer Tage wirksam zu erschließen, ist eine Hauptaufgabe der Kirche, ist sie doch „in Christus gleichsam das Sakrament bzw. Zeichen und Werkzeug für die innigste Vereinigung mit Gott und für die Einheit des ganzen Menschengeschlechts" (LG 1).

Es wird oft von Evangelisierung gesprochen. Dann aber muss es auch ein genuines Anliegen der Glieder der Kirche sein, die alle auf ihre Weise an der kirchlichen Sendung teilhaben (vgl. LG 10–12), dass ganz in der Linie von GS die christliche Botschaft den Menschen von heute als Evangelium, als Frohbotschaft, erkennbar werden kann. Wo dies an den Gewissen nicht weniger, auch christgläubiger Menschen scheitert, sollte es aus

---

[28] Müller hat dies im Übrigen noch nicht gesehen, sondern auch er gewinnt exegetisch anhand von Gen 1 ein Verständnis von Geschlechterkomplementarität und Heteronormativität. Vgl. *M. Müller*, Grundlagen (s. Anm. 25), 30–40. Gleichzeitig versucht er dabei immer wieder die Thesen auf Erfahrungswissen zu stützen.

den oben genannten Gründen Moraltheologie und Lehramt zu denken geben.

4. Die Verantwortung von Moraltheologie und Lehramt

Die Moraltheologie ist hier in der Pflicht gegenüber der kirchlichen Gemeinschaft. Das II. Vatikanum hat ihr die Aufgabe gestellt, sie solle die „Erhabenheit der Berufung der Gläubigen in Christus sowie deren Verpflichtung erhellen […], in Liebe für das Leben der Welt Frucht zu bringen" (OT 16,4). Die Moraltheologie hat demnach auf dem Feld von Beziehung und Sexualität aufzuzeigen, welche orientierenden Sinngehalte das Christentum anbietet und inwiefern sie sich als „leuchtend" erweisen, auch über die strengen Forderungen der Gerechtigkeit hinaus (wie die Einvernehmlichkeit), ohne dass diese übersehen werden dürften. Es geht um eine anspruchsvolle Frage nach dem Guten, die über Minimalbedingungen des Erlaubten hinausgeht. Dass im Titel des Synodalforums IV und des von ihm ausgearbeiteten Textes „Gelingen" als Leitbegriff fungiert, ist daher durchaus treffend.

Die Aufgabe stellt sich immer wieder neu, ohne deshalb beliebig zu werden. Die sich im Glauben eröffnende anthropologische Option ist nicht mit einer ausformulierten Ethik deckungsgleich oder nimmt sie vorweg. Im Hinblick auf den Beitrag christlicher Glaubensaussagen für die Ethik spricht Demmer davon, dass „der Glaube ein Koordinatensystem anthropologischer Implikationen erstellt, innerhalb dessen die sittliche Vernunft in relationaler Autonomie operiert"[29]. Ebenso ist die anthropologische Option, wie sie sich für den:die Theolog:in notwendig auch im Horizont von Glaubensaussagen er-

---
[29] K. *Demmer*, Methodenlehre (s. Anm. 4), 96.

schließt, kein erratischer Block. Vielmehr ist sie eine unabgeschlossene Denkaufgabe. Demmer sympathisiert mit der Redeweise vom „offenen System".[30] Die Moraltheologie hat weder eine statische, klar und unmissverständlich formulierte und durch göttliche Offenbarung abgesicherte Moral noch eine Anthropologie zur Hand, die sie nur noch anwenden müsste.

Eine solche „unmissverständliche" Sicht muss notwendigerweise unter Ideologieverdacht fallen und mit einem fraglichen Gottesbild changieren. Sie verkennt gleichermaßen das Wesen des Christentums als Heilsgeschichte wie den Charakter moralischer Einsicht. Die Moraltheologie muss also das Gespräch mit Humanwissenschaften und Philosophie suchen, nicht nur als Bonus, sondern vom ureigensten, genuin theologischen Anliegen des eigenen Faches her, die Geschichte Gottes mit dem Menschen in ihrer Praxisrelevanz zu erschließen.

Die Moraltheologie – und allgemein die Theologie – ist es daher der kirchlichen Gemeinschaft in der Sache schuldig, ihre so gewonnene Fachkompetenz kritisch und konstruktiv einzubringen und sich dabei auch dem innerkirchlichen Dialog zu stellen. Das gilt in Richtung des Lehramtes, aber auch unter dem Eindruck des Konzils ebenso gegenüber den (theologisch interessierten, wenn auch nicht studierten) Laien.[31] Diese Verantwortung der Theologie gegenüber der Kirche verlangt ein Bemühen um eine Sprachfähigkeit gegenüber dem gesamten Gottesvolk, die nicht zusammenfällt mit jener des innerfachli-

---

[30] Neben ebd., passim prägnant: *K. Demmer*, Das Selbstverständnis der Moraltheologie, in: *W. Ernst* (Hrsg.), Grundlagen und Probleme der heutigen Moraltheologie, Würzburg 1989, 14f.; oder zuletzt *K. Demmer*, Selbstaufklärung theologischer Ethik. Themen – Thesen – Perspektiven, Boston 2014, 24f. Er wendet den Begriff auf unterschiedliche zentrale Teilbereiche oder auf das ethische Denken als Ganzes an.

[31] Vgl. *N. Rigali*, The Ecclesial Responsibilities of Theologians, forty years after Vatican II, in: Horizons 33 (2006), 298–302.

chen Diskurses. Das gilt insbesondere dort, wo theologische Expertise bei kirchlichen Dokumenten einfließt, wie eben auch in GT IV. Der Sprachduktus sollte dabei nicht der einer wissenschaftlichen oder gelehrten Abhandlung sein, sondern vielmehr sich um eine klare und einfache Ausdrucksweise zu bemühen.[32]

Für das Lehramt stellt sich die Verantwortung gegenüber der kirchlichen Gemeinschaft und den Menschen guten Willens sicherlich in einer umfassenderen Weise als für die Theologie, die je ihre relativ spezifische Kompetenz durch wissenschaftliche Bearbeitung eines bestimmten Themenfeldes gewinnt. Die durch Weihe bestellten Amtsträger der Kirche haben im Besonderen die Aufgabe die Glaubwürdigkeit der Kirche im besten Sinne des Wortes zu bewahren und zu bezeugen (vgl. LG 25). Das II. Vatikanum hat dem Verkündigungsauftrag der Bischöfe, den es als Dienst kennzeichnet, besondere Aufmerksamkeit geschenkt. Ihre im Amt gegebene Verantwortung kann die Moraltheologie nicht ersetzen, aber befruchten.

Denn wenngleich sich Lehramt und Moraltheologie formal in Spezifizität und Reichweite unterscheiden, eint sie doch das in der Sache „Moral" zwingend vorgegebene Ziel, dass die jeweils vorgelegten Ausführungen von den adressierten Menschen als für ein gelingendes Leben „einleuchtend" erkannt und ergriffen werden. Diese Forderung ist für das Lehramt aufgrund seiner umfassenderen Verantwortung gegenüber dem Evangelium und des nicht spezifisch umgrenzten Adressat:innenkreises noch drängender.

Doch müssen sich gerade dann die Amtsträger um dieser Verantwortung willen der aktuellen Theologie stellen, sofern sie keinen Zweifel an deren fachlicher Kompetenz hegt. Das al-

---

[32] Vgl. *K. Hilpert*, Sexualmoral und kirchliche Lehre. Zum Grundtext des Synodalforums „Leben in gelingenden Beziehungen", in: HerKorr 76 (2022/9) 25–28.

lerdings wird es auch nur erschließen können, wenn es sich dem theologischen Diskurs in seiner Breite öffnet und nicht nur selektiv konforme Stimmen auswählt.[33]

5. Schluss

In den vorangegangenen Ausführungen wurde der Versuch unternommen, vom Gegenstand „Moral" her die Bedeutung der Rezeption der Erkenntnisse der Moraltheologie durch das Lehramt deutlich zu machen. Resümierend ist vor allem auf das gemeinsame Anliegen hinzuweisen, den Menschen von heute den Glauben in und außerhalb der Kirche zu erschließen. Um dieser gemeinsamen Sache und des damit einhergehenden Anliegens willen, ist das Lehramt angehalten, die aktuellen Erkenntnisse der Moraltheologie zu rezipieren. Man wird sich Bischof Dieser in seinem Statement nur anschließen können:

> „… Ich glaube aber fest daran, dass wir das Evangelium zu bezeugen haben. Und es darf nicht geschehen, dass das Evangelium Schaden nimmt, oder die Verkündigung der Kirche mutlos wird, kraftlos wird, ja sogar ins Schweigen geht, weil wir Angst hätten vor der Last der Tradition oder vor den Bindekräften der Tradition, weil Tradition uns nicht fesselt, sondern stark machen muss."

---

[33] Vgl. die Kritik von *M. G. Lawler/T. A. Salzman*, Theologians and the Magisterium. A Proposal for a Complementarity of Charisms through Dialogue, in: *dies.* (Hrsg.), Catholic Theological Ethics. Ancient Questions, Contemporary Responses, Lanham u. a. 2016 (erst. 2009), 31–54, 38f.

Redlichkeit in der Wahrnehmung der Probleme
Den konkreten Menschen in den Blick nehmen

von Wunibald Müller

Meinen Beitrag, Redlichkeit in der Wahrnehmung der Probleme, die sich aus der offiziellen katholischen Sexualmoral ergeben, verstehe ich als einen Aufruf, endlich der Wahrheit ins Gesicht zu schauen. Wahrzunehmen, welche Probleme sich daraus ergeben, diese ernstzunehmen und schließlich die notwendigen Konsequenzen zu ziehen, um diese Probleme zu vermeiden. Was ich dazu sagen kann, geschieht vor allem auf dem Hintergrund meiner Erfahrungen im Recollectiohaus, einer Einrichtung der Abtei Münsterschwarzach, in der kirchliche Mitarbeiter*innen spirituell und psychotherapeutisch begleitet werden. Ich beschränke mich daher auf Bereiche, die mir durch meine Arbeit vertraut sind. Das sind Homosexualität und Zölibat. Was ich dazu zu sagen habe, lässt sich mutatis mutandis aber auch auf andere Bereiche und Themen der offiziellen Sexualmoral übertragen.

Ich sehe mich als einen Rufer, der, wie ich es oft in der Vergangenheit getan habe, dazu aufruft, immer wieder den konkreten Menschen in den Blick zu nehmen und von ihm her das, was man als Kirche zur Sexualität und den richtigen Umgang damit sagen und vermitteln möchte, zu sagen. Darauf zu achten, dass es sein Leben, seine Lebenswirklichkeit trifft. Redlich hinzuschauen, wohin das führt, wenn das nicht geschieht, und die Probleme, die sich daraus ergeben, ausgeblendet oder unter den Teppich gekehrt werden, damit aber nicht aus dem Weg geräumt, geschweige denn gelöst werden. Es sich vielmehr so verhält, dass die Sexualität dann oft ein Schattendasein führt und entsprechend gelebt wird: versteckt, unangeschaut, von Angst und Schuld umfangen. Oft auch unverantwortlich, lieblos, ausbeuterisch.

1. Schwule Priester

Ich erinnere mich noch gut daran, wie ein Ordensvorsteher mit dem Kopf schüttelte, als er las, wie der damalige Vorsitzende der Bischofskonferenz, Kardinal Karl Lehmann, die vatikanischen „Instruktion über die Kriterien zur Berufungsklärung von Personen mit homosexuellen Tendenzen im Hinblick auf ihre Zulassung für das Priesterseminar und zu den heiligen Weihen" kommentierte. In dieser 2005 von der vatikanischen Kongregation für das Katholische Bildungswesen herausgegebenen Instruktion hieß es unter anderem, dass Personen mit tiefsitzenden homosexuellen Tendenzen nicht zu Priestern geweiht werden dürfen.

Der Vorsitzende lobte das Papier, kam dann aber zu der Feststellung, dass die Weihe eines homosexuellen Mannes unter bestimmten Voraussetzungen möglich ist. Er bezog sich dabei auf den Abschlussbericht einer Arbeitsgruppe, die sich im Auftrag der Deutschen Bischofskonferenz mit der Thematik befasst hatte, ob ein homosexueller Mann zur Priesterweihe zugelassen werden kann. Diese war zu dem Ergebnis gekommen, dass ein homosexuell veranlagter Priesteramtskandidat zur Weihe zugelassen werden kann, wenn er auf eine überzeugende Weise sexuelle, personale und geistige Reife zeigt und zu zölibatärer Lebensweise bereit und fähig.

Für den erwähnten Ordensvorsteher aber waren – mit Recht – die Bestimmungen der vatikanischen Instruktion nicht in Einklang zu bringen mit den Aussagen und Schlussfolgerungen der Arbeitsgruppe und des Vorsitzenden der Bischofskonferenz. Die Instruktion wird von diesen zur Kenntnis genommen, aber letztlich ignoriert.

Nach meiner Einschätzung orientierten sich die meisten deutschen Bischöfe an dieser Empfehlung der Arbeitsgruppe. Das heißt, dass schwule Männer zu Priestern geweiht werden, wenn sie die von der Arbeitsgruppe genannten Voraussetzungen erfüllen. Nach außen hin hielt man sich aber eher bedeckt. Erst in jüngster Zeit, nachdem sich bei einer Aktion über 100 kirchliche Mitarbeiter und Mitarbeiterinnen als LGBTIQ+-Personen, darunter auch viele Priester, geoutet haben, sprechen sich zunehmend Bischöfe und Verantwortliche in den Priesterseminaren auch öffentlich für die Weihe von schwulen Männern aus.

Doch das hat bisher nicht dazu geführt, dass die erwähnte Instruktion entsprechend korrigiert worden wäre. Als 2016 die Instruktion überarbeitet bzw. ergänzt wurde, wäre Gelegenheit dafür gewesen, zumindest jene Passagen zu streichen, wonach Männer mit festsitzenden homosexuellen Tendenzen nicht zur Weihe zugelassen werden dürfen. Ich hatte damals erwartet, dass Papst Franziskus die Überarbeitung der Instruktion zum Anlass nimmt, jene Passagen zu streichen. Das wäre für mich die logische Konsequenz gewesen nach dem oft zitierten Satz von ihm: „Wenn einer gay ist und den Herrn sucht und guten Willen hat – wer bin dann ich, ihn zu verurteilen?" Papst Franziskus hat diese Chance leider nicht wahrgenommen, mit dem Ergebnis, dass manche Bischöfe trotzdem schwule Männer zu Priestern weihen, andere Bischöfe wieder nicht.

2. Wenn die Lehre in Spannung gerät mit der Wirklichkeit

Das geschilderte Vorgehen ist für mich ein Beispiel für die Unredlichkeit, mit der die Kirche vorgeht, wenn die Wirklichkeit in Spannung gerät mit dem, was von der Lehre her als richtig erachtet wird. Sie nimmt dafür offensichtlich in Kauf, dass das Vermeidungsverhalten potenzieller oder bereits geweihter schwuler Priester, sich mit ihrer Sexualität und Homosexualität auseinanderzusetzen, dadurch gefördert und das Risiko, ein unreifes sexuelles Verhalten an den Tag zu legen, verstärkt wird.

Das zu sehen, gehört für mich zur Redlichkeit der Wahrnehmung von Problemen, die sich aus der negativen Einstellung der Kirche zur Homosexualität und hier speziell gegenüber homosexuellen Priestern ergeben können. Der Missbrauchsskandal hat deutlich gemacht, von welch zentraler Bedeutung die Auseinandersetzung mit der eigenen Sexualität ist, um verantwortungsvoll mit ihr umgehen zu können und wie verhängnisvoll es sein kann, wenn das ausbleibt. Die MHG-Studie fordert daher auch, die grundsätzlich ablehnende Haltung der katholischen Kirche zur Weihe homosexueller Männer dringend zu überdenken und bezieht sich dabei auch ausdrücklich auf die vatikanische Instruktion. Doch geschehen ist zumindest seitens Roms nichts.

Ein Streichen der entsprechenden Passage in der Instruktion würde dabei auch endlich den vielen schwulen Priestern, die es ja ohnehin schon immer gegeben hat und gibt, signalisieren, dass sie in der Kirche willkommen sind. Dass es keine Vorbehalte ihnen gegenüber gibt. Ihnen dürfte es dann leichter fallen, sich selbst gegenüber und nach außen hin selbstverständlicher zu ihrer Homosexualität zu stehen. Sie müssten nicht länger verstecken, was auch zu ihnen gehört, ohne darauf reduziert zu werden. Das aber würde sich positiv auf ihre Lebenszufriedenheit auswirken. Manche seelische Not und Verhaltensweisen, die sie in Konflikt bringen mit ihrem Amt und mit ihrem Lebensstil, könnten dadurch vermieden werden.

Es ist für mich daher eine große Freude, miterleben zu dürfen, wie Priester, die ihre Homosexualität über eine lange Zeit verstecken mussten, nach der großen Outing-Aktion von über hundert kirchlichen Mitarbeitern und Mitarbeiterinnen, geradezu aufblühen, da sie endlich nicht länger eine Seite von sich verstecken müssen, die nicht nur ein Anhängsel von ihnen ist, sondern wesentlich zu ihnen gehört. Davon geht etwas Befreiendes aus, das sich positiv auf ihre Persönlichkeitsentwicklung und ihre Arbeit auswirkt.

3. Ein positives Verhältnis zur homosexuellen Orientierung

Die MHG-Studie kritisiert auch bestimmte Formulierungen der kirchlichen Lehre zur Homosexualität. Man denke an die Aussage, wonach die homosexuelle Orientierung als „objektiv ungeordnet" bezeichnet wird. Das ist in den Augen der Verfasser der Studie idiosynkratisch. Idiosynkratisch meint: jemand ist von unüberwindlicher Abneigung gegen etwas erfüllt und reagiert darauf stets abweisend.

Genauso verhält es sich aber. Jedenfalls ist das die Botschaft, die nicht nur schwule Priester, sondern homosexuelle Personen an sich vernehmen, wenn sie sich seitens der Kirche solchen Formulierungen ausgesetzt sehen. Danach ist ihre sexuelle Orientierung etwas, das suboptimal ist. Redlichkeit in der Wahrnehmung der Probleme, die sich aus einer solchen Einstellung gegenüber Homosexualität ergeben, verlangt, sich einzugestehen, dass man damit homosexuellen Personen es mitunter erschwert, ihre homosexuelle Orientierung anzunehmen, sie positiv zu bewerten und damit auch sich selbst positiv zu sehen. Das aber ist eine wesentliche Voraussetzung, um verantwortungsvoll mit der eigenen Sexualität umgehen und auf eine psychisch gesunde Weise als schwuler Mann sich, unter anderem auch in innigen Beziehungen, verwirklichen und leben zu können.

4. Zölibatäre Lebensform

Wie steht es um die Redlichkeit in der Wahrnehmung von Problemen beim Zölibat? Die offizielle Position ist klar. Wer katholischer Priester werden will, von dem wird erwartet beziehungsweise gefordert, dass er ehelos lebt und auf das Ausleben seiner Sexualität verzichtet. Wenn Priester offen über ihr Bemühen, zölibatär zu leben, sprechen, zeigt sich, dass die Wirklichkeit anders aussieht. Es gibt Untersuchungen, nach denen die Mehrheit zölibatär lebt, wenn der Weg dahin auch manchmal über Umwege, bis hin zu sexuellen Beziehungen, geht. Auf der anderen Seite gibt es aber eine beachtliche Gruppe von Priestern, die in einer mal mehr, mal weniger festen – auch sexuellen – Beziehung leben.

Unter diesen Beziehungen gibt es solche, die von viel Treue zur Partnerin und einem hohen Verantwortungsgefühl geprägt sind. Manche sprechen hier von einem sogenannten „Dritten Weg". Dahinter steht die Vorstellung, dass eine enge, auch sexuell gelebte Beziehung mit einer anderen Person erlaubt ist, wenn dadurch kein öffentlicher Skandal ausgelöst wird und keinem der Partner dadurch Schaden zugefügt wird.[1]

Es ist offensichtlich, dass solche Arrangements problematisch sind. Diese Beziehungen dürfen in der Regel nicht offen sein für Nachkommenschaft und sie dürfen nicht öffentlich gelebt werden.[2] Der gelebten sexuellen Beziehung ist die Möglichkeit versagt, das, was sexuell gelebt wird, der Intensität der Beziehung entsprechend in einer Lebensform zum Ausdruck zu bringen. Das aber wäre eine ungeteilte, öffentlich gelebte, dauerhafte, treue und ausschließliche Beziehung. Da das nicht

---

[1] Vgl. *S. Schneiders*, New Wineskins. Re-imagining Religious Life Today, New York 1986, 215.
[2] Vgl. ebd.

möglich ist, wird eine solche Beziehung dem jeweiligen Partner gegenüber oft nicht gerecht, so sehr der andere Partner sich auch bemühen mag.

Man kann es drehen und wenden, wie man will, ein zölibatäres Leben, das sexuelle Aktivität zulässt, ist ein Gegensatz in sich.[3] Es mag sich dann von der Ehe nur noch dadurch unterscheiden, dass es eine geheim gelebte Beziehung ist, der die Offenheit für eine Familie fehlt und die instabil ist, da die eigentliche Lebensverpflichtung in Konkurrenz zum jeweiligen Partner tritt. Bei manchen dieser Beziehungen entsteht zuweilen der Eindruck, dass die Partnerin ausgenutzt wird.

5. Menschliche Schicksale

Es steht mir fern, die moralische Keule zu schwingen, wenn Menschen für sich Lösungen gefunden haben oder glauben gefunden zu haben, die ihnen helfen, ein für sie erfüllendes Leben zu führen. Es gibt auch Beispiele, wo es Priestern und ihren Partnerinnen gelungen ist, auf eine für beide erfüllende Weise, ihre Beziehung miteinander zu leben. Es gehört aber zur Redlichkeit, nicht zu übersehen, welche möglichen Probleme, von denen ich nur einige genannt habe, sich daraus ergeben. Ich habe viele Priester erlebt, die gerungen haben, wie sie sich entscheiden sollen: für die Frau, die sie lieben oder für den Beruf, den sie auch lieben. Und dann haben sie sich für das eine oder das andere entschieden. Oder aber sie haben tatsächlich versucht, den „Dritten Weg" zu gehen.

Ich bin dabei menschlichen Schicksalen sehr nahegekommen. Ich habe in manche Abgründe geschaut und mich dann auch immer wieder gefragt, muss das sein? Zur Redlichkeit ge-

---

[3] Vgl. ebd., 216f.

hört es daher für mich auch, diese sehr menschliche Seite, die Not, die Verzweiflung, die bei diesen Entscheidungsprozessen deutlich zutage getreten ist, wahrzunehmen. Zur Redlichkeit gehört, die Frauen in den Blick zu nehmen, die oft nicht die Unterstützung bekamen, die sie gebraucht hätten. Dann aber doch auch in Gruppen und Initiativen, die sich der Probleme von Frauen, die mit Priestern in einer Partnerschaft leben, annahmen und große Hilfe erfahren durften. Ich habe miterlebt, wie schwierig es sein kann, den Kindern, die aus solchen Partnerschaften hervorgegangen sind, gerecht zu werden. Ja, wie manchmal eine Abtreibung nicht nur in Erwägung gezogen, sondern auch durchgeführt wurde.

Als ich vor einigen Jahren Papst Franziskus inständig bat, den Pflichtzölibat aufzuheben, waren es unter anderem diese Erfahrungen, die mich dazu bewogen. Eine Freigabe des Zölibats hätte zur Folge, davon bin ich überzeugt, dass viele der genannten Probleme wegfallen würden. Es gäbe vermutlich andere. Aber der ganze Bereich der Sexualität und Intimität bekäme einen selbstverständlicheren Platz innerhalb der Priesterschaft und ein entscheidender Lebensbereich könnte ganz normal gelebt werden.

6. Unklare Situationen

Redlichkeit in der Wahrnehmung der Probleme bezogen auf das Zölibat oder überhaupt den Lebensstil kirchlicher Mitarbeiter*innen verlangt auch, in den Blick zu nehmen, wie unterschiedlich der kirchliche Arbeitgeber darauf reagiert, wenn kirchliche Mitarbeiter*innen sich nicht an die Vorgaben halten. Da gibt es jene, die die reine Lehre einfordern, will sagen, verlangen, dass sich kirchliche Mitarbeiter*innen hundertprozentig an die kirchlichen Vorschriften halten, wollen sie nicht riskieren, dass ihnen gekündigt wird. Andere Bischöfe oder Verantwortliche in kirchlichen Behörden wissen von Priestern, die in – auch sexuellen – Beziehungen leben, sie wissen, dass kirchliche Mitarbeiter und Mitarbeiterinnen zusammenleben, obwohl sie nicht verheiratet sind, schauen aber einfach weg, wollen es gar nicht oder zumindest nicht so genau wissen, wie der einzelne seine privaten Beziehungen gestaltet. Darunter gibt es jene, die sagen, dass man es den Betroffenen gegenüber schuldig sei, ihre Privatsphäre zu respektieren. Andere scheuen sich vor den Schritten, die sie vom Kirchenrecht her einleiten müssten, würden sie von dem wahren Stand einer Beziehung – etwa zwischen einem Priester und seiner Freundin – Kenntnis haben.

Das führt zu Situationen, dass von amtlicher Seite her – offiziell zumindest – eine bestimmte Lebensform erwartet oder auch gefordert wird, bei näherem Hinsehen aber eingeräumt werden muss, dass man es dann doch nicht so ernst nimmt und über manches, vielleicht auch vieles, einfach hinwegsieht. Auch, weil man sich als Verantwortlicher zwar in der Pflicht sieht, nach außen hin etwas einzufordern, weil es die kirchlichen Anordnungen verlangen, man selbst aber nicht wirklich oder nur halbherzig dahintersteht. Das verursacht Unsicherheit und Verwirrung, da und dort auch Ärger. So ärgern sich ehemalige Priesteramtskandidaten, die sich für die Ehe und Kinder entschieden haben und deshalb Pastoralassistenten oder Diakone geworden sind, wenn sie den Eindruck gewinnen, dass bei Priestern scheinbar toleriert wird, dass sie in partnerschaftlichen Beziehungen leben.

Dann gibt es jene, die um die Situation und die Probleme, die damit einhergehen, wissen und aus Sorge um ihre Mitarbeiter*innen es für wichtig erachten, sich ihrer Situation anzunehmen. Sie merken sehr bald oder wissen längst, dass sie sehr schnell an ihre Grenzen kommen, wenn es darum geht, grundsätzlich etwas an der Situation zu verändern. Das würde heißen, den Pflichtzölibat aufzuheben und es den Priestern selbst zu überlassen, für welchen Lebensstil sie sich entscheiden wollen; kirchlichen Mitarbeitern, deren Ehe gescheitert ist, mit einer Wiederverheiratung eine zweite Chance als kirchliche Mitarbeiter einzuräumen; homosexuellen Personen einen selbstverständlichen Platz als kirchliche Mitarbeiter*in zuzugestehen und keine Einwände zu haben, wenn sie sich öffentlich zu ihrer Partnerschaft bekennen.

Da ist inzwischen etwas in Bewegung gekommen, das es den betroffenen kirchlichen Mitarbeiter*innen leichter macht, zu sich und ihrem Lebensstil zu stehen und sich nicht länger verstecken zu müssen. Die Kluft zwischen dem, was wirklich gelebt wird, und dem, was nach außen hin gefordert wird, beginnt kleiner zu werden. Damit geht eine größere Redlichkeit einher, die sich segensreich und befreiend auswirkt.

7. Zum Schluss

Wenn die Entwicklung weiter in diese Richtung geht, die Kirche sich, was die Sexualität betrifft, darauf beschränkt, Menschen, wenn sie es von ihr wollen, dabei zu unterstützen, dass ihre Sexualität zu einer Bereicherung ihres Lebens beiträgt, kann das vielleicht mit der Zeit dazu beitragen, dass die Kirche als Ratgeberin gefragt ist. Als Ratgeberin neben anderen Ratgebern und Influencern*innen, nicht aber als moralische Instanz, die für sich beansprucht, allein zu wissen, was zu tun und zu lassen ist.

Der Kirche ist zu wünschen, dass sie weiter in diese Richtung geht. Mehr Redlichkeit in der Wahrnehmung der Probleme, die entstehen können, wenn man sich als moralische Instanz aufspielt und dabei den konkreten Menschen nicht mehr im Blick hat, kann sie dabei unterstützen. Noch – so hoffe ich – ist es nicht zu spät dafür.

„Sich selbst immer noch als sich selbst zu sehen" – Sichtbarkeit als gemeinsame Aufgabe

von Martina Kreidler-Kos

Im Jahr 2019 sorgte ein junger vietnamesisch-stämmiger Autor mit seinem Debütroman „On Earth We're Briefly Gorgeous" (dt.: „Auf Erden sind wir kurz grandios") in den USA und weit darüber hinaus für Furore. In schonungsloser und zugleich betörend schöner Sprache schildert Ocean Vuong seine Erfahrungen als queerer Außenseiter in einer Art innerem und äußerem Niemandsland, aber auch seine erste große Liebe. In vielen Kontexten nahezu unsichtbar bleibt ihm zur Vergewisserung seiner selbst nur sein eigenes Spiegelbild: „Vielleicht blicken wir nicht nur auf der Suche nach Schönheit in den Spiegel – wie illusorisch das auch sein mag –, sondern weil wir uns vergewissern wollen, dass wir trotz allem noch da sind. Dass der gejagte Körper, in dem wir uns bewegen, noch nicht ausgelöscht, nicht ausgeschabt wurde. Sich selbst immer noch als *sich selbst* zu sehen ist eine Zuflucht, von der Menschen, die niemals in ihrem Leben verleugnet wurden, nichts wissen können."[1]

Die katholische Kirche hat vor allem in der Gestalt ihrer lehramtlichen Äußerungen viel dazu beigetragen, dass Menschen unsichtbar gemacht und unsichtbar gehalten wurden, weil sie den Anforderungen an eine vermeintlich „reguläre" Lebensform nicht entsprechen konnten oder wollten. Dies gilt besonders für Menschen in zweiter Ehe, für gleichgeschlechtlich Liebende und in radikaler Weise für Menschen, die in der hete-

---

[1] O. *Vuong*, Auf Erden sind wir kurz grandios, München 2019, 156 (Hervorhebung im Original).

ronormativen Geschlechterordnung keinen Platz finden.[2] In einer Publikation, die aus der gemeinsamen Erfahrung dreier queerer Mitglieder des Synodalforums IV entstanden ist, wird diese Erfahrung im Bericht einer jungen Person, die Ben heißt, eindrucksvoll beschrieben: „Ich habe keinen sicheren Platz in meiner Kirche. Ich bin oft dort und solange ich nützlich erscheine oder namenlos bin, bin ich geduldet. Aber im Angesicht lehramtlicher Kirche, wenn sie diese Seite von sich hervorkehrt, hört spontan ein jedes Mal meine Existenz auf. Ich entschwinde mir. Dann muss ich hinausgehen und mich suchen."[3] So bitter es ist: Die katholische Kirche ist für viele Menschen kein Ort, an dem sie sichtbar werden und sein dürfen, kein Ort, an dem sie Ansehen genießen. Vielen von ihnen bleibt deshalb nur die Flucht, um sich zu retten und nicht auch noch sich selbst „zu entschwinden".

Aber es beginnt sich etwas zu verändern. Vor allem auf der persönlichen Ebene finden queere Menschen oder Lebenspartnerschaften, die nicht den Normerwartungen entsprechen, immer mehr Akzeptanz – unter den Gläubigen ebenso wie unter den Seelsorger*innen. Davon zeugen die vielen Regenbogenflaggen, die seit dem Jahr 2021 an Kirchtürmen im ganzen

---

[2] Die Anerkennungsansprüche inter- und transgeschlechtlicher Personen sowie deren soziale und rechtliche Resonanz stellen scheinbare Selbstverständlichkeiten infrage. Die Exklusivität der binären heteronormativen Geschlechterordnung ist aufgebrochen. Sie galt über Generationen hinweg (aber keineswegs schon immer) so sehr als einzige Grundlage der Sozialisation, dass neben der Dichotomie Mann/Frau beziehungsweise zwischen deren Polen kein Raum für Drittes imaginiert werden konnte. Personen, die ihre Identität darin nicht abgebildet erfuhren, waren faktisch zu sozialer und rechtlicher Ortlosigkeit verdammt." *M. Heimbach-Steins*, Gottes geliebte Geschöpfe. Transidente und intergeschlechtliche Menschen, in: Herder Korrespondenz 76 (2022/11), 28–30, 28 (H.i.O.).

[3] *Ben*, geb. 1995, „Ich fiel aus meiner Kirche in ein bodenloses Loch", in: *M. Gräve/H. Johannemann/M. Klein* (Hrsg.), Katholisch und Queer. Eine Einladung zum Hinsehen, Verstehen und Handeln, Paderborn 2021, 27.

Land zu entdecken sind. Auf der Ebene der Doktrin gilt diese Anerkennung zwar nach wie vor noch nicht. So hat etwa die Glaubenskongregation in Rom am 15. März 2021 mit dem „Responsum ad dubium" ein dürres, aber klares Verbot von Segnungen gleichgeschlechtlicher Paare ausgesprochen. Bewirkt hat diese „Antwort auf einen Zweifel" im Volk Gottes aber genau das Gegenteil: Statt Disziplinierung erfolgten breite Solidaritätsbekundungen. Sehr schnell lagen 2600 Unterschriften von Seelsorger*innen vor, die ihrem Gewissen folgend weiter Segensfeiern bejahen oder durchführen, 200 von katholischen Professor*innen, und unter dem #liebegewinnt wurde mindestens seit Mai 2021 so viel gesegnet wie nie. Die Kampagne Out in Church vom 24. Januar 2022 schließlich, als sich 125 Mitarbeitende der katholischen Kirche als queer outeten – oder sollte man sagen, als sich 125 queere Menschen als katholisch outeten?[4] –, machte auf einen Schlag die vielen geschlechtlichen Identitäten und sexuellen Orientierungen auch im „Inner Circle" sichtbar. Diese Kampagne wurde auch und gerade in kirchlichen Kreisen mit großer Sympathie begleitet und von breiter Unterstützung getragen.

Alle diese neuen und alten Anerkennungskämpfe fielen in den Zeitraum, in dem der Grundtext des Forums IV des Synodalen Weges, „Leben in gelingenden Beziehungen – Grundlinien einer erneuerten Sexualethik" entstanden ist. Sie korrespondieren mit den vielfachen Beratungen und Entwicklungsstufen rund um den Text. Was von außen kam, wurde in der Forumsarbeit reflektiert und was innen reflektiert wurde, strahlte nach außen. Diese Koinzidenz war gewollt und produktiv. Um zum Leben in gelingenden Beziehungen beizutragen, sah es die große Mehrheit des Forums als notwendig an, diese Erfahrungen zu bearbeiten

---

[4] Diesen Hinweis verdanke ich Mirjam Gräve, Teil der Kampagne Out in Church und Mitglied im Synodalforum IV.

und zu integrieren. So lautete der Auftrag, den man sich nahezu einstimmig gestellt hatte, Grundlinien einer erneuerten Sexualethik zu formulieren. Dieses Anliegen an sich ist keineswegs neu, aber auch auf dieser Ebene spielt Sichtbarkeit eine entscheidende Rolle: Noch nie war es möglich, in derart offener Weise im Rahmen der offiziellen Kirche derart strittige Themen zu bearbeiten.[5]

Erfahrungen sichtbar zu machen, weil es sie gibt, diese Begründung allein reicht noch nicht aus, um zu rechtfertigen, warum eine Auseinandersetzung damit dringend geboten ist. Aber sobald man sich vergegenwärtigt, dass es zum einen Erfahrungen der Liebe sind, die hier zur Sprache kommen, und zum anderen Erfahrungen des Leides, wird deutlich, dass es eine genuine Aufgabe der Kirche sein muss, sich mit ihnen zu befassen. Wer einen Gott der Liebe verkündet, der muss sicherstellen, dass sich menschliche Liebeserfahrungen in diesen Glauben integrieren lassen können.[6] Und zwar alle. Wo das nicht der Fall ist, liegt entweder ein tiefes Misstrauen der Liebe gegenüber vor, das an sich problematisch wäre, oder äußerst rigide Normvorstellungen, die sich hinterfragen lassen müssen, wem oder was sie letztlich dienen. Und auch um das Leid von Menschen hat die Kirche sich zu kümmern. Erst recht, wenn sie es selbst auslöst. Menschen und ihre Beziehungen, die nicht den Erwartungen entsprechen, geraten, wenn sie in der Kirche bleiben wollen, nicht selten unter hohen Druck. Im Dokument über die Familie *Amoris laetitia* schreibt Papst Franziskus in sei-

---

[5] „Der ‚Synodale Weg' wiederholt ja ohnehin nur ‚offiziell' die theologischen Debatten, die seit Jahrzehnten laufen. Es wird nur transparent, was ohnehin längst mehrheitlich Realität ist." M. *Striet*, Für eine Kirche der Freiheit. Den Synodalen Weg konsequent weitergehen, Freiburg i. Br. 2022, 31 (H.i.O.).

[6] Vgl. hierzu M. *Kreidler-Kos*, „Umarmen – lieben – bestärken" Was Mutter Kirche von Müttern (und Vätern) lernen kann, in: M. *Gräve*/H. *Johannemann*/M. *Klein* (Hrsg.), Katholisch und Queer (s. Anm. 3), 217–224.

ner Auslegung von Kapitel 13 des Ersten Korintherbriefes, „dass die Liebe mit einer positiven Geisteshaltung alle Widerwärtigkeiten erträgt. [Liebe] bedeutet, mitten in einer feindlichen Umgebung standhaft zu bleiben. [Sie] besteht nicht nur darin, einige ärgerliche Dinge hinzunehmen, sondern ist etwas viel Umfassenderes: eine dynamische und ständige Widerstandsfähigkeit, die imstande ist, jede Herausforderung zu meistern. Es ist Liebe trotz allem [...] [Sie] zeigt ein gewisses Maß an hartnäckigem Heldentum, an Kraft gegen jede negative Strömung, eine Entscheidung für das Gute, die durch nichts umgeworfen werden kann."[7] Immer wieder ist es auch die katholische Kirche, die solche „negativen Strömungen" für Liebende schafft. Mindestens an dieser Stelle bedarf es dringend der Infragestellung durch die Erfahrung von (gläubigen) Menschen: „Die Theologie wird anerkennen und zur Geltung bringen, dass es Erfahrungen gibt, die den kirchlichen Traditionen und Routinen ‚dazwischenkommen' und die Gemeinschaft der Glaubenden dazu zwingen dürfen, sich auf das in ihnen Erfahrene einzulassen."[8]

Es ist eine wichtige Aufgabe der Pastoral, den Menschen zu helfen, ihre Erfahrungen zu deuten. Deshalb ist es gerade in Fragen der Lebensführung gut, eine Orientierung zur Verfügung zu stellen. Sie sollte helfen, das Leben zu bewältigen, so wie es sich in der jeweiligen Gegenwart den Menschen aufgibt. Es ist also notwendig, die Geschichtlichkeit von Orientierungsangeboten anzuerkennen und ihre Tauglichkeit immer wieder zu überprüfen. Vor allem dann, wenn man sich des Eindrucks nicht erwehren kann, dass Vorgaben nicht als hilfreich erlebt

---

[7] *Papst Franziskus*, Die Freude der Liebe. Das Apostolische Schreiben Amoris laetitia über die Liebe in der Familie, 19.03.2016, 118.
[8] *J. Werbick*, Gegen falsche Alternativen. Warum dem christlichen Glauben nichts Menschliches fremd ist, Ostfildern 2021, 136.

werden. Wenn man ein echtes Interesse daran hat, zu gelingendem Leben beizutragen, kann das bedeuten, dass Positionen neu justiert werden müssen.

Es sei an dieser Stelle an die selbstkritische Problemanzeige erinnert, wie sie am Anfang des Synodalen Weges stand: „Die Sexualmoral der Kirche hat entscheidende Erkenntnisse aus Theologie und Humanwissenschaften noch nicht rezipiert. Die personale Bedeutung der Sexualität findet keine hinreichende Beachtung. Das Resultat: Die Moralverkündigung gibt der überwiegenden Mehrheit der Getauften keine Orientierung. Sie fristet ein Nischendasein. Wir spüren, wie oft wir nicht sprachfähig sind in den Fragen an das heutige Sexualverhalten."[9] Die vielfältigen Erfahrungen liebender Menschen ernst zu nehmen, sie sichtbar zu machen und damit die Frage ihrer Deutung neu zu stellen, um zu einer Orientierungshilfe zu gelangen, die diesen Namen verdient, das ist die Aufgabe, derer sich das Synodalforum IV angenommen hat.

Anhand der zehn Grundlinien unseres Grundtextes lässt sich aufzeigen, wie wir versucht haben, dieser Aufgabe – auf der Ebene eines programmatischen Textes des Synodalen Weges – gerecht zu werden. Dabei spielt Sichtbarkeit bzw. Sichtbarmachung immer wieder eine entscheidende Rolle. In Grundlinie 1 heißt es, „Sexualität ist ein Geschenk Gottes, das es verantwortlich zu gestalten gilt". Dies ist die Grundvoraussetzung für alle weiteren Überlegungen des Textes: „[Sexualität] muss immer die Würde der betroffenen Person als Ausdruck der Ebenbildlichkeit Gottes achten." Und wir ergänzen ausdrücklich: „Zur Würde gehört das Recht auf sexuelle Selbst-

---

[9] *Kardinal Reinhard Marx*, Pressekonferenz im Ludwig Windhorst Haus in Lingen/Ems am 14.03.2019. Online verfügbar unter https://www.dbk.de/presse/ak tuelles/meldung/abschlusspressekonferenz-der-fruehjahrs-vollversammlung-2019-der-deutschen-bischofskonferenz-in-linge (zuletzt abgerufen am 17.11.2022).

bestimmung. Sie zu unterstützen und in ihrer Bindung an das moralisch Gute zu stärken gehört ebenso zum Grundauftrag der Kirche wie die Achtung der sexuellen Identität – unabhängig vom Alter oder der jeweiligen sexuellen Orientierung."[10]

Die Aufforderung, geschlechtliche Identität und sexuelle Orientierung zu achten, ist nicht zuletzt die Aufforderung, diese als zur Person zugehörig anzuerkennen. Denn „die leibliche Existenz – sie schließt die geschlechtliche Identität ein – betrifft den Personkern: Sie ist nicht nur eine biologische Tatsache, sondern eine konstitutive Dimension der Persönlichkeit und hat Teil am Achtungsanspruch der Person."[11] Diese Ergänzung kirchlicher Diskurse, den der Grundtext hier vornimmt, ist aus Erfahrungen bislang übersehener Menschen gewonnen. Die Würde des Menschen aufgrund seiner Gottebenbildlichkeit wurde schon auf vielfache Weise betont, wenn man nur an die Pastoralkonstitution des II. Vatikanums denkt. Hier wird diese Überzeugung in ihrer Unabhängigkeit etwa vom Geschlecht, der gesellschaftlichen Stellung oder der Religionszugehörigkeit durchbuchstabiert.[12] Im Hinblick auf geschlechtliche Identität und sexuelle Orientierung steht dieser Eintrag noch aus.

---

[10] In der Vorlage des Synodalforums IV, wie sie auf der Vierten Synodalversammlung vom 8.–10.9.2022 eingereicht wurde und unter den Materialien des Synodalen Weges abrufbar ist (Synodalforum IV, Vorlage für den Grundtext „Leben in gelingenden Beziehungen – Grundlinien einer erneuerten Sexualethik, Grundlinie 1, 12), (online verfügbar unter https://www.synodalerweg.de/fileadmin/Synodalerweg/Dokumente_Reden_Beitraege/SV-IV/SV-IV_Synodalforum-IV-Grundtext-Lesung2.pdf, zuletzt abgerufen am 29.11.2022), findet sich diese Grundlinie auf S. 12 (Grundlinie 1). Im Folgenden beziehen sich die Seitenangaben der Zitate des Grundtexts auf diese Vorlage (zuletzt abgerufen am 17.11.2022).
[11] M. Heimbach-Steins, Gottes geliebte Geschöpfe (s. Anm. 2), 29.
[12] „Da alle Menschen eine geistige Seele haben und nach Gottes Bild geschaffen sind, ... da sie, als von Christus Erlöste, sich derselben göttlichen Berufung und Bestimmung erfreuen, darum muss die grundlegende Gleichheit aller Menschen immer mehr zur Anerkennung gebracht werden .... Jede Form der Diskriminierung ..., sei es wegen des Geschlechtes oder der Rasse, der Farbe, der

Eine weitere Errungenschaft einer veränderten Sicht auf Sexualität beschreibt die Grundlinie 2: Menschen werden als diejenigen gesehen und gewürdigt, als die sie sich selbst wahrnehmen: „Unverzichtbares Gestaltungsprinzip von Sexualität ist die wechselseitige, liebende Achtung der Würde des Gegenübers wie der Würde der eigenen Person. Eine solche Achtung gilt es auch jeder Form geschlechtlicher Identität und sexueller Orientierung entgegenzubringen."[13] Auch Grundlinie 3 verspricht Sichtbarkeit, nicht so sehr im Hinblick auf einzelne Menschen, sondern wiederum auf ihre vielfältigen Erfahrungen. Im Erleben der Menschen hat Sexualität mehrere Dimensionen, sie ist „vielstimmig: Sie umfasst die lustvolle Erfahrung der eigenen wie der anderen Person, ist Quelle neuen Lebens sowie Ausdruck vertrauensvoller Beziehungen, die Freude am Anderen und Geborgenheit vermitteln."[14] Nicht selten weist sexuelles Erleben auch „über sich hinaus auf das Transzendente und Göttliche menschlicher Existenz"[15]. Das von Jesus Christus verheißene Leben in Fülle wird für viele Menschen auch und gerade in sinnlich erfahrenen Liebesbeziehungen spürbar. Es gibt keine stärkere Analogie zum Glauben als die Liebe. Diese menschlichen Erfahrungen, die Glaubenserfahrungen erschließen helfen, sollten nicht durch rigide Normvorgaben verstellt bzw. unsichtbar gemacht werden.[16]

Die Fruchtbarkeit als eine wichtige Dimension von Sexualität, mit der sich die vierte und die fünfte Grundlinie befassen, gehört ebenfalls in diese Erfahrung der Vielstimmigkeit. Wo die

---

gesellschaftlichen Stellung, der Sprache oder der Religion, muss überwunden und beseitigt werden, da sie dem Plan Gottes widerspricht." (Pastoralkonstitution Gaudium et spes 1965, 29).

[13] *Synodalforum IV*, Grundtext (s. Anm. 10), Grundlinie 2, 14.
[14] Ebd., Grundlinie 3, 16.
[15] Ebd.
[16] Vgl. ebd., A.5.1., 8.

Frage nach Sexualität als Geschenk Gottes umfassender gestellt wird, kann auch deutlich werden, dass selbst Fruchtbarkeit weit mehr als nur eine Dimension besitzt. Sie findet ihren schönsten Ausdruck in der Zeugung neuen Lebens, in leiblichen Kindern, aber sie erschöpft sich nicht darin. Papst Franziskus spricht davon, dass Fruchtbarkeit sich erweitern kann, ja muss, damit sie „in tausend Arten zum Ausdruck"[17] kommt. Grundlinie 6 schließlich wendet sich der Lust als einer Dimension der Sexualität zu und macht sich für deren Wertschätzung ebenso stark wie für deren Kultivierung. „Es ist Aufgabe der Sexualpädagogik wie christlicher Bildung und Erziehung insgesamt, die lebensdienliche, also achtsame und würdevolle Gestaltung sexueller Lust über die ganze Spanne menschlichen Lebens zu fördern, für ihre beglückenden Momente zu sensibilisieren und sie vor einer trivialisierenden Verflachung zu schützen."[18] Dazu gehört auch, wie in Grundlinie 7 ausgeführt, die Lust am eigenen Körper. Hier wird ein nahezu unsichtbares Thema in kirchlichen Kontexten beleuchtet und positiv betrachtet.

Grundlinie 8, 9 und 10 schließlich machen wiederum verantwortlich gelebte Liebeserfahrungen sichtbar, aber auch das Scheitern derselben. Es kann wohltuend sein für alle Beziehungen – egal ob homo- oder heterosexuelle –, sich zusagen zu lassen: „Christliche Freiheit ist immer auch die Freiheit, sich selbst wirklich hingeben zu können, denn wir sind befreit vom Zwang eines idealen oder perfekten Menschseins. Deshalb müssen und können wir jede Idealisierung unterlassen. Stattdessen können und müssen wir die Lebenswirklichkeiten der Menschen von heute behutsam achten und ihnen inmitten ihrer konkreten Lebenssituation die Verheißung auf ein gelingendes Leben in Fülle freihalten – einschließlich einer Sexualität, die an der von Gott

---

[17] *Papst Franziskus*, Amoris laetitia (s. Anm. 7), 184.
[18] *Synodalforum IV*, Grundtext (s. Anm. 10), Grundlinie 6, 23.

geschenkten Würde und Einzigartigkeit jedes einzelnen Menschen Maß nimmt."[19]

Sichtbarkeit ist eine gemeinsame Aufgabe. Dazu gehört zunächst anzuerkennen, dass Unsichtbarmachung Leid verursacht und Menschen – gläubige wie nicht-gläubige – in große Not stürzen kann.[20] Um dieser Not entgegen zu wirken oder sie zu heilen, bedarf es der Sichtbarmachung – von Menschen, Menschengruppen und den ihnen zugehörigen Erfahrungen. Dabei ist vor allem anzuerkennen, dass es sich vielfach um Liebeserfahrungen handelt, die von einem liebenden Gott erzählen. „Liebe ist immer richtig" – lautet ein programmatischer Satz, den man auf der Homepage von Out in Church finden und aus Sicht des Grundtextes „Leben in gelingenden Beziehungen" nur unterstreichen kann.[21]

So lässt sich am Ende klarstellen: Der Grundtext des Synodalforums IV macht Menschen sichtbar, die bislang in kirchlich-lehramtlicher Wahrnehmung unsichtbar gewesen sind. Und das sind viele: Menschen, die ihr Glück in einer zweiten Beziehung gefunden haben, queere Personen, aber auch ihre vielen Allies[22], also all jene Menschen, die mit ihnen verbunden

---

[19] Ebd., Grundlinie 10, 32f.
[20] Dass der Kreis der von diesem Leid Betroffenen groß ist, zeigt etwa die Bemerkung des emeritierten Dogmatikers Jósef Niewiadomski über Mütter, die weinend in Beichtstühlen sitzen, weil sie die homosexuellen Beziehungen ihrer erwachsenen Kinder nicht verurteilen können, vgl. *J. Niewiadomski*, Die Leiche im Keller. Zur Debatte um die Segnung homosexueller Paare, in: Herder Korrespondenz 75 (2021/5), 13–16, 13.
[21] Online verfügbar unter https://outinchurch.de/das-sind-wir/ (zuletzt abgerufen am 17.11.2022).
[22] „Ally/Allies sind Menschen, die selbst nicht der marginalisierten Gruppe, z. B. der queeren Community generell oder der trans Community im Besonderen, angehören und offen als Unterstützer*innen und Fürsprecher*innen dieser Gruppe(n) auftreten." (Glossar in: *M. Gräve/H. Johannemann, M. Klein* (Hrsg.), Katholisch und Queer (s. Anm. 3), 298.) Vgl. hierzu auch *M. Kreidler-Kos*, Liebe trotz allem. Pastorale Perspektiven für und durch non-konforme Fa-

sind. Das ist gut so, aber noch nicht alles. Dieser Text ist kein „Lobbytext". Die umfassende und unbedingte Solidarität ist strenggenommen nicht seine Intention, sondern nur eine Konsequenz seiner Grundannahmen. Der Text ermöglicht einen neuen, positiven, wertschätzenden Blick auf Sexualität und damit einen Perspektivwechsel, der viele Konsequenzen, und zwar für alle Menschen hat.[23] So ist der Grundtext des Forums IV nicht in erster Linie eine Streitschrift für wie immer betroffene Menschengruppen, sondern ein Plädoyer für eine neue, offene und dankbare Sicht auf Sexualität und Liebe. Damit geht er uns alle an.

---

milien, in: *S. Loos/M. Reitemeyer/G. Trittin* (Hrsg.), Mit dem Segen der Kirche? Gleichgeschlechtliche Partnerschaft im Fokus der Pastoral, Freiburg i. Br. 2019, 29–44.

[23] Exemplarisch für viele weitere Publikationen, die diesen Perspektivwechsel vollziehen und sich für eine neue Sexualethik stark machen, sei an dieser Stelle das unvollendete Werk des verstorbenen Moraltheologen und Mitglied des Synodalforums IV Eberhard Schockenhoff genannt: *E. Schockenhoff,* Die Kunst zu lieben. Unterwegs zu einer neuen Sexualethik, Freiburg i. Br. 2021.

Verzeichnis der Autorinnen und Autoren

Christof Breitsameter, Dr. theol., Professor für Moraltheologie an der Katholisch-Theologischen Fakultät der Ludwig-Maximilians-Universität München

Stephan Ernst, Dr. theol., emeritierter Professor für Theologische Ethik – Moraltheologie an der Katholisch-Theologischen Fakultät der Julius-Maximilians-Universität Würzburg

Konrad Hilpert, Dr. theol., emeritierter Professor für Moraltheologie an der Katholisch-Theologischen Fakultät der Ludwig-Maximilians-Universität München

Martina Kreidler-Kos, Dr. theol., Leiterin der Abteilung Seelsorge des Bistums Osnabrück, Mitglied des Synodalforums IV „Leben in gelingenden Beziehungen – Liebe leben in Sexualität und Partnerschaft"

Thomas Laubach (Weißer), Dr. theol., Professor für Theologische Ethik am Institut für Katholische Theologie an der Otto-Friedrich-Universität Bamberg

Andreas Lob-Hüdepohl, Dr. theol., Professor für Theologische Ethik an der Katholischen Hochschule für Sozialwesen in Berlin, Mitglied des Synodalforums IV „Leben in gelingenden Beziehungen – Liebe leben in Sexualität und Partnerschaft"

Wunibald Müller, Dr. theol., Theologe und Psychologischer Psychotherapeut, bis 2016 Leiter des Recollectio-Hauses der Abtei Münsterschwarzach

Verzeichnis der Autorinnen und Autoren

Johanna Rahner, Dr. theol., Professorin für Dogmatik, Dogmengeschichte und Ökumenische Theologie an der Katholisch-Theologischen Fakultät der Eberhard-Karls-Universität Tübingen

Jochen Sautermeister, Dr. theol. Dr. rer. soc., Professor für Moraltheologie an der Katholisch-Theologischen Fakultät der Rheinischen Friedrich-Wilhelms-Universität Bonn

Kerstin Schlögl-Flierl, Dr. theol., Professorin für Moraltheologie an der Katholisch-Theologischen Fakultät der Universität Augsburg

Thomas Söding, Dr. theol., Professor für Neutestamentliche Exegese an der Katholisch-Theologischen Fakultät der Ruhr-Universität Bochum, Vizepräsident des Zentralkomitees der deutschen Katholiken (ZdK) und Vizepräsident des Synodalen Wegs

Tim Zeelen, Mag. theol., Wissenschaftlicher Mitarbeiter am Lehrstuhl für Moraltheologie an der Katholisch-Theologischen Fakultät der Universität Augsburg

Weitere Bände der Reihe
Katholizismus im Umbruch

Magnus Striet (Hrsg.)
„Nicht außerhalb der Welt"
Theologie und Soziologie
Katholizismus im Umbruch 1
2014, 208 Seiten
ISBN Print 978-3-451-33271-5
ISBN E-Book (PDF) 978-3-451-80595-0

Stephan Goertz/Magnus Striet (Hrsg.)
Nach dem Gesetz Gottes
Autonomie als christliches Prinzip
Katholizismus im Umbruch 2
2014, 200 Seiten
ISBN Print 978-3-451-33272-2
ISBN E-Book (PDF) 978-3-451-80596-7

Stephan Goertz (Hrsg.)
„Wer bin ich, ihn zu verurteilen?"
Homosexualität und katholische Kirche
Katholizismus im Umbruch 3
2015, 448 Seiten
ISBN 978-3-451-33273-9

Stephan Goertz/Caroline Witting (Hrsg.)
Amoris laetitia – Wendepunkt für die Moraltheologie?
Katholizismus im Umbruch 4
2016, 336 Seiten
ISBN Print 978-3-451-37820-1
ISBN E-Book (PDF) 978-3-451-81820-2

HERDER

Stefan Gärtner
Der Fall des niederländischen Katholizismus
Kirche und Seelsorge in einer spätmodernen Gesellschaft
Katholizismus im Umbruch 5
2017, 240 Seiten
ISBN 978-3-451-37840-9

Anna Karger-Kroll/Michael Karger/Christopher Tschorn (Hrsg.)
Beziehungsstatus: kompliziert
Das kirchliche Leitbild von Ehe und Familie in Konfrontation
mit der sozialen Wirklichkeit
Katholizismus im Umbruch 6
2017, 200 Seiten
ISBN Print 978-3-451-38076-1
ISBN E-Book (PDF) 978-3-451-82076-2

Gunda Werner (Hrsg.)
Gerettet durch Begeisterung
Reform der katholischen Kirche durch pfingstlich-charismatische Religiosität?
Katholizismus im Umbruch 7
2018, 264 Seiten
ISBN Print 978-3-451-38087-7
ISBN E-Book (PDF) 978-3-451-83087-7

Ursula Nothelle-Wildfeuer / Magnus Striet (Hrsg.)
Einfach nur Jesus?
Eine Kritik am „Mission Manifest"
Katholizismus im Umbruch 8
2018, 160 Seiten
ISBN Print 978-3-451-38318-2
ISBN E-Book (PDF) 978-3-451-83318-2

HERDER

Magnus Striet/Rita Werden (Hrsg.)
Unheilige Theologie!
Analysen angesichts sexueller Gewalt gegen Minderjährige durch Priester
Katholizismus im Umbruch 9
2019, 200 Seiten
ISBN Print 978-3-451-38509-4
ISBN E-Book (PDF) 978-3-451-83509-4

Georg Essen/Magnus Striet (Hrsg.)
Nur begrenzt frei?
Katholische Theologie zwischen Wissenschaftsanspruch und Lehramt
Katholizismus im Umbruch 10
2019, 128 Seiten
ISBN Print 978-3-451-38583-4
ISBN E-Book (PDF) 978-3-451-83583-4

Bernhard Emunds/Stephan Goertz
Kirchliches Vermögen unter christlichem Anspruch
Katholizismus im Umbruch 11
2020, 408 Seiten
ISBN Print 978-3-451-38510-0
ISBN E-Book (PDF) 978-3-451-83510-0

Stephan Goertz/Magnus Striet (Hrsg.)
Johannes Paul II. – Vermächtnis und Hypothek eines Pontifikats
Katholizismus im Umbruch 12
2020, 224 Seiten
ISBN Print 978-3-451-38723-4
ISBN E-Book (PDF) 978-3-451-83723-4

HERDER

Gunter Prüller-Jagenteufel / Wolfgang Treitler (Hrsg.)
Verbrechen und Verantwortung
Sexueller Missbrauch von Minderjährigen
in kirchlichen Einrichtungen
Katholizismus im Umbruch 13
2021, 254 Seiten
ISBN Print 978-3-451-38913-9
ISBN E-Book (PDF) 978-3-451-83913-9

Ursula Nothelle-Wildfeuer/Lukas Schmitt (Hrsg.)
Unter Geschwistern?
Die Sozialenzyklika *Fratelli tutti*: Perspektiven –
Konsequenzen – Kontroversen
Katholizismus im Umbruch 14
2021, 256 Seiten
ISBN (Print) 978-3-451-39114-9
ISBN E-Book (PDF) 978-3-451-83997-9

Ursula Nothelle-Wildfeuer/Lukas Schmitt (Hrsg.)
Katholischer Rechtspopulismus
Dir Kirche zwischen Antiliberalismus und Verteidigung
der Demokratie
Katholizismus im Umbruch 15
2022, 272 Seiten
ISBN (Print) 978-3-451-39264-1
ISBN E-Book (PDF) 978-3-451-82823-2

HERDER